Yizhi yu Chuangxin

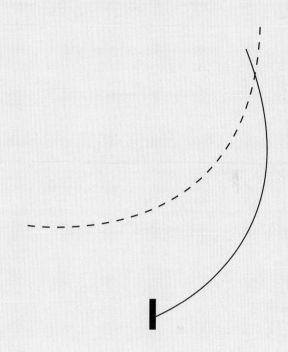

移植与创新

——国际学校认证制度在中国的建立过程

莫景祺/著

教育科学出版社

·北京·

作 者 简 介

　　莫景祺，1965年生，河北省文安县人，北京大学管理学博士。现为教育部基础教育课程教材发展中心教学处处长、副研究员。1987年至1998年，在国家教委（教育部）督导司（督导办）工作，其间曾在基层担任挂职副校长和挂职副县长。1999年起，在教育部基础教育课程教材发展中心工作，并先后担任评价处处长、教学处处长。先后主持、参与主持和组织实施了6个研究与实验项目，并取得了一批研究成果。2000年以来，具体策划和组织实施了教育部基础教育课程教材发展中心与国际学校协会（CIS）、北美新英格兰院校协会（NEASC）和美国西部院校协会（WASC）合作开展的在华外籍人员子女学校认证项目，并建立了在华外籍人员子女学校认证体系。主要研究方向：国际学校认证、学校评估、教学评价、基础教育国际化等。

摘　要

　　制度移植是各民族国家现代化进程中的普遍现象，是民族国家之间学习和借鉴的重要方式。在现代化进程中，制度移植对于中国借鉴发达国家先进的制度模式、缩短与发达国家之间的距离、实现经济社会的跨越式发展具有重要意义。但是，我国制度移植实践中的诸多问题还有待研究，目前学术界对于制度移植的起源、过程和内在机制尚缺乏深入的实证研究。因此，深入探究制度移植的起源、过程及其内在机理，不仅具有现实意义，也具有一定的学术意义。2000—2010 年，以教育部基础教育课程教材发展中心为中心的四类利益相关主体（NCCT，中国教育部国际合作与交流司，在华国际学校，以及 CIS、NEASC 和 WASC 等国外学校认证机构），将国际学校认证制度移植到中国并获得初步成功。与中国境内发生的大多数由政府部门主导的制度移植相比，这一制度移植案例有其独特性。它不是由政府部门主导自上而下进行的，也不是由制度的提供者或制度的引入者单独实施的，而是由处于不同领域相对独立的利益相关主体自下而上采取互动方式完成的。

　　本研究以国际学校认证制度移植这一现象为研究对象，以新制度主义为理论基础，使用案例研究法，试图揭示国际学校认证制度向中国移植的起源、过程和结果。第四章至第七章是本书的主要部分。第四章考察了国际学校认证制度向中国移植的起源，即相关主体是如何走到一起而发生利益关联的，它们又是如何选择国际学校认证制度移植的方向和策略的。第五章至第七章深入考察了国际学校认证制度移植的过程，特别关注利益相关主体如何互动以对相关制度要素进行调整。第八章从四个维度对国际学校认证制度移植的结果进行了评价。

通过研究发现：国际学校认证制度向中国移植不是源自利益相关主体的理性设计，而是源自不同领域相对独立的各个利益相关主体所背负的制度逻辑的相互作用。具体表现在：（1）利益相关主体互动的根源，是其分别受到国际学校领域的制度逻辑与政府部门的制度逻辑、事业部门的制度逻辑与政府部门的制度逻辑、学校认证领域的制度逻辑与政府部门的制度逻辑之间的张力所产生的利益诉求，以及学校认证领域的制度逻辑与各利益相关主体所背负的制度逻辑之间的张力对其利益诉求的影响；（2）各个利益相关主体为移植国际学校认证制度所形成的互动的功能性结构——每个利益相关主体对实施制度移植都有其独特作用，是政府部门的制度逻辑、事业部门的制度逻辑、学校认证领域的制度逻辑、国际学校领域的制度逻辑相辅相成的结果；（3）国际学校认证制度移植的合作策略，以及"规范管理，保证质量"的方向，是在制度移植起源时期上述四种制度逻辑相互作用的结果；（4）各个利益相关主体通过互动对制度进行的持续调整，源自各个利益相关主体为实现各自的利益，应对上述四种制度逻辑之间张力影响的结果；（5）在某一时点，国际学校认证制度移植的状态，不是由单一制度逻辑决定的，而是由上述四种制度逻辑相互作用的状况决定的，其中，政府部门的制度逻辑和学校认证领域的制度逻辑起着重要作用。

基于研究结论，本书提出如下政策建议：应将利益相关主体之间的互动作为制度移植的基本策略；在制度移植过程中，要建立有利于调动各个利益相关主体积极性的互动机制；政府部门要对制度移植活动释放更大空间。

本书研究的主要贡献：（1）这是国内第一个关于国际学校认证制度移植的研究；（2）它充实和丰富了对组织社会学新制度主义关于制度移植的实证研究；（3）对制度移植的动因、过程和结果的内在机制进行了较深入的实证研究；（4）将宏观层次与微观层次结合起来，克服了以往研究中存在的宏观与微观分析呼应不够的问题；（5）是对周雪光和艾云（2010）提出的制度变迁"多重制度逻辑"分析框架的具体应用。

本书研究的不足：（1）该制度仍然处于发展过程中，本书的研究结论还有待后来者作进一步检验和修正；（2）研究者本人是本案例的当事人，对一些事件的判断难免带有主观色彩，这可能会影响分析推理的客观性；（3）研究者本人对某些涉及当事人利益的敏感问题访谈得不够充分或没有进行访谈，会影响研究的内在效度。

关键词：制度逻辑；制度移植；互动机制；国际学校；认证制度

Abstract

Institutional transfer is a common phenomenon in the modernization of a nationality or a country, and it is also an important way of learning and drawing lessons from any other nationality or country. Institutional transfer is of great significance for China in its process of modernization. It helps China draw on the experience of developed countries in establishing advanced institutional patterns, narrow the gap between China and developed countries, and realize a great leap forward in its national economy. However, there are still many unsolved problems in China's practice of institutional transfer. In the academic circle, for example, more in-depth case studies are much needed on the cause, process and internal mechanism of institutional transfer. In-depth studies on institutional transfer have not only pragmatic but also academic significance. From 2000 to 2010, with the National Center for School Curriculum and Textbook Development of the Ministry of Education of China (NCCT) as the center, four kinds of stakeholders, namely, NCCT, Department of International Cooperation and Exchanges of the Ministry of Education of China, international schools located in inland China, CIS, NEASC and WASC, worked together to transfer the system of international school accreditation into China, and they have already achieved initial success. That is a particular case in inland China, compared with most institutional transfer cases in which government departments play the leading role. This case is neither a top-down transfer under the leadership of any government department nor anything done alone by the provider or the introducer of the system. It is a transfer completed in a bottom-up way, with the joint efforts of comparatively independent stakeholders in different areas.

This research studies the transfer of the system of international school accreditation, taking the neo-institutionalism as the theoretical basis. Using the case study method, the research intends to discover the cause, process and result of the transfer of the system of international school accreditation. Chapters Four, Five, Six and Seven are the main part of this dissertation. Chapter Four deals with the origin of the transfer of international school accreditation to China, that is, how the stakeholders came together, how their interests were connected, and how they chose the goal and strategy for the transfer of the system of international school accreditation. Chapters Five, Six and Seven study further the process of the transfer, paying special attention to the interaction of the stakeholders for the adjustment of the relevant essentials of the system. Chapter Eight assesses the result of the transfer of the system of the accreditation of international schools in four dimensions.

This research discovers that the transfer of the system of international school accreditation into China did not originate from any rational design by any stakeholder, and that it was from the interaction in different processes by the comparatively independent stakeholders in different areas. The research shows: (1) the driving force of the interaction of the stakeholders is affected respectively by the interest-seeking tension between the institutional logics of the systems which the stakeholders are in, that its, between the institutional logics of the international school systems and of the government systems, the institutional logics of the public institution systems and of the government systems, and the institutional logics of the school accreditation systems and of the government systems. Also, it is affected by the interest-seeking tension between the institutional logics of the school accreditation systems and of the systems which the stakeholders are in. (2) In the interactive functional structure formed by the stakeholders for the transfer of the system of international school accreditation, each of the stakeholders plays a unique role in the process, as a result of the complementary effect of the institutional logics of the government systems, of the public institution systems, of the school accreditation systems and of the international school systems. (3) The cooperative strategy in the transfer of the system of international school accreditation and the guideline "Standardized management and high quality education" result from the interaction of the four institutional logics mentioned above in the origin period of the transfer of the system. (4) Continuous adjustment of the systems by the stakeholders through interaction comes from the seeking of interests in the way of meeting the effect of the tension of the above-mentioned four institutional logics. (5) At a particular period, the way of transferring the system of accreditation of international schools is not decided by the institutional logic of one single system. It is decided by the interaction of the institutional logics of all the four systems, and the institutional logics of the government systems and of the school accreditation systems play a more important role.

As for the policy, it is suggested, on the basis of the research, that the interaction of the stakeholders should be taken as the primary strategy for institutional transfer, and that it is necessary to build up, in the process of institutional transfer, an inclusive interactive mechanism for motivating all the stakeholders. Also it is suggested that government departments should provide larger freedom for activities of institutional transfer.

The main contributions of this research are as follows: (1) It is in China the first doctoral dissertation on institutional transfer of the system of accreditation of international schools. (2) The research enriches the study of institutional transfer of neo-institutionalism of organizational sociology. (3) It is an in-depth case study of the internal mechanisms of the cause, process and result of institutional transfer. (4) This research is done from both the macroscopic and the microscopic points of views so as to solve the typical problem of lack of coherence between macroscopic and microscopic analyses in many previous studies. (5) It is an application of the analytical framework of the "multi-institutional logics" of the institutional transfer developed by Zhou Xueguang and Ai Yun (2010).

This research has its limitations. (1) The system of international school accreditation is still at its developing stage, so the conclusion made here is tentative and should be tested and possibly modified in the future. (2) The researcher himself plays a leading role and is deeply involved in the case, and thus his judgment would possibly have some subjective elements and his analysis and reasoning would possibly not totally be objective. (3) In terms of some issues sensitive to the interests of the stakeholders, the researcher has not asked the interviewees about the details, and has not raised any question about them at all. Thus, the internal validity of the research would have been affected.

Key Words: institutional logic; institutional transfer; interactive mechanism; international school; accreditation system

目　录

序 一

　　莫景祺的博士论文被收入教育科学出版社的博士文库，不仅是他本人的幸事，作为指导教师的我也为此感到高兴和骄傲。

　　该论文的价值不仅在于是国内首先对国际学校认证制度进行系统研究的博士论文，更在于作者是从具体问题开始进行的理论思考上的探究和推进。制度的创立、演化和变迁既是一个历史问题，也具有一定的普遍性，但是制度研究经历过高潮与低谷的波动，在 20 世纪上半叶曾一度被学界所忽视，直到 20 世纪七八十年代，随着新制度理论的提出，制度问题才重新引起学术界的关注。制度问题本身的复杂性造成现有制度理论解释问题的局限性，新制度理论较多关注既定制度的作用效果，比如制度同形（isomorphism），但是它对于制度形成过程的关注则相对不足。对于当代中国社会而言，变动性是其基本特征，既包括由发展带来的变动，也包括由改革引起的变动。因此，新制度理论无法被直接搬来解释中国社会的各种制度变迁问题。

　　莫景祺将学校认证制度移植过程放在中国社会情境中，用修正过的制度理论分析框架来解释制度移植过程中的变异问题，通过研究发现，制度的移植不是由政府自上而下完成的，而是由不同利益相关主体采取自下而上的互动方式完成的。利益相关主体之间的互动形成了一定的制度张力，包括国际学校与政府、事业单位与政府、学校认证专业团体与政府等，并由上述张力形成了对某种制度形式的平衡关系。制度的移植和变异就是在这个过程中完成的。这个研究结论在中国教育制度改革中具有一定的普遍性和理论指导意义。

北京大学教育学院在2003年设立了面向在职人员的高级教育行政管理博士学位点，作为学位制度改革的尝试，旨在促进博士生培养过程中理论与实践的结合。莫景祺于2008年进入这个项目开始博士阶段的学习和研究，并于2011年通过论文答辩毕业。其实，早在2004年，我就认识了他，作为教育部基础教育课程教材发展中心评价处处长，他从2000年着手启动在华国际学校认证工作。国际学校是专门针对在华外籍人员子女开办的一种学校形式，其管理人员、教师队伍的主体是外国人，教学模式、课程、教学语言、考核标准、评价方式基本上都是西式的。我作为专家被邀请代表中方参加认证工作。为了能够尽快地进入角色，有效地开展认证工作，莫景祺特别邀请一些教育国际认证机构的专家来中国开展培训，向我们这些即将参与该项工作的中方专家介绍认证理念、国际上通行的认证组织程序和具体做法。之后，我先后参加过对北京顺义国际学校、北京新加坡国际学校以及北京京西学校的认证考察活动，每一次活动大约需要一周时间，参与认证考察的人员全天候地生活和工作在学校里，全面了解学校的运行情况，以便对学校做出客观和公正的评价，这使我对国际学校以及认证工作有了一些亲身经历和切实感受。这种经历引发了我诸多的思考，比如一所具有充分办学自主权的西式学校，为什么会通过认证这种特定的方式向社会开放，接受教育同行的检查和考核？学校存在的问题难道他们自己不清楚，还需要校外人士去帮助发现和解决吗？相比之前，中国的学校对来自外界的检查和考评持不情愿的态度，有时甚至会出现材料造假、贿赂评估人员等问题，为什么国内的学校与国际学校会有这么明显的反差？中国的学校评估是否可以以及如何借鉴国际学校的认证经验？带着这些问题，我在亲身经历的基础上又访谈了莫景祺，他提供给我由他整理的国际学校认证制度建立过程中的大事记以及其他相关资料，并协助我访谈了其他几位知情者，使我对于相关情况有了比较清楚的把握。在初步调查基础上，我于2007年撰写了一篇题为《"铁笼"是如何建造的？——国际学校认证制度在中国建立过程的案例分析》的论文，发表在《北京大学教育评论》2007年第1期上。在这篇论文中，我采用新制度理论对所获得国际学校认证制度建立过程的资料进行了讨论和分析，试图回答国际学校认证制度这个理性"铁笼"是如何被建造起来的。

当时，我就觉得，如果由莫景祺来完成国际学校认证制度的研究，他将会比我更胜一筹，因为他更了解事情的来龙去脉，掌握着更全面的信息和资料，对于整个过程有更深的体悟。机缘巧合，他2008年考入了我们学院。在博士论文选题时，他权衡几个选题后最终定格在国际学校认证制度上，并且想要研究这个制度在从西方移植到中国时出现了哪些变化，以及变化的原因是什么。对他来说，了解和掌握实际情况不是一个问题，但如何确立分析视角、选择解释理论却使他感到犯难，理论基础薄弱的问题暴露了出来。另外，新制度理论的抽象性也使得被翻译成中文的论文难以读懂，于是他花了很大的力气来弥补理论缺陷，中外文对照地看，经过一段时间的努力，他终于提高了自己的理论思维意识和水平，较好地将理论和现实问题结合起来进行分析。在这一点上，他的表现值得其他在职学习人员学习和借鉴，我们学院有些同学由于理论准备不足而不得不延长学习期限，有些人甚至不能顺利地完成学业。当然，莫景祺的论文也有待完善之处。比如，理论对话的对象还不够明确，所谓"多重制度逻辑"提炼得还不够精准，理论的深刻性反映得还不够充分，等等。这些不足有待他本人今后在相关研究内容上继续改进，或者其他人能够从阅读该书中获得有益的启示，并加入教育制度研究的学术行列。

阎凤桥　2013年3月26日于北京大学燕园

序 二

我很荣幸为莫景祺的博士论文作序。这是中国第一篇以审视国际学校认证制度移植为主题的博士论文。这个案例研究很好地应用了组织社会学新制度主义的制度变迁理论，对国际学校认证制度移植的根源、过程和结果进行了严谨的总结和分析，其重要意义不言而喻。此外，研究同时采取了宏观和微观的分析视角，确保了研究结果的内在统一。

莫博士的研究从学术角度总结了影响国际学校认证制度向中国移植的几个重要而独特的因素。国际学校认证在中国的发展与不同类型的机构密切相关：教育部基础教育课程教材发展中心（NCCT）、中国教育部国际合作与交流司、中国内地的国际学校，以及像美国西部院校协会、北美新英格兰院校协会和国际学校协会等世界性认证机构。相当有趣的是，这些机构拥有各自不同的发展历史，在制度移植中却依旧能够持有相似的理念、原则和过程。在共同的认证过程中，这些机构能够形成合力并共享理念，谁也不会形成主导。

莫博士的论文对各利益相关主体是如何在追求共同利益时走到一起，并逐渐确定将国际学校认证制度移植到中国的目标及策略，也进行了深度的探究。这一移植是独一无二的。如同莫博士的研究所示，这种移植并非理性设计的结果，而是建立在观点和立场各自不同的利益相关主体的关系和互动的基础之上。该论文指出，来自不同部门的利益相关主体的参与动机和相互沟通至关重要，每个专业部门对制度移植都有着同样的影响。利益相关主体的分享和合作也十分必要。他们首先通过共同努力在各个层面上建立起与教育工作者及其他相关主体的沟通桥梁，切实推动对话与行动。其次，他们致力于培养学校和教育工作者的国际思维和全球视野，促使他们有能力、有意愿来分享观念、思想和"最佳实践"，确保中国启动的国际学校认证过程能够惠及莘莘学子。最后，来自这些机构的利益相关主体在共同参与理念与实践的学习与分享过程中表现出合作的意愿。

莫博士自制度移植之初就见证并参与了这一过程。这种独特的优势使他得以通过各利益相关主体在中国引入国际学校认证概念并付诸实践的互动中观察到发展和变化。这一制度移植的过程体现了推动当今世界变化的几个要素：一致而清晰的愿景和目标；尊重所有人的观念；在制度发展和变迁中进行能力建设和伙伴关系建构；认识到对制度移植不可能一蹴而就，而所有文化都能够从中受益。

莫博士在制度变迁和移植领域的重要贡献是后续学习和研究的坚实基础。他的研究发现再次强调并凸显了各利益相关主体在将国际学校认证制度移植到中国这一共同目标之下建立伙伴关系并保持沟通的重要性。我十分荣幸能够参与这一制度移植的开创性研究，并有机会与莫博士共事。

马丽玲　博士

美国西部院校协会学校认证委员会执行副主任

莫景祺博士学位论文指导委员会成员

2013 年 9 月 15 日

第一章　导　言

第一节　问题的提出及研究意义

在经济全球化背景下，各民族国家之间的关系越来越密切，彼此的交往越来越频繁。制度移植作为各民族国家现代化进程中的普遍现象，是民族国家之间交流的重要方式。制度移植对于一个民族国家，特别是发展中国家借鉴发达国家先进的制度模式，缩短与发达国家发展的距离，实现经济社会的跨越式发展具有重要意义。

改革开放 30 多年来，中国与世界各国的交流空前活跃和频繁。在此期间，我国在政治、经济、社会、文化等领域借鉴了发达国家的许多制度，这对推动我国的现代化进程发挥了重要作用。但是，我国在移植国外制度的实践中还存在诸多问题。主要表现在：一是对移植国外制度常常表现出高度的敏感和忧虑心态，担心自己的民族文化被外来文化所同化。在移植国外制度时，努力以自己的文化为核心，对外来制度保持一定距离或进行排斥。二是不顾我国政治体制、经济发展水平以及文化传统的实际，抱着理想主义态度，对国外制度盲目崇拜，盲目引进和实施，造成制度实施的消化不良，甚至导致移植失败。这些问题表明，虽然制度移植过程普遍存在，但人们对于制度移植过程的理解以及我们在实现制度移植实践的有效性方面仍很不够。目前，我国学术界对制度移植的总体原则基本形成共识：进行制度移植，必须把国外的先进制度与中国的实际情况相结合。研究者们虽然对于制度移植的原则有明确认识，但对于制度移植的起源、过程和内在机制尚缺乏深入的实证研究。因此，深入探究制度移植的起源、过程及内在机制，不仅具有直接的现实意义，也具有一定的学术价值。已有的研究，大多数从单一或二元机制（包括社会学和经济学视角）来探讨制度移植的起源和过程，而本书的研究试图从多重机制来揭示制度移植的起源和过程，确定制度移植结果的评价指标，从而构建一个制度移植的理论分析框架。然后，用它来检验国际学校认证制度向中国移植的起源、过程和结果。

国际学校认证制度向中国移植的过程为从多重机制来研究制度移植提供了一个生动案例。2000 年以来，NCCT①通过与 CIS②、NEASC③ 和 WASC④ 建立有效的合作机制，将国际学校认证制度引入中国。经过 10 年的努力，国际学校认证体系初步形成：（1）NCCT在华国际学校认证工作的法律地位已经确立，并继续得到中国教育部主管部门以及地方教育行政主管部门的大力支持。（2）形成了一套包括认证章程、认证标准、认证程序、学校自评、考察团考察、认证办公室工作规范在内的系统的、有特色的认证管理体系文件。（3）建立了常设和非常设的认证组织机构，包括认证委员会、认证咨询委员会和认证办公室。（4）建立了一支经过持续培训的、有认证实践经验的专业团队。（5）与 CIS、NEASC 和 WASC 建立了合作和交流机制。（6）NCCT在华国际学校认证得到了越来越多的

---

① NCCT是教育部基础教育课程教材发展中心 National Center for School Curriculum and Text-book Development 的简称，下同。

② CIS 是国际学校协会 Council of International Schools 的简称。2003 年 7 月 1 日，CIS 从 ECIS（European Council of International Schools，欧洲国际学校协会）分离出来，继承了 ECIS 的国际学校认证工作。本书对该机构在 2003 年 7 月之前称 ECIS，在 2003 年 7 月及之后称 CIS。下同。

③ NEASC 是北美新英格兰院校协会 New England Association of Schools and Colleges 的简称，下同。

④ WASC 是美国西部院校协会 Western Association of Schools and Colleges 的简称，下同。

在华国际学校的认可。至 2010 年底，NCCT累计认证通过的在华国际学校达到了 16 所（其中有 6 所进入第二轮），在NCCT认证程序中的学校有 11 所。NCCT已经认证和正在认证的学校达到 27 所，占到在华国际学校总数 102 所（教育部涉外教育监管网，2010）的 26％。（7）NCCT在华国际学校认证在国际以及国内均产生了一定影响。

　　考察国际学校认证制度向中国移植的起源及过程，我们会发现：与目前中国境内发生的大多数由政府部门主导的制度移植相比，国际学校认证制度向中国的移植有其独特性。它不是由政府部门主导自上而下进行的，也不是由制度的提供者或制度的引入者单独实施的，而是由原本处于不同领域相对独立的利益相关主体自下而上互动完成的。制度移植在开始时，得到了相关主体的积极响应；在制度移植过程中，各相关主体通过建立互动机制共同推进制度的实施；即使在制度移植过程中，组织之间产生张力甚至冲突，它们还能够求同存异，协调合作。国际学校认证制度向中国移植的独特性，引起了我的浓厚兴趣。为什么国际学校认证制度向中国移植是由处于不同领域多个相对独立的利益相关主体互动进行的？利益相关主体是如何互动向中国移植国际学校认证制度的？目前，国际学校认证制度向中国移植的结果如何？对国际学校认证制度向中国移植的独特性进行考察和分析，有可能会进一步揭示制度移植的起源、过程及其内在机制，丰富制度移植的理论和已有的实证研究。

第二节　国际学校认证制度和 制度移植研究现状

一、国际学校认证制度研究现状

　　1990 年以来国内外关于学校认证制度研究的文献，研究高等学校认证制度的比较丰富，而研究中小学校认证制度的相对较少，研究国际学校认证制度的则更少。国内文献中关于国外（主要是美国）学校认证①研究的文献很少，有代表性的文献仅发现 11 篇。这些文献可以分为三类。第一类文献（杨晓江，2001；张东娇，2002；郜晖，2003；阚阅，2003；王淑娟，2005；郭朝红、王彬，2005；上海市教育评估考察团，2005；王媛媛、吴钢，2008）主要立足于对国外学校认证制度的简介、浅析，关注借鉴该制度的必要性。第二类文献主要关注美国学校认证制度对其他国家产生的影响。例如，侯立华（2006）研究了美国学校认证制度对俄罗斯普通学校鉴定与国家认证制度的影响。第三类文献（阎凤桥，2007；《教育发展研究》记者，2007）考察了国际学校认证制度在中国的起源和建立过程，并深入分析了其中的原因。阎凤桥运用新制度主义理论，引入利益和能动性概念解释了国际学校认证制度在中国的起源和建立过程，特别是分析了制度建立过程中的制度性同形及其原因。该研究通过将新制度主义的一些核心命题和特点与国际学校认证制度在中国建立的实际相比较，说明了社会现实对新制度主义理论提出的挑战以及该理论可能扩展的方向。该研究进一步证实了新制度主义理论近几年的发展趋势：从强调制度环境对组织结构和行为的制约，开始关注组织对制度环境的能动作用；从强调制度对组织的影响，开始关注制度的变迁；从关注组织被动地接受制度环境的影响机制，到将利益和能动性引入制度分析。

　　国外文献中关于国际学校认证制度的实质性研究相对缺乏。对此，研究者迈克尔·费尔蒂希（Michael Fertig，2009）也持同样的看法。已有文献对国际学校认证制度的研究主要关注国际学校认证制度本身，以及国际学校认证制度对学校的影响。迈克尔·费尔蒂希运用组织社会学新制度主义理论，在由内部评估和外部评估构成的认证框架内，探讨了学

---

　　① 考虑到国际学校与其他学校认证制度框架的相似性，研究者本人将国际学校认证研究中文文献的检索扩展到了学校认证研究。除 CIS 外，美国各个地区认证机构的认证范围涉及从幼儿园到高等教育的各级各类学校，国际学校认证只是美国相关地区认证机构认证工作的一部分。在美国，有的地区认证机构设有专门的国际学校认证委员会（例如，NEASC 设有海外美国和国际学校委员会），其他相关地区认证机构对国际学校的认证，一般是由下设的学校委员会承担的。

校自评和外部认证标准使用之间的张力，并得出结论：外部指标越来越多的使用可能会导致学校之间减少差异，而趋向同质。凯（Kay M. J. ，2006）更多地关注学校的自评阶段，并且根据这个阶段教师的工作量，确认了有意义的机会成本。墨菲（Murphy，2008）通过三个虚拟的案例，举例讨论了 ECIS 认证的详细情况。他描述了认证过程中的好处和张力。他认为，认证的好处是使学校变成了持续和循环的自评和改进程序的一部分。皮特曼（Pitman，1997）的研究强化了这个结论，他在有关自评的一项学校调查中，确认了认证过程对教师士气产生的积极效果。

总之，国内外文献中关于国际学校认证制度的研究主要关注（国际）学校认证制度的特点、借鉴（国际）学校认证制度的必要性以及（国际）学校认证制度对学校，甚至对其他国家产生的影响。但是，尚没有关于国际学校认证制度移植的研究。

二、制度移植研究现状

（一）国内的研究现状

2000 年以来的中文文献中关于制度移植的研究涉及政治、经济、文化、法律和教育等诸多领域，其研究范围比较广泛，但是对教育制度移植的研究则相对较少，并且已有研究大多侧重对教育制度移植现象和移植结果的描述。从研究的理论视角来看，已有的研究大多数从制度经济学的角度出发，研究制度移植现象（张兵，2008；李明辉，2009；刘秀平，2009；卢现祥、朱巧玲，2004；蒋燕玲，2005；黄武双，2006；康锐，2008；申香华，2008），而从社会学角度研究的则相对较少（章兴鸣，2003；杨雪冬，2005）。

国内有关制度移植的研究主要关注以下三个问题。（1）制度移植的动因。对制度移植动因的探讨有两种视角，一是社会学视角。例如，章兴鸣（2003）从社会学视角探讨了近代中国政治制度移植的必然性。他从路径依赖与现实环境对制度变迁要求之间的张力解释了近代中国政治制度移植的可能性和必然性。政治制度移植的可能性有两个要件：第一，在政治系统的外部环境中，存在着更为优越的制度模式；第二，不同的制度文明之间存在着充分的互动。其必然性也有两个要件：第一，旧有的政治制度发展陷入僵局时，其内部促进制度变革的力量是微弱的，短期内看不到变革的迹象；第二，国际社会对陷入僵局的政治制度提出了生存威胁，政治发展已不可能沿着自身演进的轨迹发展。二是经济学视角。例如，卢现祥、朱巧玲（2004）从经济学视角探讨了发展中国家制度移植的动因。他们认为之所以会发生制度移植有三个方面的原因：一是国家之间存在差距；二是制度移植可以降低制度变迁的成本；三是一些制度在世界范围内具有共同性，能够移植就没有必要创新了。（2）制度移植的过程。杨雪冬（2005）提出了一个制度移植的理论框架，并利用中国立法听证的引入和发展进行了检验；黄武双（2006）分析了新中国专利制度的孕育与发展历程；张兵（2008）提出了一个移植性制度变迁框架，并运用这个框架分析了近代中国公司制度变迁的原因、过程及内在演进逻辑；李明辉（2009）考察了大陆法系国家（地区）公司引进根源于英美的独立董事制度的过程和结果，特别是关注了国际趋同问题；李俊清（2006）探讨了现代文官制度在中国创构的历程；蒋燕玲（2005）研究了近代中国公司制度移植过程和移植效果。对制度移植过程的认识归纳起来主要有以下几个方面：制度移植的过程是制度与制度环境相互适应的过程；制度移植的过程是利益相关主体互相学习和博弈的过程；制度移植过程会出现趋同和趋异现象。但上述认识均缺乏对制度移植内在机制的深入揭示。（3）影响有效制度移植的要素和评判标准。张兵（2008）提出，相关制度要素既是制度移植的阻碍，也是制度移植成功的促进因素；创新性制度调整是制度移植成功的根本；持续的学习能力是制度移植成功的基础；与社会目标协调的扶植型政府是移植成功的保证。刘秀平（2009）概括了迟滞专利制度成长的因素：制度供给不足、国家主导作用不足、强烈的路径依赖、近代中国对专利的功利主义。杨雪冬（2005）提出了制度移植成功的两个标准：一是移植的制度是否与现有的制度环境产生必要的"耦合"；二是被移植的制度是否被所有的利益相关者所普遍遵守，甚至成为某种程度的共识和价值观。但是，对于移入制度与移入环境如何适应，研究者的出发点不一。有的站在移植制度的角度，强调制度环境与移植制度相适应（卢现祥、朱巧玲，2004；李俊清，2006；申香华，2008；李明辉，2009；刘秀平，2009）；有的站在移入地文化立场上，强调对移植制度进行创新性调整（杨雪冬，2005）；还有的虽然也站在移入地文化立场上，但强调移植制度与制度环境的相互适应（蒋燕玲，2005；张兵，2008）。

（二）国外的研究现状

1999 年以来的英文文献中关于制度移植的研究主要关注以下几个问题。（1）制度移植产生和发展的过程。在跨社会制度移植过程中，移入制度与移入环境是相互塑造的。这一观点既强调了移入制度对于特定环境文化发展的重要性，也强调了特定环境对于移入制度落地的重要性（韦斯特尼，2007；Annelien de Dijn，2005）。韦斯特尼（2007）认为，任何一种制度进行跨社会移植时，为适应社会环境，势必发生变异。在某些场合下，因适应产生的变异，实际上是对原来制度的提高，是一种创新，而且还会被其他社会所仿效；移入制度还会影响特定环境，并使之发生变化，使它对移入制度越来越有利。（2）从不同视角探究制度移植结果（成功或失败）的因果机制。有的研究者从移入制度与移入环境相互适合（elective affinity & fit）的角度考察了制度移植成功或失败的过程。安东·奥列尼奥克（Anton Oleinik，2008）通过对苏联卷入阿富汗战争（1979—1989）失败过程的研究，认为成功的制度移植取决于移入制度与传统制度选择性亲合力（elective affinity）的程度，其失败的原因是移入制度与传统制度缺乏选择性亲和力，主张在制度移植之前必须对选择性亲合力进行仔细考察。马丁·德容（Martin De Jong，2004）从同样的角度聚焦相似国家制度移植的过程，借助于在空间设计领域几个实证案例，描述了成功或失败的机制，特别对英国移植美国纽约地铁模式进行了详细的分析。他认为，相似国家间的制度移植同样会受到国内政策，以及国家、区域和地方的特征与需要等多种关键因素的影响。约阿希姆·森威那特与尼尔斯·戈尔德施密特（Joachim Zweynert, Nils Gold-schmidt, 2006）则从路径依赖（内生）与政治劝诱（外生）之间的关系视角，解释了中欧和东欧国家在 20 世纪 90 年代两种不同的变迁。他们认为，上述变迁是正式制度与非正式制度相互作用的结果。（3）关注制度移植的方法。有的研究者（M. De Jong, L. Konstantions, V. Manadouh, 2002）认为，将制度简单地复制和移植到一个新环境，不可能导致成功的创新。移植主体要丰富学习过程，探索多样的经验，采取与世界上最好的实践相对应的，又与当地相关的和可能的策略。有的研究者（Martin de Jong, Xi Bao, 2007）归纳了成功制度移植的观测点：1）在众多的模型中，发展综合模型比仅盯住一个模型更优越；2）在盲从的风气下，对有希望的模式进行自由的改造比简单复制更优越；3）采用一般性的思想、方法和理念比过早地关注模型的详细的程序、方法和规则更优越；4）有强烈的紧迫感比作为一般的事情更优越；5）结构调整和文化差异；6）采纳者的推动比提供者的推动更优越；7）理论工作者要对以上六个方面进行研究，理解管理系统之下的制度的各个方面。荣格与威廉·马丁·德（Jong, Willem Martin De, 1999）通过对西方 6 个不同国家运输系统决策实践的比较，产生了制度建构和决策质量评估的模型，从而发展了从一个国家向另一个国家移植"好的"或"合意"制度的方法。同时，他们发现并不是所有的好的制度要素都能简单地从一个提供系统移植到另一个接受系统。制度要素的移植要受到输出国和移入国重要的法律和差异的约束。制度移植的设计方法关注不同国家制度结构的创新能力和在其他国家的解决方案的适应性。

总之，与国内的研究现状相比，国外关于制度移植的研究，无论是在研究内容的广度和深度方面，还是在研究的整体水平方面，都处于领先地位。国内外关于制度移植的研究涉及以下几个方面：（1）研究的理论视角一般采取社会学研究或经济学研究。社会学研究主张将制度移植过程置于一个更大的社会情境之下，强调制度移植要受到时机和条件的影响。对于制度的缔造者来讲，制度是可以利用的，许多移植的制度是模仿与创新的产物，而这些过程是由该国家本身的资源，以及它能够获得的其他国家的资源两种因素造成的（韦斯特尼，2007）。制度移植的经济学研究，将成本收益的改变作为制度移植的基本动因，并认为制度移植是移植主体效用最大化驱动下的制度变迁；以成本收益为基点，对制度移植的过程进行制度供求分析；以效率作为核心标准来考察制度移植的效果（康锐，2008；张兵，2008；Joachim Zweynert，Nils Goldschmidt，2006）。（2）研究的问题涉及制度移植的动力、过程和结果（成功或失败）的因果机制，以及制度移植的方法等方面。分析这些研究的问题，我们会发现：制度移植研究的出发点和落脚点是其有效性问题，所涉及的基本问题是移入制度与移入环境的关系问题，所涉及的核心问题是移入制度与移入环境的相互适合问题。（3）研究的方法采用过程研究法和案例研究法。过程研究法和案例研究法在制度移植的研究中是同一的。绝大多数研究通过展示一个或多个制度移植的具体过程，来探究制度移植的基本理论问题或制度移植结果（成功、失败或迟滞）的因果机制。

　　由于研究思路、理论视角以及研究层次等方面的原因，已有的研究忽略了一个具体的制度移植过程往往会受到多个过程相互作用的影响，对影响制度移植的动因和过程的内在机制尚缺乏深入探究，从而影响了对制度移植的复杂性和微妙性的揭示；已有的研究往往是在宏观层面（民族、国家，甚至世界层面）开展研究，忽略了在制度移植的具体活动中利益相关主体及其代理人的活动和行为，以及这些代理人如何受到制度的制约，他们又是如何利用制度资源对制度要素进行调整的，因而使研究缺乏微观基础；已有的研究往往比较关注成功或失败的制度移植的因果机制分析，而不关注某一时点制度移植具体结果的因果机制和过程的分析。本书的研究将关注多个过程的相互作用对制度移植的影响；关注处于不同领域代表不同利益的组织及其代理人的行动；关注在某一时点导致制度移植具体结果的机制和过程。

第三节 研究问题与概念界定

一、研究问题

国际学校认证制度向中国移植的过程是处于不同领域相对独立的利益相关主体互动的过程。利益相关主体的互动是国际学校认证制度向中国移植过程中最突出的现象。对国际学校认证制度向中国移植互动机制的探究，可能是解释国际学校认证制度向中国移植动因和过程内在机制的一个切入点。本书的研究拟通过对各个利益相关主体互动动力、互动结构、互动规则、互动行为和互动结果等方面的剖析，来考察国际学校认证制度向中国移植的起源、过程和结果。因此，本书的研究问题聚焦在：各个利益相关主体互动的动力来自哪里？各个利益相关主体互动的结构是如何形成的？各个利益相关主体关于制度移植的方向和策略是如何形成的？各个利益相关主体为什么要通过互动对制度进行持续调整？在某一时点，国际学校认证制度向中国移植的状态是如何被影响的？

二、研究假设

如文献综述所述，已有研究对影响制度移植的多个过程关注不够；对制度移植的内在机制缺乏深入探究；对制度移植的微观基础缺乏呼应；往往比较关注影响制度移植成功或失败的因素和内在机制，但对影响某一时点制度移植状态的内在机制缺乏关注。国际学校认证制度向中国移植的实践则显示，国际学校认证制度向中国移植的起因和过程受到了多个过程的影响，并且是由微观层面各个利益相关主体的代表互动实施的。组织社会学新制度主义关于制度逻辑的理论认为，社会中包括了为个人和组织提供行动基础的各种制度逻辑；制度逻辑制约着组织和个人的行为；同时，也为组织和个人用来实现他们自己的优势；不同的制度逻辑既相辅相成，又相互矛盾；组织和个人通过探索和解决这些矛盾而改变、转换社会中这些制度之间的关系（见第二章）。为此，本研究针对研究问题提出以下研究假设：国际学校认证制度向中国移植不是源自利益相关主体的理性设计，而是源自不同领域相对独立的各个利益相关主体所背负的制度逻辑的相互作用。具体表现如下。

1. 各个利益相关主体互动的动力，来自各个利益相关主体所在领域的制度矛盾；

2. 各个利益相关主体互动的结构，是各个利益相关主体背负的制度逻辑相互作用的结果；

3. 各个利益相关主体关于制度移植的策略和方向，是各个利益相关主体背负的制度逻辑相互作用的结果；

4. 各个利益相关主体通过互动对制度进行持续调整，源自各个利益相关主体背负的制度逻辑的相互作用；

5. 在某一时点，国际学校认证制度向中国移植的状态，是由各个利益相关主体背负的制度逻辑相互作用的状况决定的。

三、分析单位

根据所研究的问题，本书的研究对象是国际学校认证制度向中国移植的过程。该过程聚焦在 2000 年 6 月到 2010 年 12 月期间，其空间范围是由参与国际学校认证制度向中国移植的利益相关主体构成的组织场域。处于该组织场域的利益相关主体主要包括：中国的NCCT、北京京西学校、中国教育部国际合作与交流司、地方教育行政主管部门（主要是北京、上海和广东等地）、其他在华国际学校以及 CIS、NEASC 和 WASC。

本书的研究采用嵌入性单案例研究设计，将国际学校认证制度向中国移植的过程作为整体分析单位，将制度移植的背景、起源、制度调整以及结果作为嵌入性分析单位（见图 1-1），希望借助这种单案例研究设计对国际学校认证制度向中国移植过程进行深入分析。本书的研究为了防止给予次级分析单位过多的关注，有可能会忽视更大的或主要的分析单位，而使案例研究的分析方向出现漂移，性质出现变化（罗伯特·K.

殷，2004）。本书的研究已经对NCCT实施的在华国际学校认证实践进行了系统梳理，初步确认了如图1-1所示国际学校认证制度向中国移植过程的各个阶段，确保本案例的次级分析单位为主要分析单位。另外，对分析单位的分析采取分析性归纳，即通过对移植过程的各个阶段进行分析，整体把握国际学校认证制度的移植过程。

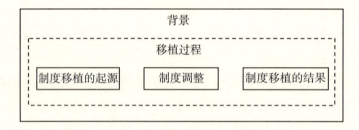

图1-1 本研究的分析单位

四、基本概念

（一）制度移植

制度移植指的是某个制度或一组制度从一个制度环境转移到其他制度环境并被实践的过程（杨雪冬，2005）。制度移植的边界涉及地理边界、文化传统边界和政治体制边界。本书的研究更多强调文化传统边界。一般来讲，制度移植可分为强制型和自主型两类。强制型制度移植往往是被强加给一个国家的，或由于不太正式的支配关系使某个国家采用外来的制度模型；自主型制度移植往往是一个国家自愿采用某一外来制度模型（韦斯特尼，2007）。上述分类是就制度接受者而言的，对制度移植所涉及的多重过程关注不够。国际学校认证制度向中国移植不同于"强制型"，与"自主型"也不完全相同，它是由处于中国境内和境外的利益相关主体自下而上互动进行的。

（二）国际学校

国际学校具有多样性特点，并一直处于不断变化之中。这使研究者们难以概括国际学校的特点，对于国际学校的概念尚没有形成共识。但从研究趋势来看，研究者们越来越倾向于从更宏观的理念层面为国际学校下定义。据 CIS 的认证官员马格瑞（Margaret Alvarez）向本人提供的资料，CIS 在 2007 年 3 月采纳了从促进"国际思维"（international mindedness）的角度为国际学校下定义的做法，并进一步阐述了"国际思维"的属性。这些属性主要包括以下六个方面。（1）道德行为（ethical practices）：从多个角度来审视这些行为；（2）世界公民：用发展的眼光来理解社会正义和公平、多样性、全球化和相互依赖、可持续发展、和平和冲突问题；（3）沟通：教学语言、其他语言以及学生母语辅助的提升；（4）分享权：确保学校的制度、教学、辅助等方面能让学生分享学校的课程；（5）服务：培养参与有意义和反思性服务的性情；（6）领导力：习得和完善批判性思考、问题解决、合作、冲突解决和决策技能，并在实践中磨炼这些能力。从 CIS 对国际学校的理解来看，国际学校是以促进学生国际思维为办学理念的学校。

（三）国际学校认证制度

学校认证是以学校利益相关方共同认可的标准和学校的办学理念与办学目标为基础，学校自愿参加的，学校自评与同行考察相结合的，旨在促进学校教育质量持续改进和向社会提供质量保证的过程（NCCT，2008）。本书的研究以斯科特对制度的定义为基础，结合上述关于学校认证的定义，对国际学校认证制度进行界定。本书的研究把国际学校认证制度作为一种结构，该制度包括规则、规范和文化认知三个方面的要素。国际学校认证制度是以国际学校利益相关方共同认可的标准和国际学校的办学理念与办学目标为基础，国际学校自愿参加的，国际学校自评与同行考察相结合的，旨在促进国际学校教育质量持续改进和向社会提供质量保证的一种教育质量保障模式。国际学校认证制度包括政府认可、认证标准、认证程序、专业团队、组织机构、认证理念、认证功能等要素。

（四）在华国际学校

在华国际学校是指由中华人民共和国国务院教育行政主管部门审批设立的外籍人员子女学校。"外籍人员子女学校是指经国务院教育行政部门正式批准，由在中国境内合法设立的外国机构、外资企业、国际组织的驻华机构和合法居留的外国人开办的学校。"（国家教育委员会，1995）这一定义主要包含以下含义：（1）学校的办学主体为在中国境内合法设立的外国机构、外资企业、国际组织的驻华机构和合法居留的外国人；（2）开办此类学校的审批权是国务院教育行政部门；（3）学校的开办地点在中国境内；（4）学校的招生对象为在中国境内持有居留证件的外籍人员子女；（5）学校以开设国际课程或其他国家的课程为主；（6）学校以英语或其他国家语言作为工作和教学语言；（7）学校的管理者和教师来自具有不同文化背景的国家和地区；（8）学校的管理体制实行董事会领导下的校长负责制。

（五）在华国际学校认证制度

在华国际学校认证制度是指，在2000—2010年，在中国教育部的授权和支持下，NCCT通过与CIS、NEASC和WASC合作，引入上述机构的国际学校认证制度，并正在中国境内实践中形成的国际学校认证制度。在华国际学校认证制度是国外国际学校认证制度与在华国际学校发展环境相结合的产物。

第四节 研究方法

一、案例研究法的选择

本书研究之所以选择案例研究法，是因为所研究的问题比较符合案例研究法的条件。选择案例研究法需要具备三个条件：一是研究的问题类型是"怎么样"和"为什么"；二是研究对象是目前正在发生的事件；三是研究者对于当前正在发生的事件不能控制或极少能控制（罗伯特·

K. 殷，2004）。本书所研究的问题是：为什么国际学校认证制度向中国移植是由处于不同领域多个相对独立的主体互动进行的？它们是如何互动向中国移植国际学校认证制度的？该制度自 2000 年开始从国外引入，一直处于构建的过程之中；作为研究者本人，对正在构建过程中的国际学校认证制度不能控制或极少能控制。

　　案例研究是遵循一套预先设定的程序、步骤，对某一经验性、实证性课题进行研究的方法。案例研究有两个重要的本质特征：一是它是一种实证研究，是在不脱离现实生活环境的情况下研究当前正在发生的现象，待研究的现象与其所处环境背景之间的界限并不十分明显；二是它是一种全面的、综合性的研究思路，处理有待研究的变量比数据点（data points）还要多的特殊情况，所以需要通过多种渠道收集资料，并把所有数据资料汇合在一起进行交叉分析，因此，需要事先提出理论假设，以指导资料收集及资料分析，减少研究工作量，避免走弯路（罗伯特·K. 殷，2004）。

　　案例研究与以抽样调查和样本统计为基础的定量研究相比，有其独特的逻辑，即要从个案走向一般。就案例研究如何走出个案问题，卢晖临和李雪（2007）考察了四种主要处理方式，即超越个案的概括、个案中的概括、分析性概括以及扩展个案方法。超越个案的概括，是类型学的研究范式，在方法论上走的是社区研究到比较方法到模式再到普遍化的道路。这种处理方式是从个案出发到理论，或者是从个案出发，经由个案之间的比较提出理论，其理论是直接来源于局部经验的，因而往往面临重大缺陷。个案中的概括是人类学的解决方式，它是用一种潜在的比较意识，来看待这个特殊的个案，并对其重要方面做出描述和概括，而这种概括的意义，以及它与更广泛的现实有哪些关联在作品中是看不到的。分析性概括，是从理论出发到个案，再回到理论，是建立在已有理论基础上的理论修正、检验或创新。分析性概括的意义不在于像大规模抽样那样，从样本的结论推断出总体的特征，不在于抽取样本的典型性和代表性，而在于其对理论的辅助力量。分析性概括证明了案例研究的生命力。而扩展个案方法与传统案例研究的根本区别是研究者的立足点从微观转移到宏观，试图立足宏观分析微观，通过微观反观宏观，通过微观与宏观的往复运动，实现理论的重构。扩展个案方法很好地解决了微观与宏观结合的问题。此外，经由理论重构产生的一般性法则使其较好地处理了特殊性与普遍性的关系问题。

本书的研究拟以组织社会学新制度主义理论为基础，解释国际学校认证制度向中国移植的过程。国际学校认证制度移植的过程，既受到宏观环境的影响，又受到微观层面行动者的影响。长期以来，研究者们普遍认为新制度主义理论缺乏一种微观基础，因此，建立起整合两种社会秩序要素的综合模型应该是新制度主义理论的发展方向。扩展个案方法的逻辑与国际学校认证制度向中国移植的事实，以及新制度主义理论的发展方向是一致的。也就是说，从本书研究的理论基础和国际学校认证制度向中国移植的事实来看，本案例研究比较适合采用扩展个案方法。

二、主要证据来源

对于案例研究中的资料收集，罗伯特·K. 殷（2004）提出了六种证据来源：文献、档案记录、访谈、直接观察、参与性观察和实物证据。同时，提出了资料收集的三个总体原则：（1）使用多种来源的资料；（2）建立案例研究数据库；（3）在研究问题、收集的资料以及结论之间形成证据链。NCCT评价处在开展在华国际学校认证工作的 10 年中，非常注意档案的保存和管理，建立了比较完整的工作档案，为本书研究的资料收集奠定了坚实基础。按罗伯特·K. 殷（2004）对案例研究中证据来源的分类，本书研究的证据来源具体包括以下几个方面。

（一）文献

NCCT向教育部有关部门申请承担在华国际学校认证工作的系列报告以及工作过程中向教育部有关部门提交的专题报告；利益相关主体代表从 2000—2010 年关于在华国际学校认证工作的所有信件（主要为电子邮

件）；历次四方（NCCT、CIS、NEASC 和 WASC）会议、NCCT在华国际学校认证委员会会议、培训会议等的会议日程与会议记录；所有介绍在华国际学校认证的演示文稿文件（PPT）、研究报告以及学术文章；NCCT在华国际学校认证管理体系文件的试行版和修订版，包括认证办法（章程）、认证标准、学校自评手册、考察团手册、认证办公室工作规范、在华国际学校应知中国法律法规汇编等；所有的考察报告（包括资格考察报告、初访报告、考察团报告、特殊考察报告和年度报告等）；四方合作框架协议、NCCT与在华国际学校的认证协议；NCCT组织专家对在华国际学校的调研报告；NCCT代表赴国外的考察报告，等等。

（二）档案记录

NCCT在华国际学校认证工作大事记（2000—2010）；教育部批准设立在华国际学校的档案；在华国际学校名单；研究者本人从 2000—2010年涉及在华国际学校认证工作的笔记（包括具体事件和谈话记录）；NCCT从 1999—2002 年的发文记录；2000—2005 年NCCT在华国际学校认证工作的财务预算；2006—2010 年NCCT在华国际学校认证工作的财务收支记录；所有关于在华国际学校认证工作会议的时间、地点、名单等；NCCT历届认证委员会和咨询委员会委员名单；NCCT认证候选考察人员名单；NCCT对在华国际学校各个认证程序的时间、考察人员名单，等等。

（三）访谈

本书研究所涉及的访谈对象包括：教育部在华国际学校教育行政主管部门以及地方教育行政主管部门的行政官员；CIS、NEASC 和 WASC 的代表；被NCCT认证和正在认证的在华国际学校负责人；NCCT的认证工作顾问和海外协调员；NCCT的考察人员；NCCT的关键人物。

（四）参与性观察

研究者本人是这个项目的策划者、创建者和管理者，亲历了这个项目10 年的发展历程。对该项目发展过程的观察，在 2007 年以前，研究者本人是以一个局内人的视角进行观察；而在 2007 年及以后，则是以一个研究者的视角进行观察。在本书研究中，研究者本人的观察主要是参与性观察。

（五）实物证据

在本书案例中，主要的实物证据包括：NCCT授予"通过认证"的在华国际学校的挂牌及证书；部分在华国际学校赠送给NCCT的刻有学校名字的小工艺品及艺术画；CIS、NEASC 和 WASC 对NCCT在华国际学校认证认可的证书，等等。

从本案例的实际情况来看，本书研究的主要证据来源包括文献、档案记录、访谈和参与性观察。

三、研究者与本案例

研究者本人是国际学校认证制度向中国移植的具体策划者、创立者和管理者。在在华国际学校认证制度发生和发展的 10 年中，研究者本人一直作为项目负责人负责这项工作。这个项目给研究者本人带来了许多快乐和收获，也遇到了许多烦恼。总之，研究者本人在这 10 年的酸甜苦辣与这个项目息息相关。作为一个没有外事经验、没有海外留学和工作经历、不具备一定英语语言交际能力的人，研究者本人负责这样一个每天都跟英语打交道的项目纯属偶然（见第四章）。有的专家经常和本人开玩笑：一个英语不太好的人，做了一个英语水平要求很高的项目。这个项目给研究者本人打开了一扇观察国外基础教育的窗子，使研究者本人能够了解国外基础教育的发展趋势，以及先进的教育理念、学校管理经验、课程设计和教育教学方法，这促使研究者本人以国际视野来审视国内基础教育改革，特别是课程、教材和教学改革。从原来不懂得如何与外国人打交道，每每与他们打交道有些紧张，到如今基本上具有了国际理解意识和懂得了如何进行跨文化的交际，从而使研究者本人在跨文化交际中变得从容。研究者本人从原来较差的英语水平，到现在可以通过电子邮件跟外国同行进行交流，可以进行简单的面对面交流，最受益的是由于多年接触英文资料，使自己顺利地通过了北京大学博士入学的英语考试。还由于自己多年负责这个项目，对国外学校认证以及学校评估领域有了一定的了解，对学校认证以及学校评估有了一定的发言权。回顾负责这个项目的 10 年历程，研究者本人的确感到做了一件有前瞻性的、实实在在的事情，并且在这一过程中拓宽了视野，增长了知识，发展了能力。研究者本人认为，这个项目对NCCT发展的意义是独特的，NCCT的主业是基础教育课程教材的研究、开发、评估工作及其他相关业务工作。NCCT在华国际学校认证为NCCT提供了了解国外基础教育课程、教材和教学发展动态的窗口。NCCT借助这一项目可以吸纳国外基础教育和国际学校的许多资源，为国内基础教育课程、教材和教学改革服务。NCCT在国内的地位加上国际视野，对于NCCT保持业务的先进性，提高在国内的权威、拓展业务范围影响深远。

这个项目的实施也使研究者本人遇到了许多烦恼。从NCCT的职能来讲，虽然在华国际学校认证工作是NCCT的一项法定职能，但与NCCT的主业相比属于边缘项目。由此，这个项目在NCCT的地位不是很突出，在NCCT文件和话语中的排位也比较靠后。例如，有时NCCT召开工作会议时，当领导总结和布置了所有的"中心工作"以后，往往会忘记提这个项目，或用"另外"等字眼一带而过。由于体制和机制原因，这个项目在实施过程中在用人、出国交流、财政开支等方面也会遇到诸多困难。研究者本人一直想找一个更适合的人（例如精通英语的人）代替自己，使自己慢慢退出，但先后换了三个人也未能如愿；出国交流每每受到繁杂手续的影响。2005 年以后，由于NCCT职能结构以及目标的调整，在华国际学校认证项目又成了处里"养家糊口"的主劳力，这使得项目预算受到了严重约束。这种状况，使研究者本人及其同事有时感到烦恼和无奈。但让人感到欣慰的是，这个项目的经验越来越得到其他有关单位的重视。最近几年，先后有一些单位为了探索在其他教育领域的教育质量保障机制，请本人去介绍NCCT开展在华国际学校认证的做法和经验。NCCT与 CIS、NEASC 和 WASC 合作开展在华国际学校认证的做法，也成为 CIS、NEASC 和 WASC 与其他国家开展国际学校认证合作所效仿的模型。

由于与这个案例的特殊关系，研究者本人选择这个案例开展研究既有有利的方面，也存在不利的方面。其优势是作为项目负责人，研究者本人掌握所有的关于这个项目的文献、档案记录，熟悉要访谈的人；研究者本人其实就是一个参与性观察者，这给收集资料带来了便利；研究者本人曾经是这个案例的局内人，对这个项目的发展过程非常熟悉，对几乎所有事件的细节都很了解，并有着较深的体验，可能会比较准确地描述其研究对象。但不利的方面是研究者本人可能会带有某些主观意识和偏见，从而影响研究结论的客观性和准确性。为此，研究者本人在收集资料的过程中，力求坚持多种证据来源的原则，使多种来源的资料对所考察的问题相互印证，保证研究结果或结论的客观性和准确性。对此，在研究过程中，已经收到了初步效果。例如，没有正式研究之前，研究者本人主观认为，NCCT在华国际学校认证制度已经建立，但后来通过多方面考察发现，NCCT在华国际学校认证制度还处于建立过程之中；再如，没有正式研究之前，研究者本人主观认为，在联合认证中NCCT有时被忽略是 CIS、NEASC 和 WASC 或在华国际学校对NCCT不重视，后来经过多角度考察发现，其实有着更复杂的原因，甚至NCCT自己的原因占了很大的成分。

四、效度与信度

罗伯特·K. 殷（2004）提出了评定案例研究质量的四种方法，即建构效度、内在效度、外在效度和信度，并提出了对案例研究进行这四种检验时所要采取的策略。这对本书研究非常具有指导意义。

建构效度，是指对所研究的概念形成一套正确的、可操作性的测量。对于本书的研究来讲，就是要保证国际学校认证制度向中国移植这个事件与研究的目的——制度移植的互动机制相关联；本书的研究所选择的一些具体事件确实能够反映、衡量国际学校认证制度移植的内在机制问题。为了提高本书的研究的建构效度，在资料收集阶段采用多种证据来源，并对各种证据进行相互交叉印证；在研究问题、各种证据以及研究结论之间形成证据链；请主要证据的提供者对论文草稿进行检验，核实证据的真实性。内在效度是指从各种纷乱的假象中找出因果联系,即证明某一特定的条件将引起另一特定的结果。由于本书的研究属于解释性案例研究,因此本研究的研究质量也与内在效度有关。内在效度要求本书的研究在推导和论证国际学校认证制度移植的互动机制时,要保证推导的正确性;要考虑竞争性的解释;要保证所有的证据都支持得出的结论;使论证过程无懈可击。为了提高内在效度,本书的研究在证据分析阶段考虑了竞争性解释,保证所占有的证据都支持得出的结论。外在效度就是研究的结果具有可归纳性,可以归纳成为理论,并推广到其他的研究中。外在效度要求本研究对国际学校认证制度向中国移植的案例研究,能够归纳为制度移植的理论,并能够推广到其他关于制度移植的案例研究中。为了提高外在效度,本书的研究以组织社会学新制度主义理论为基础,构建了制度移植的理论分析框架,并在其指导下开展研究。为了提高信度,本研究已经按要求撰写了开题报告并通过答辩,在资料收集阶段还建立了案例研究数据库。

第五节　创新与不足

一、可能的创新点

第一,本研究是国内第一个关于国际学校认证制度移植的研究。

第二,以往的研究很少运用组织社会学新制度主义理论研究制度移植问题。本研究运用组织社会学新制度主义理论研究国际学校认证制度向中国移植的过程,是对组织社会学新制度主义关于制度移植实证研究的充实和丰富。

第三,已有的关于制度移植的研究对制度移植所涉及的多个过程关注不够。而本研究更强调来自不同领域的制度提供者、制度引入者、制度引入许可者以及制度受用者等利益相关主体的互动。

第四,无论是制度经济学视角,还是组织社会学新制度主义视角,它们对制度移植的研究尚缺乏微观基础。本研究关注制度移植的微观基础，并试图将微观层次与宏观层次结合起来，关注在制度移植的具体活动中利益相关主体及其代理人的活动和行为，以及这些代理人如何受到制度的制约，他们又是如何利用制度资源来构建新的制度的，克服了以往研究中存在的微观与宏观分析呼应不够的问题。

第五，周雪光和艾云（2010）曾提出一个制度变迁的"多重制度逻辑"分析框架，强调制度变迁的多个过程及其相互作用，为研究制度变迁提供了一个新思路。本书的研究通过国际学校制度向中国移植的实证研究，是对这一研究思路的具体实践。

二、可能的不足

第一，本书的研究结论是基于国际学校认证制度向中国移植的单案例研究，其时间跨度仅有 10 年时间，目前该案例还处于发展过程中。由于制度移植过程的复杂性和微妙性，本书的研究结论随着时间的推移还需要后来者进一步检验和修正。

第二，由于研究者本人是本案例的局内人，对一些事件的判断难免会带有主观色彩。为了避免主观色彩，研究者本人尽量采用多种证据来源；本书初稿也请其他当事人进行审读并请其验证证据的真实性、是否还有其他证据以及是否有争议性的结论等，并在听取他们意见的基础上对书稿进行了修改。尽管如此，由于研究者本人对这个案例介入得太深，如何更好地从该案例中"走出"和"走入"，这是一个很大的挑战，可能会影响分析推理的客观性。

第三，由于利益相关者对某些问题的敏感性，使研究者本人对个别问题访谈得不够充分或没有进行访谈，使得对某些问题的分析缺少了访谈的证据来源。例如，围绕利益相关主体之间张力、利益相关主体对在华国际学校认证认知等问题，对中国政府有关部门与 CIS、NEASC 和 WASC 的代表访谈得不够充分，对 NCCT 的领导则没有进行访谈。这在一定程度上讲，可能会影响对某些问题分析的内在效度。

第二章　理论基础与分析框架

　　新制度主义关于制度变迁的某些理论与国际学校认证制度向中国移植的事实表现出高度契合。新制度主义理论认为，变迁常常源自各种制度秩序之间的面对面竞争；新的组织形式要想成功存在下去的话，就必须尽快建立其合法性（鲍威尔、迪马吉奥，2008）。国际学校认证制度向中国移植起源于相关主体为了摆脱所处制度环境存在的制度矛盾给其利益带来的不确定性影响而采取的行动。当国际学校认证制度被引入中国以后，为了使该制度存在并发展下去，相关主体的首要任务是使其获得中国政府部门的认可、国际认证机构的认可和在华国际学校的认可。因此，本书的研究将以新制度主义关于制度变迁的理论为基础，来解释国际学校认证制度向中国移植的案例，同时，用国际学校认证制度向中国移植的案例来支持和验证新制度主义关于制度变迁的理论。

第一节　理论基础

一、新制度主义理论的发展

　　新制度主义理论的发展大体上经历了两个时期：第一个时期是 20 世纪 70 年代后期到 80 年代早期，以迈耶等人为代表的经典时期；第二个时期是 20 世纪 80 年代中期以后，特别是 90 年代以来的拓展和完善时期（郭建如，2008）。第一个时期的主要代表人物主要有迈耶、罗恩、迪马吉奥、鲍威尔、朱克尔、斯科特等，他们提出了一些奠基性主张。迈耶和罗恩首先提出了新制度主义的理论思路。他们的研究主要涉及组织与环境的关系、制度性同形、合法性、合法性机制和分析层次等问题。第二个时期的主要代表人物有杰普森、斯科特、鲍威尔、迈耶、弗利南德、阿尔弗德等。他们的研究厘清了新制度主义的相关概念，界定和揭示了制度影响组织结构和行动的过程；进一步丰富了新制度主义的研究，并为进一步的研究提出了若干重要议程。当然，每个时期都有一些实证研究。这些实证研究积累和丰富了实证研究资料，扩展了理论解释的空间和范围。

一种理论要发展，必须不断地得到拓展、完善，甚至突破。当前，新制度主义理论正处于拓展和完善时期，并显示出新的发展趋势。通过梳理相关文献，笔者发现，新制度主义理论是以组织与制度环境的关系作为基本出发点的。伴随着研究者对组织与制度环境关系认识的不断深化，新制度主义理论的发展表现出了以下趋势：一是从关注组织的趋同过程，到更加关注组织的趋异和多样化过程；二是从关注制度对行动者及其利益的影响，到更加关注对制度变迁的解释；三是从忽视权力和利益到关注权力和利益；四是从将制度过程与效率驱动过程对立起来，到将制度视角与竞争和效率视角相协调；五是在分析层次上，从宏观层次到组织场域（社会部门）、个体互动，甚至到更宏观的跨民族国家层次；六是在研究方法上采用特性研究法和过程研究法。

从新制度主义理论的发展趋势来看，近些年来，新制度主义理论基本上是沿着两种取向发展的，一是不断增强理论的解释能力，二是不断扩大研究范围。为了增强解释能力，新制度主义理论在揭示制度对组织制约作用的同时，更加关注行动者对制度的能动性，把行动者、利益、冲突等提上研究的议程，进而解释制度变迁的过程。为了扩大研究范围，新制度主义者开始将制度视角与竞争和效率视角相结合，从主要关注非营利组织和公共机构，向关注营利组织发展，对制度因素如何影响公司结构和实践问题，进行了充分阐释。从与其他社会学理论的关系来看，新制度主义理论的发展还表现出在某些方面向老制度主义的回归。例如，从早期忽略人及其利益到开始关注人及其利益；同时，新制度主义理论开始与其他社会学理论，甚至是与在人们看来是竞争性的理论（例如，理性选择理论）相协调。

　　如前所述，自20世纪70年代末以来，新制度主义理论一直在不断发展和完善。但是，从理论研究和实证研究的状况来看，新制度主义仍然存在着明显缺陷，主要表现在以下两个方面：（1）缺少一种完整的变迁理论。新制度主义理论及其实证研究，对制度环境对组织结构和行为的影响研究得比较多，而对制度的起源和变化研究得相对较少。对此，布林特和卡拉贝尔（2008）、迪马吉奥和鲍威尔（2008）、鲍威尔（2008）、斯科特（2007a）等人都对这一缺陷进行了批评，并主张要对制度的起源和变迁进行深入研究。（2）缺少微观基础。新制度主义的微观基础是指在新制度主义理论框架中，以新制度主义理论为假设和因果机制，来对微观层面的个人活动或行为进行陈述。迪马吉奥（2007）、斯廷施凯姆（2007）、朱克尔（2008）、杰普森（2008）、周雪光（2003）等人对新制度主义理论缺乏微观基础提出了批评。从以上研究者对新制度主义理论的批评来看，新制度主义理论缺乏微观基础会产生两个方面的问题：一是对制度环境影响组织结构或活动的过程将得不到研究和揭示；二是对制度的生产、再生产、维持以及去制度化将得不到解释。

二、新制度主义的主要理论观点

（一）制度

　　不同学科，甚至在组织社会学内部不同的研究者，对制度都有不同的理解。制度主义在不同的学科有着不完全相同的含义；即使组织理论内部的"制度主义者"，对制度也存在不同的认识（迪马吉奥、鲍威尔、

2008）。杰普森（2008）、斯科特（2007b）、弗利南德和阿尔弗德（2008）等人从不同角度对制度的定义作了进一步澄清。几位研究者对制度的定义有以下几个共同点：第一，都把制度视为一种结构或系统；第二，都对文化要素给予了较多关注；第三，都强调制度对组织和行动者的作用。斯科特（2007b）关于制度的定义具有比较强的操作性。斯科特（2007b）认为，"制度是社会结构，它们具有很大的弹性，由文化认知、规范和规则要素构成，这三个要素与相关的活动和资源一同为社会生活提供一种稳定性和意义"。斯科特认为，三个制度要素是一种相互依存的关系，三个制度要素共存于某一制度之中；特定的制度复合对于某些要素的依赖程度要高于对其他要素的依赖程度，各个要素的重要性随着时间的变化而变化。

（二）制度逻辑

根据弗利南德和阿尔弗德（2008）对制度逻辑的解释，制度逻辑是制度领域中具有稳定性和连续性的认知和规范体系。弗利南德和阿尔弗德关于制度逻辑的理论，主要包括以下几个方面：（1）制度逻辑制约着组织和个人的行为。同时，也为组织和个人用来实现他们自己的优势。（2）社会中包括了为个人和组织提供行动基础的各种制度逻辑。（3）不同的制度逻辑既相辅相成，又相互矛盾。组织和个人通过探索和解决这些矛盾而改变、转换社会中这些制度之间的关系。对制度逻辑多样性以及不同制度逻辑之间关系的强调，克服了早期新制度主义者忽略制度多样性和差异性的缺陷，使新制度主义获得了更广泛的解释空间（邓锁，2005）；同时，也具有方法论的意义，关注多重制度逻辑及其相互作用，有利于恰当解释制度移植过程中的复杂性和微妙性。

（三）合法性

合法性是指由于被判断或被相信符合某种规则而被承认或被接受（高丙中，2000）。瑞夫和斯科特（2007a）认为，一个组织的合法性来源于所有的利益相关者的评判，这些利益相关者来自组织内部和组织外部。

不同的评判群体会使用不同的评判标准。不是所有合法性评判都是同等的重要，合法性评判的重心可能会随着时间和地点的不同而改变，应以生存的普遍性作为最重要的评判标准。合法性可以在社会、某一领域或行业、不同的群体等多种层面发挥作用（周雪光，2003）。对于合法性基础的测量，有的从一个领域中各个组织对某一制度形式的采纳程度来测量获得合法性的程度（托尔波特、朱克，2007）；有的从不同专业机构的认证标准来测量某一制度形式获得合法性的程度（瑞夫和斯科特，2007）。

（四）制度性利益

制度性利益是指行动者（个人、组织）在制度环境中建构的利益，或者说行动者（个人、组织）受制度环境的制约所形成的利益（鲍威尔，2008；斯科特，2008；弗利南德、阿尔弗德，2008；杰普森、迈耶，2008）。斯科特认为，制度框架设定目标，并塑造利益形成和追求的手段。制度因素决定了行动者在一种被称为企业的环境中追求利润，在另外一种被称为专业行政机构的环境中追求更大的预算，在第三种被称为政党的环境中追求更多的选票，在一种更不可思议的、被称为研究型大学的环境中，追求学术成果的发表。此外，制度理论呼吁人们注意规则本身是一种重要的资源，谁能塑造或影响规则，谁就拥有一种有价值的权力。总之，制度中蕴含着不同组织和个人所需要的利益，这些潜在的利益既制约着组织和个人，也可能成为组织和个人可以利用的资源。

（五）功能性组织场域

功能性组织场域是用组织功能来界定组织的边界及其要素的概念。斯科特（2008）认为，功能性组织场域模型都是从界定组织集群开始的，这种组织集群生产相似的产品或服务，但也包括核心组织关键的交易伙伴、资金提供者、规制调节群体、专业协会或行业协会，以及其他的规范影响或认知影响的来源。功能性组织场域中包括地方性与非地方性的联系、垂直的和水平的联系、文化的和政治的影响，以及技术交易，等等。功能性组织场域中的大多数组织类型都面临着多种资源系统和文化系统；组织在选择某些环境系统并把自己与之联系起来时，会做出某种能动的选择。体现这种组织环境边界概念的功能性组织场域模型，为界定组织的环境、用于宏观社会学分析的中间性分析单位以及制度变迁的分析单位提供了一个有用的基础。

组织场域的形成和结构化过程，可以从四个维度考察：场域中组织间互动程度的增加；组织之间明确的支配结构和联盟模式的出现；场域中的组织必须得到满足的信息量的增加；在共同参与某一任务的系列组织内部的参与者之间相互了解或共识的形成（迪马吉奥、鲍威尔，2008）。

三、新制度主义关于制度变迁的研究

随着新制度主义的发展，研究者们越来越关注制度变迁的研究。对制度变迁的关注，反映了新制度主义理论解释能力的增强和解释范围的扩展，是新制度主义理论发展趋势的集中反映。但是，组织社会学新制度主义理论关于制度变迁的理论研究和实证研究的文献相对较少，尚缺少关于制度变迁的完整理论。本书的研究对近年来组织社会学新制度主义视角下有关制度变迁的研究文献给予了特别关注。

（一）制度变迁的分类

研究者们从不同角度将制度变迁分成了不同类型。例如，从不同时点可分为制度形成或产生、制度发展、去制度化和再制度化等四种主要类型（杰普森，2008）；从其层次可分为基础性制度安排与次级制度安排；从其主体可分为强制性制度变迁与诱致性制度变迁；从其方式可分为渐进式制度变迁与激进式制度变迁；从其途径可分为制度移植与制度创新。对制度变迁的不同分类，反映了制度变迁的复杂性和多样性，有利于深入研究和认识制度变迁的过程及其规律（卢现祥，2003）。本书的研究是关于国际学校认证制度向中国移植的研究。

（二）制度变迁的根源

制度研究者将制度变迁的根源分为制度内根源和制度外根源。所谓制度内根源，是指制度变迁源于已有的制度安排；而制度外根源，是指制度变迁源于外部冲击（机遇）的影响。迪马吉奥和鲍威尔（2008）对两种制度变迁的根源进行了系统归纳。本书的研究主要关注制度变迁的制度内根源。对于制度变迁的制度内根源，一些研究者提出了"制度矛盾"的概念。使用"制度矛盾"的概念解释制度变迁的制度内根源又可分为两个层面：第一个层面是从组织层面探讨制度变迁的根源。有一种制度矛盾形式与不同制度在微观层次上的结合方式有关。例如，杰普森（2008）强调了各种制度彼此之间的相互嵌套。第二个层面是从组织场域层面探讨制度变迁的根源。弗利南德和阿尔弗德（2008）对"制度矛盾"提出了另外一种十分不同的看法。他们认为，一个社会往往包括几种不同的制度秩序，每一个制度秩序都有一个中心逻辑——一套物质性的实践惯例和象征性的符号结构，其构成了不同制度秩序下的组织原则，而且对于组织与个体的发展都是适用的。这些制度之间存在着潜在的矛盾，对于组织和个人来讲存在着多重逻辑。当制度秩序之间出现矛盾时，冲突就会发生。当制度存在冲突时，个人和组织就会动员起来保卫他们的制度符号和实践不受其他制度变迁的影响；或者他们可能输出制度符号与实践，以使另一种制度发生转型。因此，在制度矛盾中可以找到制度变迁的根源。政治学关注制度之间应如何形成适当的关系，以及不同的活动应由何种制度逻辑来调节，它们该应用于哪一类型的人。

杰普森（2008）、弗雷格斯坦（2008）、迈耶和罗恩（2008）、鲍威尔（2008）等人的研究证明，制度变迁除了内生的根源以外，还有制度外根源。有许多制度变迁的类型都是外部冲击的结果。海因兹—戴特·迈尔（2006）的研究表明：历史偶然性和机遇在决定制度变迁的方向和路径中扮演了更重要的角色。

（三）制度变迁的模式

鲍威尔（2008）提出了制度变迁的四种模式。（1）成功模仿。试图替代和更新其他组织的实践做法，常常会导致意外的制度变迁。在这种情况中，文化差异以及变相（也许是公然）的抵制形式，可能会引起地方性的修正，或出乎计划的变迁。其结果是，组织实践可能会出现局部的扩散，可能会采用一种新的混合性的安排。（2）重新整合。处于复杂环境中的组织，特别是那些受到强的制度和技术要求的组织，会使他们自己模仿各种十分不同的组织。当组织从其他组织那里借鉴不同的组织形式时，重新的整合就会发生。（3）不完全的制度化。外部环境要求的影响可能是局部的、不持续的或短期性的。在所有这些情况中，那些得到支持的各种组织实践，有着不同的保持力量。其结果是，一种政策可能被采纳，但却不会被再生产；或者一种组织实践在短期内可能会获得坚定的支持，但当支持它们的规范受到侵蚀，就会很快变得虚弱无力。（4）组织场域的重构。当已经确立的场域边界被重新安排时，就会出现剧烈的制度变迁，但这种变迁形式并不会经常出现。当已经确立的实践再也不能满足场域中成员的利益，或者再也不能降低成员所处环境的不确定性时，这种剧变就会发生。

（四）制度变迁的理论观点

1. 制度变迁是一个历史过程

苏力（2007）认为"制度形成的逻辑，并不如同后来学者构建的那样是共时性的，而更多是历时性的。制度的发生、形成和确立都在时间流逝中完成，在无数人的历史活动中形成"。"一个先例仅仅只是一个起点，而只有在这一先例为后人遵循且必须遵循时才成为制度"。迪马吉奥（2008）对美国艺术博物馆的研究、格拉斯契维茨（2008）对明尼阿波利斯—圣保罗市的公司慈善捐赠行为的研究、布林特和卡拉贝尔（2008）对社区学院向职业教育转型的研究、阎凤桥（2007）关于国际学校认证制度在中国建立过程的案例研究、史静寰和郭歆（2005）关于工程硕士专业学位的生成及制度化过程的研究等，都把制度变迁视为一个过程。

2. 制度变迁是受制度背景制约的

从有关制度建立的研究文献来看，没有一个研究者否认，制度变迁总是受着一系列十分具体的历史性或背景性环境的影响。一些制度建立的实证研究都把事件放到一个历史背景中进行分析。但这里需要指出的是，制度背景制约着制度变迁，但不决定制度变迁的走向，因为在制度变迁的过程中，制度变迁的行动者也影响着制度环境。对此，苏力（2007）进行了形象的描述，即"所有这一切，构成了一个制约着但并非决定了河水流向的河床，而水流的冲刷也将不断地改变着河床"。

3. 制度变迁是由行动者建构的

迪马吉奥和鲍威尔（2008）指出："制度并不仅是人类能动者的约束，它们首先是人类活动的产品。"道格拉斯从功能主义的立场出发，认为在一定的社会结构条件下，人们追逐个人利益的行为会产生潜在功能，从而导致了有益于群体整合的观念制度的产生和延续（转引自周雪光，2001）。格拉斯契维茨（2008）的研究发现，社会控制系统是被组织场域的领导者以一种理性的和目的性的方式创造和实施的。迪马吉奥（2008）关于美国艺术博物馆的研究表明，专业人员都处于中心角色的地位，支配着改革的意图和场域层次的组织。布林特和卡拉尔贝（2008）关于美国社区学院的研究，赋予了组织中的管理者一种自足性的角色。

4. 制度变迁源于制度性利益

布林特和卡拉贝尔（2008）认为，要理解制度的起源和变迁，必须注意各个组织领导具有一种制度性利益的起源，与由这种利益所指向的形式和程序的实际实现过程。他们从组织所面临的环境和组织自身两个角度，提出了影响制度性利益形成的若干因素。从组织环境来看，影响制度利益形成的因素主要有权力的结构与制约和机会场域。从组织自身来看，影响制度性利益形成的因素主要有组织的优点，意识形态以及地位要求等。他们同样从组织环境和组织本身分析了影响制度性利益实现的相关因素。格拉斯契维茨（2008）关于明尼阿波利斯—圣保罗市的公司慈善捐赠的研究，同样关注了商业领导人的资源和利益。

制度性利益实现的机制是组织场域中存在的紧张和冲突。布林特和卡拉贝尔（2008）关于美国社区学院的研究，把组织场域视为权力关系的竞争舞台。那些拥有优越的物质或（和）符号性资源的行动者，比其他一些行动者占据了更有利的位置。在两年制社区学院的案例中，强调了这种两年制学院对四年制大学的结构性从属，如何持久地影响了两年制学院的发展轨迹。迪马吉奥（2008）关于美国艺术博物馆扩散的研究，强调了制度化过程中的各种紧张和冲突。在美国艺术博物馆场域，组织形式要获得认可，就必须动员各种支持者，包括动员与建立博物馆的本地精英利益不同的专业人员和社会改革者。

（五）制度变迁的研究方法

从已有的文献来看，制度变迁的研究方法归纳起来主要有三种：一是在域的水平上进行研究；二是进行过程研究；三是进行机制研究。（斯科特，2007b）

斯科特（2007b）强调了在组织场域层次开展研究需要关注的几个问题，一是在域的水平上进行研究，除了组织以及组织以外，还要把行动者（个人、团体、行动）包括在研究范围之内；二是要将组织场域看成是涉及关系系统的一个空间，在这个空间里根据特定的逻辑或规则发生博弈和斗争；三是组织场域具有多个层次，这些层次是相互嵌套的，我们无法将所有这些水平同时作为研究对象，但是我们至少应该把它们作为背景加以考察；四是域并非是社会结构的简单累加，而是关系和符号系统的综合。

进行过程研究，是将制度变迁放到一个时段里进行考察，关注其长期的原因及其结果。例如，格拉斯契维茨对明尼阿波利斯—圣保罗市的公司慈善捐赠的研究、布林特和卡拉贝尔对社区学院向职业教育转型的研究，都是着眼于制度变迁的过程分析。周雪光（2009）的一项研究则进一步强调：要关注多重过程的相互作用，特别是制度变迁的初始条件和历史过程。这对于我们在制度变迁研究方法的突破富有启发意义。进行机制研究，是解释新制度是如何从偏好选择中和个体行动者的策略行动中形成和发展起来的。格拉斯契维茨（2008）对明尼阿波利斯－圣保罗市的公司慈善捐赠的研究采用的是机制研究。

当前，新制度主义在制度变迁方法论方面存在的一个重要问题是对制度变迁的程度如何测量的问题。这是制度研究中长期存在的一个尚未解决的问题。有的研究者认为，确定制度之间的耦合程度说到底是一个经验性问题（迪马吉奥、鲍威尔，2008）。有的研究者认为，根据制度易受社会集体行动的干预影响程度，也许能够很好地确定制度化的程度（杰普森，2008）。但是，新的组织形式要想成功地存在下去的话，就必须尽快确立其合法性（鲍威尔、迪马吉奥，2008）。从这一理论出发，研究者也许可以通过对某一个时段、某一具体制度在利益相关者中合法性基础的测量，来考察该项制度变迁的程度。

第二节　理论分析框架

如前所述，弗利南德和阿尔弗德（2008）认为，社会包括为个人和组织提供行动基础的各种制度逻辑，这些制度逻辑既相互依赖，又相互矛盾。弗利南德和阿尔弗德关于制度逻辑多样性及其之间关系的强调为从多个过程及其相互作用的研究制度移植提供了理论基础。周雪光和艾云（2010）提出了一个制度变迁的"多重制度逻辑"分析框架，并通过中国北方一个乡镇中村庄选举制度的变迁进行了阐述。这一分析框架一是强调制度变迁中的多重过程及其相互作用；二是强调宏观层次上的制度安排与微观层次上人们可观察行为之间的联系；三是强调制度变迁的内生性过程。这一研究框架为研究制度变迁提供了一个新的思路，即强调制度变迁的多重制度逻辑及其相互作用。这一研究思路对于本书的研究富有启发性。但是，这一研究思路对于国际学校认证制度向中国移植过程的研究是否适合呢？正如研究者（周雪光、艾云，2010）在文中所强调的："'多重制度逻辑'分析框架的前提是制度变迁涉及多个过程和机制，只有在这些过程和机制的相互作用中才能恰如其分地认识它们各自的作用和影响，对制度变迁提出令人满意的解释；如果从单一机制去解释制度变迁，可能会得出片面，甚至错误的结论。"从国际学校认证制度向中国移植的实际过程来看，这一过程主要涉及四个利益相关主体的参与，并且这四个利益相关主体都来自于不同的领域，但其所涉及的多重过程、微观行为方式以及制度移植过程有其独特性，并且制度移植属于制度变迁的一个具体类型。从"多重制度逻辑"分析框架的前提来看，关于国际学校认证制度移植过程的研究比较适合使用这一研究思路。而国际学校认证制度向中国移植过程所具有的独特性，则更有利于检验这一研究思路的使用范围。本书的研究试图在上述研究思路的基础上提出一个制度变迁的具体类型——制度移植的理论分析框架，来解释国际学校认证制度向中国移植的起源和过程，进一步揭示制度移植的内在机制。

一、制度移植中的多重制度逻辑

制度逻辑是制度领域中具有稳定性和连续性的认知和规范体系，它制约着该领域中组织和个人的行为方式。不同的制度移植过程，其所涉及的制度逻辑的数量和类型是不同的。也就是说，具体的制度移植过程，其所涉及的制度逻辑具有独特性。如何来确定国际学校认证制度向中国移植过程中的多重制度逻辑呢？弗利南德和阿尔弗德（2008）提出，社会概念由不同的社会领域构成，而这些不同的社会领域则具有不同的信念系统，定义了不同的社会关系类型。甚至，他们认为，在每一个制度讨论中都有必要引入实质性内容。不同的制度领域对应不同的信念系统。参与国际学校认证制度向中国移植的利益相关主体来自多个不同的领域，它们都是背负着各自领域的制度逻辑参与制度移植过程的。因此，我们可以通过确认参与国际学校认证制度向中国移植的利益相关主体作为切入点，来进一步确认国际学校认证制度向中国移植过程中的相应制度逻辑。从国际学校认证制度向中国移植过程来看，在华国际学校是制度的需求者，没有它们参与，国际学校认证制度移植就成了无本之木；NCCT

是制度的引入者和实施者，没有 NCCT，国际学校认证制度移植就会失去实施主体；CIS、NEASC 和 WASC 是国际学校认证制度的提供者，没有它们，国际学校认证制度移植就成了无源之水。中国教育部国际合作与交流司虽然没有直接参与国际学校认证制度向中国移植，但开展在华国际学校认证工作是他们通过中国教育部授权的，并且在国际学校认证制度向中国移植过程中处处可以观察到政府主管部门意志的强烈影响。因此，本书研究将 NCCT、中国教育部国际合作与交流司、在华国际学校以及 CIS、NEASC 和 WASC 作为国际学校认证制度向中国移植的主要利益相关主体，进而将影响和塑造这些利益相关主体行为方式的相应制度逻辑确定为事业部门的制度逻辑、政府部门的制度逻辑、学校认证领域的制度逻辑和国际学校领域的制度逻辑。本书研究从影响组织和个人生存和发展的角度来确认上述四种制度逻辑的内涵。

（一）事业部门的制度逻辑

事业单位是中国独有的一个概念。国务院于 1998 年 10 月 25 日发布的《事业单位登记管理暂行条例》将事业单位界定为："事业单位，是指国家为了社会公益目的，由国家机关举办或者其他组织利用国有资产举办的，从事教育、科技、文化、卫生等活动的社会服务组织。"事业单位是在中国计划经济体制下产生的。经过几十年的发展，事业单位已成为中国除政府部门和市场部门以外的一个庞大部门。2009 年，中国国有事业单位从业人员达 2867 万人（中国劳动和社会保障部，2010）。事业单位在中国的社会生活中具有重要的地位和作用。有的研究者（赵立波、宫肖愿，2009）通过对中国法律、法规中关于事业单位概念界定演变的梳理认为，中国事业单位具有国有性不断强化、非营利性认识逐步深化、活动领域相对稳定和公共服务持续保持等特点。从法律、法规、规定和研究者的研究来看，中国事业单位的国有性是其根本特征，其他特征都是由这一特征派生的。中国事业单位的国有性决定了中国事业单位是政府公共服务的延伸。

随着社会主义市场经济体制的建立，事业单位又受到了市场机制的影响，使事业单位的定位开始出现模糊性。具体表现为：事业单位中有的主要承担行政职能、有的主要从事公共服务、有的主要从事生产经营活动。与此相应，政府对事业单位的拨款分为全额拨款、差额拨款和自收自支三种形式。中国事业单位定位的模糊性，意味着事业单位既可以从事公共服务，也可以从事生产经营活动。事业单位为了生存和发展，既可以依附于政府部门，通过提供公共服务获得所需资源，也可以通过生产经营活动获得所需资源。由于政府部门在中国社会生活中占据主导地位，事业单位主要是通过公共服务，还是主要通过生产经营活动获得所需资源，主要取决于事业单位与政府部门的关系。当事业单位与政府部门关系比较融洽时，事业单位主要依附政府主管部门，通过提供公共服务获得资源；当事业单位与政府部门的关系不顺时，事业单位在无奈之下会通过生产经营活动获得所需资源。受事业单位定位模糊性的影响，事业单位的行为会出现不确定性，有时在某些方面依附于政府部门，但有时在某些方面又不完全依附于政府部门。由此，可以推断另外一种可能性的存在：当政府部门的要求与市场机制的要求之间发生矛盾时，事业单位有可能会在其中寻求某种平衡。

NCCT在开展在华国际学校认证工作的过程中对政府部门表现出了既依附又疏离的特点。NCCT作为教育部直属事业单位，其生存和发展从根本上是依附政府部门的。在NCCT开展在华国际学校认证工作之前，职能不落实和政事不分使NCCT的生存和发展陷入困境，从而诱发了NCCT对教育部赋予其原有职能的疏离而开展在华国际学校认证工作。当NCCT为开展在华国际学校认证工作，争取教育部授权时，又持续地与政府部门沟通和请求，并努力满足教育部主管部门的要求，表现出了对政府部门的依附。同样，NCCT在开展在华国际学校认证过程中，受教育部授权以及在华国际学校认证政策性较强的影响，强调通过认证引导在华国际学校规范办学，也表现出了对政府部门的依附。同时，NCCT作为国际学校认证制度的引入者和实施者，因承担了认证机构的角色，又受到国际学校认证专业规范和市场机制的影响，为了吸引更多的在华国际学校申请认证，有时会"放松"教育部主管部门规范管理的要求，表现出了对政府部门的疏离。因此，NCCT在开展在华国际学校认证的过程中，始终努力在政府部门的规制和要求与市场机制之间寻求一种平衡。

（二）政府部门的制度逻辑

弗利南德和阿尔弗德（2008）曾提出，政府部门的制度逻辑就是通过立法与科层等级组织来对人类活动进行理性化和调节规制。在国际学校认证制度向中国移植过程中，教育部国际学校主管部门没有直接参与，而是通过行政授权的方式间接参与的。因此，政府部门的制度逻辑在国际学校认证制度向中国移植过程中所发挥的作用，是通过中国教育部对NCCT的行政授权实现的。斯科特（2007a）认为，当一个组织的权力是被合法授予的，我们就可以合理地预期，它的行动将受到上级单位的支持或限制，权力的恰当使用也会受到监督。我们也可以反过来认为，当政府部门授予下级单位某种权力时，上级单位会对下级单位给予支持、限制和监督。教育部国际合作与交流司通过授权NCCT开展在华国际学校认证工作以后，对NCCT给予了很大支持，但同时也通过一定机制对NCCT进行了限制和监督。

（三）学校认证领域的制度逻辑

学校认证领域的制度逻辑就是学校认证要代表各利益相关主体的利益。学校认证制度起源于美国，如果从美国第一家地区认证机构成立算起，已经有一百多年的历史了。学校认证制度在美国独特的制度和文化环境下，经过长期的发展，形成了一套成熟的观念体系和规范体系。其观念体系的核心是学校认证要代表各个利益相关主体的利益。对此，李明华（2010）认为，美国高等教育认证制度的内在逻辑是利益相关主体可以参与的共同的治理结构。这虽然是就美国高等教育认证而言的，但对于在美国制度环境下生成的其他学校认证也是适用的。另外，学校认证制度也形成了包括政府认可、认证理念、认证功能、认证标准、认证程序、专业团队和组织体系等制度要素在内的完整的规范体系，并已形成惯例。上述观念体系和规范体系是学校认证机构在政府、社会和公众中保持信誉，并向其提供学校教育质量证明的基础。

学校认证领域的这种制度逻辑在国际学校认证领域具有跨国和跨文化的特点。这促使国际学校认证机构在东道国开展国际学校认证时，会非常重视与东道国的利益相关主体，特别是政府部门的合作。它们希望通过合作尽快获得在东道国开展国际学校认证的合法性。例如，2002年前后，ECIS、NEASC和WASC在正式进入中国开展国际学校认证时，它们通过与NCCT建立正式合作关系，获得了在华开展国际学校认证的合法性。这是其参与国际学校认证制度向中国移植的前提。同时，国际认证机构在东道国开展国际学校认证时，还会受到东道国法律法规和文化的影响。

（四）国际学校领域的制度逻辑

组织社会学认为，组织是嵌入在社会环境之中的，组织行为受到社会环境和组织内部激励机制的制约。国际学校具有高度自治的传统，其生存和发展受到社会环境的制约。例如，国际学校必须遵守所在国的法律和法规；国际学校的运行主要依靠学生的学费。因此，国际学校要生存和发展，必须获得社会认可。当前，国际学校获得社会认可的主要机制是申请并获得学校认证机构的认证。国际学校通过获得学校认证机构的认证可以获得政府的间接认可。国际学校获得学校认证机构的认证，还可以获得社会认可，特别是家长的认可。国际学校越是得到家长的认可，来校就读的学生越多，其学费越多，学校的生存和发展就会越得到保障；反之，学校将难以生存和发展。除此以外，国际学校通过社会认可和声望的提高，还可以从社会上获得其他资源，例如，政府支持和社会捐赠等。因此，争取社会认可是国际学校的行为逻辑。本书的研究将上述逻辑视为国际学校领域的制度逻辑。

受上述制度逻辑的影响，国际学校为了更好地生存和发展，会努力争取社会的认可。由于国际学校与生俱来的国际性特点，它所秉承的理念是国际思维（international mindedness），主要为国际流动学生提供服务，它们需要去争取国际社会的认可。由于国际学校在不同的国家办学，这类学校的发展又受到所在国制度环境的影响，它们同样也需要去争取所在国家社会的认可，尤其是政府部门的认可。国际学校为了得到所在国家社会的认可，势必要采取各种方式争取在所在国办学的合法性。

以上提出了事业部门的制度逻辑、政府部门的制度逻辑、学校认证领域的制度逻辑和国际学校领域的制度逻辑四个概念，旨在阐述国际学校认证制度向中国的移植不是在某一单一制度逻辑的影响下进行的，而是在多重制度逻辑的相互作用下进行的。这些制度逻辑是根植于更广泛的社会背景之中的。这些制度逻辑使对应的利益相关主体的行为模式化，影响着利益相关主体在制度移植过程中的活动。但特别需要说明的是，这四种制度逻辑不是同位关系。政府部门的制度逻辑和学校认证领域的制度逻辑在制度移植过程中起着主要作用；事业部门的制度逻辑和国际学校领域的制度逻辑对制度移植起着不可或缺的辅助作用。

二、多重制度逻辑的相遇

多重制度逻辑在一个特定组织场域中的相遇是彼此相互作用的前提。多重制度逻辑的相遇，需要满足四个基本条件：（1）处于不同领域相对独立的组织存在潜在的利益诉求。（2）外部环境中存在着能够满足处于不同领域相对独立的组织不同利益诉求的制度模式。（3）处于不同领域的制度逻辑促使相应的组织通过移植这一制度模式，实现其利益诉求。（4）个别组织在恰当的时间和地点的积极动员。

相关主体利益诉求的产生可以追溯到其成为利益相关主体之前，各个组织所在的制度环境对各个组织的影响。处于不同制度环境中的组织往往面临几种不同的制度逻辑，这些制度逻辑之间存在着矛盾。不同制度逻辑之间产生的矛盾，会使组织的利益产生不确定性，组织就会伺机采取行动来消除其利益的不确定性。第三章对相关主体在参与国际学校认证制度向中国移植之前，所面临的社会背景对他们影响的分析，充分表明了这一点。相关主体的不同利益诉求是各个组织在恰当的时机和地点走到一起，共同参与某项制度移植的根源，同时也是各个组织背后相应制度逻辑相遇的根源。但是，当相关主体（至少一个组织）没有发现能够实现它们预期利益的可移植的制度时，它们的利益诉求是潜在的，制约各个组织行为的制度逻辑也是潜在的。

多重制度逻辑的相遇除了相应组织存在潜在的利益诉求外，还需要制度环境中有某种优越的制度模式。这种制度模式承载着处于不同领域相对独立组织的不同利益，即借助于这种制度模式可能会同时实现这些组织的不同利益诉求。制约各个组织的制度逻辑会将组织潜在的利益诉求与制度环境中优越的制度模式联结起来。制度环境中可能同时存在几种不同的制度模式，具体选择哪一种制度模式作为移植对象是由相应制度逻辑对组织利益诉求的作用决定的。

多重制度逻辑的相遇，时间、地点和组织精英起着关键作用。在制度移植发生之前，各个组织处于不同领域并相对独立，其所面临的制度矛盾及其利益诉求是潜在的。如果制度环境中存在某种制度能够满足各个组织的利益诉求，通过个别组织在恰当的时间和地点的动员，这些组织有可能会走到一起，成为利益相关主体，共同参与某种制度的移植。对时间和地点的捕捉，有赖于制度环境下组织精英的信念和智慧。组织精英对相关制度的价值表现出高度认同，坚信这种制度能给组织带来好处；其对制度的信念给他们带来了追求成功和克服困难的意志；组织精英具有世界眼光和审时度势的能力。

本书第四章详细考察了多重制度逻辑相遇的过程。

三、多重制度逻辑的相互作用

在制度移植过程中，多重制度逻辑之间的相互作用主要表现在两个方面：（1）促使相关主体之间互动，并形成以引入者为中心的组织场域；（2）推动利益相关主体之间互动，对制度要素和制度环境进行持续调整。

相关主体走到一起，并不是组织场域的完全形成。组织场域的真正形成是组织场域的结构化。而促使组织场域结构化的是多重制度逻辑的相互作用。多重制度逻辑之间的互补性，使相应组织为实现共同目标相互依赖，并形成一种共存关系；多重制度逻辑之间的相互矛盾，使相应组织通过互动就所移植的制度在新的制度环境中的形式和功能诸方面达成共识。这一过程，会使各个相关主体在制度移植过程中所发挥的功能进一步结构化，从而使相关主体形成一种结构化权力关系，并成为利益相关主体。组织场域的结构化，影响着制度移植的发展方向和策略。本书第四章详细考察了国际学校认证制度向中国移植组织场域的形成过程。

多重制度逻辑的相互作用还表现为，利益相关主体通过互动，对制度要素进行调整。所移植的制度未被调整之前还不能实现利益相关主体的预期利益，要实现其预期利益，利益相关主体还需要对相关制度要素进行调整。由于各个利益相关主体参与制度移植的立场和利益诉求不同，各自背后的制度逻辑不同，其对制度调整的评判标准会存在差异。不同的评判标准会在利益相关主体之间产生张力、矛盾甚至冲突。利益相关主体为了完成制度调整任务，实现各自不同的利益，必须协调彼此之间的张力、矛盾甚至冲突，使彼此对制度的理解不断得到融合，并采取各方共同认可的策略和措施对制度要素进行调整。

制度调整既包括对所移植的制度要素进行调整，也包括对制度环境要素进行调整。为了接纳新制度，利益相关主体首先需要对影响接纳新制度的制度环境进行调整。然后，对移入制度进行调整。当移入制度调整到一定程度时，调整后的制度还会要求制度环境与之相适应，利益相关主体还要对制度环境进行调整。政府许可及制度引入者的学习制度、专业规范制度建设等都是对制度环境要素调整的体现。因此，考察制度调整既要考察对移入制度的调整，也要考察对制度环境要素的调整。

本书第五章至第七章，详细考察了在国际学校认证制度向中国移植过程中，利益相关主体是如何互动，从而对移入制度与移入环境进行持续调整的。

在制度移植过程中，每一种制度逻辑所发挥的作用，是在与其他制度逻辑的相互作用中实现的。也就是说，每一种制度逻辑所发挥的作用会受到其他制度逻辑的影响。在多重制度逻辑的复合体中，每一种制度逻辑的重要性可能因时间和地点的不同而改变。从地点来看，来自移入地制度环境中的占统治地位的制度逻辑，特别是政府部门的制度逻辑对制度的实施影响最大。例如，在制度移植的起源阶段，为了接纳新制度，利益相关主体首先需要对制度环境中的"规则"要素进行调整。当一种制度被移植到移入国时，该制度首先会受到移入国环境因素的影响，特别是要受到来自政府部门规制、法律和政策的影响。移入制度要落地，必须首先获得政府部门的许可。为此，利益相关主体会联合起来，采取适当的策略和措施，尽快获得政府部门的行政许可，其行政许可可以通过政府有关部门的同意或通过相应的政府文件予以确认。从时间来看，有的制度逻辑的重要性可能会随着时间的推移而发生变化。例如，在制度移植的后期，影响制度提供者的制度逻辑的作用会进一步增强。受其影响，利益相关主体会对相关制度要素进行调整，包括对前期调整时矫枉过正的制度要素进行回归性调整，或从微观上进一步完善相关制度要素。甚至，某一制度逻辑受组织内部变化的影响，其作用也可能会发生变化。因此，随着时间的推移和地点的变化，不同制度逻辑之间的关系会发生变化，并进而影响彼此相互作用的结果。由此可以推断，不同制度逻辑之间的相互作用会影响所移植制度在不同时期、不同地点的发展途径和轨迹。

四、制度移植结果的评价

我们如何去评价在某一时点多重制度逻辑相互作用下的制度移植结果呢？本书的研究将制度逻辑作为合法性评判的标准，将合法性作为用制度逻辑评判的结果。或者说，符合某种制度逻辑的制度，就会获得某种相应的合法性。既然制度移植的结果是在多重制度逻辑的影响下相应利益相关主体互动的结果，那么，我们可以通过考察制度移植结果在利益相关主体获得合法性的一致性程度，来评价制度移植的结果。本书的研究将国际学校认证制度向中国移植组织场域中的四类利益相关主体作为对制度移植结果合法性评判的来源，进而将这些合法性分为行政合法性、专业合法性、社会合法性和组织合法性。每一种合法性都有不同的基础，都以行为遵守和价值认知为指标，每一项指标都有不同的观测点。

（1）行政合法性，指中国教育行政主管部门对经过调整的国际学校认证制度的承认或接受程度。行政合法性是因符合政府部门的规章和程序而被承认或接受。政府部门的承认或接受跟授权、委托工作、政府官员参与等联系在一起。

（2）专业合法性，指 CIS、NEASC 和 WASC 对经过调整的国际学校认证制度的承认或接受程度。专业合法性是因符合这些认证机构的认知和规范体系而被承认或接受。这些认证机构的承认或接受主要跟它们与NCCT的合作联系在一起。

（3）社会合法性，指在华国际学校对经过调整的国际学校认证制度的承认或接受程度。社会合法性是因符合在华国际学校的文化传统、共同利益和共识规则而被承认或接受。在华国际学校的承认或接受主要跟他们对认证的申请联系在一起。

（4）组织合法性，指NCCT组织内部对经过调整的国际学校认证制度的承认或接受程度。组织合法性是因符合NCCT的共同利益而被承认或接受。NCCT的承认或接受主要跟话语支持、提供资源、领导参与等联系在一起。

本书研究将上述四种合法性作为评价国际学校认证制度向中国移植结果的四个维度。考察每一种合法性时，将采用以下两项指标：（1）利益相关主体在行为上对经过调整的制度遵守的程度；（2）利益相关主体对经过调整的制度的认知程度。

最后，本书研究还要进一步分析来自各类利益相关主体对经过调整的制度普遍遵守和取得共识的程度。为此，本书的研究提出了国际学校认证制度向中国移植结果的分析框架（见表2-1）。本书第八章（制度移植的结果）将采用这一分析框架，对国际学校认证制度向中国移植的结果进行分析。

表2-1 制度移植结果的分析框架

	利益相关主体1	利益相关主体2	利益相关主体n	行为遵守普遍性/价值认知共识性	制度移植结果
行为遵守	行为遵守分析	行为遵守分析	行为遵守分析	行为遵守普遍性分析	评判
价值认知	价值认知分析	价值认知分析	价值认知分析	价值认知共识性分析	评判

图2-1总结了本研究理论分析框架的基本思路。

图2-1 多重制度逻辑下的制度移植

第三章 背 景

组织是嵌入在社会环境之中的。考察制度移植过程应从参与制度移植的利益相关主体所处的社会环境进行考察。本章将通过梳理国际学校认证制度在世界和中国的发展，展示该制度已经成为一种潜在的制度性资源；通过分析不同社会环境对参与国际学校认证制度向中国移植的利益相关主体的影响，展示各个组织由此产生了怎样的利益诉求。

第一节 国际学校认证制度的
发展和影响

一、国际学校的产生和发展

国际学校是经济全球化的伴生物。经济全球化，使全球范围内出现了人口流动。为了满足来自不同国家、不同民族、具有不同文化背景的孩子的教育需求，在卷入经济全球化的国家出现了一个特殊的教育组织——国际学校。关于国际学校的产生，特别是谁是世界上第一所国际学校，在研究者中还有争议，争论的一个本质问题是研究者对国际学校的概念存在不同认识（Nadine Dolby，Aliya Rahman，2008）。例如，希尔·伊思（Hill Ian，2001）从国际学校服务于来自世界各国学生的角度出发，认为第一所国际学校是建立于 1924 年的日内瓦城国际学校；而西尔威斯特（Sylvester, 2002）从促进国家间合作的基本理念出发，认为第一所国际学校是 1867 年在伦敦建立的春天小树林学校。其实，国际学校的概念是伴随着国际学校的产生和发展，由后来的研究者提出的。时至今日，由于国际学校的不断变化而产生的多样性，研究者们对国际学校一直未能形成一个明确一致的定义。考察国际学校的产生不能由后来提出的概念去鉴别，而应该历史地考察，从实践的角度，即有文件证明的角度来确定谁是第一所国际学校。为此，将由西尔威斯特（Sylvester, 2002）提出的第一所有文件证明的于 1867 年在伦敦建立的春天小树林学校作为第一所国际学校可能比较恰当（但不是西尔威斯特的视角）。

如果从第一所国际学校产生算起，国际学校的发展已经有 140 多年的历史了。在过去 100 多年的发展历程中，国际学校表现出不断变化和多样性的特点。（1）群体趋向非同质化。与全世界的许多学校相比，国际学校能接纳多种不同国籍和文化的学生，从多种语言背景为学生提供服务，雇佣来自不同背景的教师和辅助员工（Hayden, 2006）。（2）学生的构成发生着变化。由于一般性流动人口的重新部署，国际学校的人口构成在比较短的时期，在一定的范围可能会有值得注目的变化（Miller, 2003）；一些学生是长期全球流动的学生，经历了后来的国际学校的体验。这些被称为"第三种文化的孩子"经常在他们持有护照的国家以外出生和出现，已经吸收了这些国家文化的价值观念和视角，并在这些国家中生活，但没有这种文化的真正支柱（Pollock and Van Reken, 1999; Fail et al, 2004; Zilber, 2005）。有的学生正第一次经历国际教育，与祖国的文化和价值观保持着有意义的联系；还有的学生可能来自东道国，从而与他们的文化保持着日常的和较强的联系（Hayden, 2006）。人们会发现在中东和拉丁美洲，这类学生的数量正在增加（Powell et al, 2001）。（3）教师构成也发生着变化。在许多国际学校中，不仅学生的主体具有多样性，教师的主体也包含不同的教学背景、不同的培训和国籍。这些多样性导致广泛教学方法的实施，对学生的不同预期、不同的学生管理符号，家长在教育中的角色的不同信念，以及在全校决策过程中教师的不同角色（Langton et al, 2002）。（4）除了文化的考虑以外，国际学校还建立了多样化的所有权和管理模式。在国际学校教育的早期，国际学校董事会趋向自我延续或跟随美国公立学校的模式（Powell et al, 2001）。现在，存在着一种宽泛的管理模式安排，并且近些年看到了私人所有学校数量的提升（Powell et al, 2001；Robertson 2003）。这些多样性给国际学校带来了独特的机会和挑战，并且成为学校之间争论的话题（Miller, 2007）。

二、国际学校认证制度的产生和发展

国际学校认证是国际学校发展到一定阶段的产物，是国际学校自身发展能力提高的体现，是自我管理、自我发展的机制。例如，从 WASC 学校认证委员会的成立来看，学校认证制度的建立是来自学校自身的需求，是不满大学的认证，是为了保护自身不受来自国家的过多干涉（WASC, 1987）。从地理意义来看，国际学校认证起源于两个中心。一个中心在欧洲的 ECIS，另一个中心在美国的部分地区认证机构。

ECIS 是一个专门服务于国际学校的非营利的非政府组织，从 1970 年开始对国际学校进行认证（CIS/NEASC/IBO[①]/NCCT, 2008）。从 NEASC（1986）的有关史料来看，美国部分地区认证机构对国际学校的认证是从对美国海外学校的认证演变而来的。美国部分地区认证机构对其海外学校的认证开始于 20 世纪 50 年代中期。当时，美国要求各地区认证机构的部分委员会考虑，将认证的范围扩展到由美国国务院和美国国防部举办的海外学校。这个要求的核心是要求美国国务院和国防部的学校要保证在海外的美国人的子女受教育的机会、接受教育的质量，以及要与美国教育的基本原则保持一致。1956 年，美国地区院校协会对参与美国海外学校的认证达成了协议。南部院校协会（SACS[②]）和中部院校协会

---

① IBO 是国际文凭组织 International Baccalaureate Organization 的缩写，下同。
② SACS 是南部院校协会 Southern Association of Colleges and Schools 的缩写，下同。

（MSA[①]）负责认证美国国务院的海外学校；中北部院校协会（NCA[②]）负责认证美国国防部的海外学校。西北部协会（the Northwest Association）和 NEASC 在当时没有参与对美国海外学校的认证。由于 WASC 直到 1960 年才成立，因此，没有介入这项活动。1978 年，在美国地区学校认证协会之间达成了一项协议，废除了管理海外学校认证的地理边界。参加 NEASC 会议的代表同意修改章程，拓宽协会工作的地理边界。这时，认证美国海外学校的大门向其他院校协会打开了，并使它们介入为美国海外学校服务的行列。

当初，美国设立海外学校是为了满足美国人的需要，但后来这些海外学校却发生了较大变化，并向国际化方向发展。这些变化主要表现在两个方面：一是学生的成分发生了较大变化，具有其他国籍和文化背景的学生超过了美国学生。这种现象给这些学校带来了国际的味道。二是学校的课程也发生了一些变化。学校引进了国际文凭组织（IBO）的课程作为美国课程的一部分，主要是为更感兴趣的学生提供大学预科项目，也为寻求升入当地大学的学生做准备。因此，美国地区认证机构参与世界范围的国际学校认证是从认证美国在海外的学校开始的，随着美国海外学校的国际化，美国地区认证机构的认证范围从认证美国的海外学校发展到国际学校。

经过几十年的发展，目前在全球范围内开展国际学校认证的机构，在欧洲有 CIS，在美国有 NEASC、WASC、SACS、MSA 和 NCA（见表3–1）。

国际学校认证随着国际学校的发展以及美国学校认证的发展，一直处于不断变化之中。由于国际学校校长、教师和学生的流动性和多样性，使得国际学校对于世界范围内教育研究的最新成果以及教育发展趋势有天然的敏感性。在一定意义上讲，国际学校是世界教育发展趋向的风向标。国际学校认证为适应国际学校的变化而变化。除了 ECIS 外，大多数从事国际

---

① MSA 是中部院校协会 Middle States Association of Colleges and Schools 的缩写，下同。

② NCA 是中北部院校协会 North Central Association of Colleges and Schools 的缩写，下同。

表 3 - 1　国际学校认证机构分布

认证机构	服务范围	起始时间	认证学校数（所）	信息来源
CIS	全球	1970 *	312	*CIS/NEASC/IBO/NCCT, 2008. Margaret Alavez, 2010
NEASC	全球	1974	176	NEASC 网站，2010. 11. 11
WASC	东亚	1969[1]	202[2]	[1]WASC, 2008；[2]WASC Words 2010
SACS	拉丁美洲	1930	104	SACS 网站，2009. 2. 25.
NCA CASI[1]	地中海、黑海沿岸国家及中国等	1950s 中期 *	194	NCA CASI 网站，2009. 7. 8　* NEASC, 1986
MSCES[2]	中东、近东、非洲、欧洲	1958	157	MSCES 网站，2009. 7. 8
CSS[3]	加勒比海及世界不同地区		26	CSS 网站，2009. 7. 8

学校认证的机构为美国地区认证机构，而美国地区认证机构中的国际学校认证不仅起步晚，而且只是各级各类学校认证中的一部分。ECIS 从对国际学校认证开始时，就与 NEASC 合作开展联合认证，后又与 WASC 合作。因此，国际学校认证受到了美国学校认证的深刻影响。国际学校认

----

① NCA CASI 是中北部院校协会认证与学校改进委员会 The North Central Association Commission on Accreditation and School Improvement 的缩写，下同。

② MSCES 是中部院校协会小学中部委员会 The Middle States Commission on Elementary Schools of Middle States Association of Colleges and Schools 的缩写，下同。

③ CSS 是中部院校协会中学委员会 The Commission on Secondary Schools of Middle States Association of Colleges and Schools 的缩写，下同。

证变化的本质是认证理念的变化，其变化又集中体现在认证标准的变化上。例如，NCA 对学校（国际学校）认证的关注点从 20 世纪 50 年代以来，发生了以下变化：从 1945 年到 20 世纪 60 年代中期，关注有资质的教师、设施、实验室、图书馆、每个学生的图书占有量、师生比等资源方面；从 1965 到 1980 年，关注上述资源的投入与学校改进的过程；从 20 世纪 80 年代到 90 年代，开始关注学生学习的结果（NCA 网站，2009）。其他学校认证机构国际学校认证标准的变化趋势与此基本相似。ECIS 与 NEASC 自 20 世纪 70 年代末合作以来，它们用于国际学校的认证标准已经从第一版发展到第八版（CIS，2010）；WASC 于 1986 年将其学校（国际学校）的认证标准修订为"聚焦学习"（Focus on Learning），关注学生的学习。WASC 将当时学校教育的研究成果整合到认证标准之中，反映了对学校认识的变化（Marilyn George & Don Haught，1996）。

国际学校认证发展过程中另外一个重要变化，就是各个认证机构为不断扩张其服务区域和学校数量，不断加强彼此的合作。比较典型的是从 20 世纪 70 年代末开始，NEASC 和 ECIS 的合作。它们联合制订了国际学校认证标准和程序，并开展对国际学校的联合认证（NEASC，1986）。认证机构之间合作的一个共同特点是同一个初访、同一个自评过程、同一个考察团考察、同一个考察团报告和同一个后续程序，但认证结果由各认证机构独立决定授予（NEASC 网站，2009）。ECIS 从 1998 年开始与 IBO 合作，开展对国际学校的联合认证，以及后来 NEASC、MSA 与 CIS 和 IBO 合作对国际学校进行联合认证（CIS，Information for 7^* Protocol）。WASC 与 15 个不同的协会开展联合认证（WASC，2008）。2006 年 4 月，SACS、CASI、NCA CASI 和 NSSE[1] 组建了一个强大的联合组织——Advanc ED[2]，致力于学校的教育质量（SACS 网站，2009）。认证机构之间的合作，除了扩大各个认证机构的服务区域和成员学校以外，还在认证

---

① NSSE 是国家学校评估研究 National Study of School Evaluation 的缩写，下同。

② Advanc ED 意指先进教育。

的理念、程序和方法等方面出现趋同现象，增强了各个认证机构在国际学校之间的声望。

经过几十年的发展，国际学校认证已经形成了完善和规范的体系。这个体系大体上包括以下要素：（1）经过政府部门认可；（2）完整的认证标准；（3）规范的认证程序；（4）经过持续培训的专业团队；（5）完整的组织体系；（6）清晰的认证理念；（7）明确的认证功能。

三、国际学校认证制度的影响

从世界范围来看，申请国际学校认证已经成为国际学校日常生活中不可缺少的组成部分，国际学校认证制度已经得到了国际学校的广泛认可，在国际学校中具有很高的声望。从表3-1可以看出，目前 CIS 和美国一些地区认证机构的认证基本上覆盖了各大洲的国际学校。国际学校认证有两大功能：一是为学校提供教育质量保证；二是促进学校的持续发展。一所国际学校经过了认证机构认证，能够增强其在国际学校中的声望，最直接的好处是吸引更多的学生来校就读，从而增加学校的可持续发展能力。另外，一些大学在录取国际学校的学生时，对学校是否经过有关认证机构认证非常看重，甚至将是否经过有关认证机构认证作为录取该校学生的前提。更深层的意义是，国际学校借助认证机制，可以不断促进自身发展，提升自身教育质量。国际学校对国际学校认证的认可，实质上是国际学校借助国际学校认证能够实现自身的部分利益，甚至使其利益扩大化。总之，国际学校认证已经成为国际学校的一种制度性资源。

虽然在华国际学校出现的时间较晚，但一经出现就受到了国际学校认证制度的影响。自从20世纪80年代在中国境内出现国际学校以来，国外的一些学校认证机构积极拓展在华国际学校的认证市场。在NCCT于2002年认证第一所在华国际学校之前，ECIS、NEASC和WASC已经开始对在华国际学校进行认证。一些在华国际学校在办学过程中，为了寻求发展，纷纷申请了上述几个认证机构的认证。例如，截至2002年，在中国境内的56所国际学校中，有 7 所申请并通过了 WASC 的认证（WASC 网站，2008），有 1 所申请并通过了 NEASC 的认证（NEASC 网站，2008），有 1 所申请并通过了 ECIS 的认证（CIS 网站，2008）（见表 3 - 2）。

表 3 - 2　　2002 年前 ECIS、NEASC、WASC
认证的在华国际学校

学　校	ECIS	NEASC	WASC
北京京西学校	1998	1998	
天津 MTI 国际学校			1992
北京 BISS 国际学校			2001
上海长宁国际学校			1999
广东蛇口国际学校			1994
上海协和国际学校			2002
广州美国学校			1987
厦门国际学校			1999

美国海外学校东亚地区协会（EARCOS①），虽然不是认证机构，但该机构每年在东亚地区的年会对在华国际学校了解和参加认证产生了较大影响。EARCOS 成立于 1968 年，它是 20 世纪 60 年代在东亚的美国学校增长和满足成员学校发展以及协作关系需要的结果（EARCOS 网站，2008）。2008 年，该协会在东亚有 108 个成员学校，这些学校共有 72000 多名学前至 12 年级学生；有 97 个协会成员；有 27 个个体成员。该协会的使命是通过它的领导和服务促进成人和学生的学习，在他们的学习社区内培育跨文化的理解、全球公民和杰出的教育实践（EARCOS 网站，2008）。最早进入中国对在华国际学校进行认证，且拥有在华国际学校成员校最多的 WASC 是该协会的成员。2008 年，有 10 所在华国际学校是该

---

① EARCOS 是美国海外学校东亚地区协会 The East Asia Regional Council of Overseas Schools 的缩写，下同。

协会的成员学校（见表3-3）（EARCOS网站，2008），这10所在华国际学校是在中国成立比较早、规模比较大、在在华国际学校中影响比较大的学校。EARCOS每年11月在东亚地区召开该协会的年会，一些在华国际学校每年都要参加该组织的年会。在会议期间，有对国际学校教师的培训，特别是WASC要开展对国际学校中志愿参加国际学校认证工作的校长、教师的培训，培训内容包括如何开展自评，作为考察团成员如何去收集信息、分析信息以及撰写报告等。

表3-3　EARCOS在华国际学校成员校

学　　校	批准设立时间	所在城市
北京京西学校	1996[①]	北京
北京 BISS 国际学校	1996	北京
北京顺义国际学校	1997	北京
上海长宁国际学校	1996	上海
天津 MTI 国际学校	1999	天津
广州美国人国际学校	1996	广州
广东蛇口国际学校	1997	深圳
南京国际学校	1996	南京
厦门国际学校	1997	厦门
昆明国际学校	2003	昆明

总之，在华国际学校对国际学校认证比较熟悉，对国际学校认证的标准、程序、方法和意义有比较深入的理解，对国际学校认证有很强的认同感。

[①] 1994年，北京京西学校经北京市教育局批准设立。1995年，国家教委《关于外籍人员子女学校设立的暂行管理办法》颁布后，北京京西学校按规定进行了重新登记，并于1996年经国家教委批准。

第二节　相关主体的潜在利益诉求

一、在华国际学校的利益诉求

在华国际学校是伴随着中国的改革开放出现的。从20世纪80年代以来，随着中国改革开放的不断深入，在中国境内合法设立的外国机构、国际组织的驻华机构，特别是外资企业不断增多。与此同时，在中国境内合法居留的外籍人员也逐年增多。随着在中国工作和居住的外籍人员逐年增多，其子女需要能与本国或国际教育系统接轨的以英语为教学语言的学校解决入学问题。从20世纪80年代中期，中国境内开始出现国际学校。在华国际学校的出现，与世界上第一所国际学校的出现相比晚了120年，与20世纪50年代在世界范围内大批国际学校的出现相比，也晚了30年。从这个意义上讲，在中国出现的国际学校是从国际环境中移入的。

在华国际学校在中国出现以及发展过程中，始终面临着本领域制度逻辑与中国制度环境之间的矛盾，并且随着在华国际学校的发展，这种矛盾越来越突出。在1995年国家教委发布《关于开办外籍人员子女学校的暂行管理办法》（以下简称《管理办法》）之前，经各地政府部门批准开办的国际学校有9所（北京3所、天津1所、上海2所、大连1所、广州2所），正在筹建的有8所（教育部国际合作与交流司，1995b）。这一时期，由于中国教育行政主管部门没有关于国际学校管理的规章，国际学校在发展初期既面临着数量不足的问题，也遇到了许多困难。一些国家的驻华使馆及世界银行代表处、联合国有关机构驻华代表处和一些跨国公司驻华机构纷纷致函中国领导人或中国有关部门提出请求，希望批准他们开办以英语为教学语言、采用西方课程的符合国际标准的国际学校。同时，这类学校在筹建和开办过程中遇到了各种各样的问题和困难，如开办条件参差不齐，审批程序及主管部门不明确，教学仪器、图书进口的税收问题，外方教职工所得税如何征收，土地如何征用，等等（教育部国际合作与交流司，1995a）。

1995 年，国家教委《管理办法》的发布，极大地促进了在华国际学校的发展，在华国际学校数量迅速增长。1995 年，国家教委根据《管理办法》批准设立的在华国际学校有 3 所；1996 年增至 19 所；1997 年增至 24 所；1998 年增至 33 所；1999 年增至 38 所；2000 年增至 49 所（教育部教育涉外监管信息网，2010）（见图 3 - 1）。但是，《管理办法》与迅速发展的国际学校相比，则显得比较简单，总共有 20 条，特别是有些规定还比较模糊。例如，《管理办法》对在华国际学校是否是实施学历教育

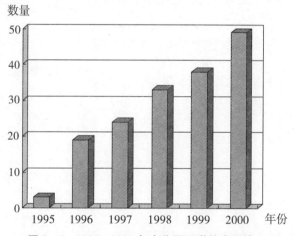

图 3 - 1　1995—2000 年在华国际学校发展情况

的机构未作明确规定，只是规定"学校以实施中等（含普通中学）及其以下学校教育为限"。这导致这类学校的法人性质很不统一，有的办理事业法人登记，有的办理企业法人登记，有的办理民办非企业法人登记，甚至有的学校办理"其他机构"法人登记。在华国际学校身份不明确，使这类学校在中国的教育体系中缺乏应有的地位，它们在办学中遇到的困难和问题也无法得到解决。

另外，在华国际学校在发展过程中还遇到了一些其他问题和困难。例

如，2002 年 4 月，教育部国际合作与交流司为修订 1995 年《管理办法》，委托NCCT组织专家对上海、广州、青岛和大连的国际学校进行了调研。通过对三份调研报告（唐昌盛、莫景祺、田立新等，2002）的分析发现，在华国际学校在发展中存在着许多复杂而具体的问题（见表 3 - 4）。

表 3 - 4　在华国际学校发展中的主要问题

问题类别	问题焦点	主要建议
办学主体	是否允许中国人或中国机构办学	严格审批条件、加强管理
教育年限	实施幼儿园到高中教育	视具体情况，不做硬性规定
法人代表	是由校长，还是由董事会成员担任	应由董事长或董事会成员担任
招生对象	中国公民的外籍子女、取得境外居留权的中国公民子女、海外归国留学人员的子女以及港澳台地区居民的子女	经当地教育行政部门批准
纳税问题	是否应缴纳营业税	要有明确政策；学校之间要一致
场地问题	是租赁还是自有；比较紧张	希望有政策支持，不做硬性规定
聘用中国公民	落实中国公民的合法权益	要提出政策要求
进口设备和办公用品	是否要缴纳关税	简化手续、免除关税
教材选用	可能会涉及政治敏感问题	加强管理
政府管理	监管薄弱	加强监管

除了表 3 - 4 中的主要问题外，上海、大连和青岛的国际学校还提出了一些其他问题，归纳起来主要包括以下几方面。（1）在华企业如果向在华国际学校捐助，可不可以免税？（2）希望能列出在华国际学校应遵守的法律、法规和文件。（3）与在华国际学校相关的文件能否及时传达

到学校？（4）在华国际学校的高中毕业生想升入中国大学有什么相关政策？（5）在华国际学校聘用的中国籍教师的专业认定，如何得到本国的认可？（6）在华国际学校的性质需要界定。（7）外汇管理局不允许外币兑换人民币，对外付款很困难。（8）批准设立的程序比较复杂，有的省市建议：是否可对有条件的省市下放部分审批权？（9）个别省市的物价部门对收费标准进行不必要的干扰，这与市场经济和国际惯例不相符。（10）在办学过程中需要得到社会的大力支持，对一些公益机构的参观应予以支持。

分析在华国际学校在办学过程中遇到的困难和问题可以发现，几乎所有问题都与现行法律、法规和政策规定不完善有关系。在这种情况下，由于每所学校的处理方式不一样，导致在同样问题上，学校的待遇存在明显差异。例如，在缴纳营业税问题上，在华国际学校彼此之间是有差异的，有的缴纳了，有的则没有缴纳。这种现象的存在，使在华国际学校之间存在着不公平。在华国际学校在办学过程中遇到的种种困难和问题，促使它们通过各种途径向上反映，以期改善其发展环境。

二、政府部门的利益诉求

自 1995 年《管理办法》颁布后，在华国际学校经过 5 年左右的发展，在一些方面已经发生了较大变化。首先表现在实践中的办学主体开始发生变化。1995 年《管理办法》规定"在中国境内合法设立的外国机构、外资企业、国际组织的驻华机构和合法居留的外国人，可以申请开办外籍人员子女学校"，但在实践中，其办学主体开始发生变化，主要包括以下几种表现形式。（1）由中国的公办学校开设的招收外籍人员子女的国际部。[①] 例如，北京市有 98 所学校获得了接收外籍中小学生入学的资格（北京市教委，2010）；据研究者本人于 2010 年 5 月 21 日下午对上

---

① 获得接收境外外籍中小学生入学资格的学校一般通过开办国际部或插班就读的方式，为其提供教育服务。下同。

海市教委国际合作与交流处蔡盛泽，以及对广东省教育厅外事处梁永洪的电话访谈，上海市对中小学接收外籍人员子女基本放开，但要求这类学校要到上海市教委备案。广东省中小学校接收外籍人员子女由地（市）级教育行政部门审批，到省级教育行政部门备案。（2）由香港的教育机构和基金会开设的国际学校。如北京京西学校、北京耀中国际学校、上海耀中国际学校等。（3）由中国人或中国机构投资和管理的国际学校。尽管这类学校从现行《管理办法》来看是不合法的，但事实上是存在的。其办学主体从法律程序上的确是在中国境内合法设立的外国机构或合法居留的外国人，但事实上的办学主体是中国人或中国机构。这类学校属于"程序合法，事实不合法"，但其运行正常，办学质量也不错。（4）由中外合资企业举办的国际学校。这类学校的办学主体已经有中国机构的成分。例如，位于苏州工业园区的苏州新加坡国际学校。（5）由地方教育行政部门审批的民办学校，完全采用国际学校的办学模式。这类学校的办学主体是中国机构。例如，北京乐成国际学校、青岛第一国际学校等。办学主体的变化实质上是中国公民或中国机构开始介入举办国际学校。

在华国际学校还有一个明显的变化就是招生对象的变化。近些年来，一些在华国际学校除了招收外籍人员子女外，经当地教育行政部门批准，还招收了取得境外居留权的中国公民子女、海外归国留学人员的子女以及港澳台地区居民的子女。

上述现象表明，自1995年《管理办法》发布以后，在华国际学校在办学主体和招生对象等方面发生了较大变化。面对在华国际学校发展过程中的新变化，以及面临的种种困难和问题，教育行政主管部门当时对在华国际学校的管理方式已经不完全适应在华国际学校发展的需要。这主要表现在以下几个方面。第一，教育行政主管部门对这类学校的日常管理相对薄弱。按照1995年《管理办法》，国务院教育行政部门负责审批；省级教育行政部门负责在华国际学校开办的审核。在日常管理中，省级教育行政部门主要负责：受理学校聘用中国公民的申请和核准；受理学校每年教职员及学生名册、教材等的备案，并对其依法进行监督和检查；受理学校校长、董事会成员变更的备案；对违反 1995 年《管理办法》的情形进行处罚等。但在实际工作中，教育行政主管部门与在华国际学校的来往很少，个别地方的在华国际学校处于放任自流状态，在华国际学校长期以来处于与中国的社区和政府部门相对隔绝的状态。第二，政府部门（特别是教育行政主管部门）的管理方式不完全适应在华国际学校的特点。它们往往用管理中国中小学的方式去管理在华国际学校。例如，对于教材的管理问题，有的省级教育行政部门为了加强对在华国际学校教材的监管，要求学校每学期将所有的教材报送审查。但在华国际学校的教材不同于中国学校的教材，它是全英文的非统编教材，是由教师选择的，因而其量大多样。对这类教材进行审查，不仅需要组织一支高素质的专家队伍，而且需要耗费大量的精力和财力。从实际来看，这种管理方式显然不适合在华国际学校的实际情况。第三，面对在华国际学校繁杂具体的问题，缺乏有效的管理机制。在华国际学校与中国政府部门处于相对隔绝的状态，它们不了解中国相关的法律和法规，学校在办学过程中有意或无意地会触及政治敏感问题。例如，在教材和日常教学过程中对台湾问题、西藏问题的处理。也会触及违背中国法律和法规的问题。例如，学校的办学理念、课程教材、教学过程中的宗教问题以及学校的财务问题等。对于上述问题，政府部门直接去检查可能有不方便之处，效果也不一定好。但是，这些问题涉及中国的主权和法律，政府部门必须要加强监管。

　　面对在华国际学校的变化以及发展过程中的困难和问题，政府部门的管理方式已经不完全适应在华国际学校发展的需要，需要通过管理机制的创新，提高管理效益。

三、CIS、NEASC 和 WASC 的利益诉求

　　考察 CIS、NEASC 和 WASC 的发展历史，我们会发现，三个国际学校认证机构认证的范围和学校数量一直处于不断扩张的状态。如表 3 – 1

所示，CIS 从 1970 年开始对国际学校认证，到 2010 年 8 月，已经认证了 312 所；NEASC 从 1974 年开始对国际学校认证，到 2009 年已经认证了 176 所；WASC 从 1969 年开始对国际学校认证，到 2010 年在东亚地区已经认证了 202 所。2002 年以来，在历届四方会上，CIS、NEASC 和 WASC 在介绍各自国际学校认证工作时，都把认证的范围和学校数量作为一项重要内容。因此，认证范围和学校数量的扩展是 CIS、NEASC 和 WASC 的中心任务。只要有国际学校的国家，就应该是这些认证机构已经进入或准备进入的国家。同样，伴随着国际学校在中国的出现，这些认证机构也开始进入中国认证在华国际学校。例如，在 NCCT 于 2002 年开展在华国际学校认证工作之前，ECIS、NEASC 和 WASC 已经进入中国，并认证了 8 所在华国际学校（见表 3 - 2）。随着中国改革开放的不断深入以及在华国际学校数量的迅速增加，CIS、NEASC 和 WASC 对中国境内国际学校认证市场的关注应在情理之中。

四、NCCT的利益诉求

NCCT是 1998 年在教育部机构改革和基础教育课程改革的背景下，经中央机构编制委员会办公室批复，由"教育部基础教育课程教材研究中心"更名成立的（中编办，1998）。但是，NCCT的恢复成立，在制度设计上存在着严重缺陷，主要表现为以下几个方面。（1）在机构成立之前，其职能没有被明确。在中编办的文件中，涉及 NCCT 的内容只有一句话："国家教委基础教育课程教材研究中心更名为教育部基础教育课程教材发展中心，经费形式由全额拨款改为差额补贴。"文件中没有明确 NCCT 的具体职能。随后，"国家教委基础教育课程教材研究中心"的职能除了"承担全国中小学教材审定委员会秘书处工作"划转以外，其他职能几乎没有划转过来。这种状况从 1998 年 10 月一直持续到 2002 年 2 月。（2）机构的职能明确了，但没有得到落实。2002 年 2 月，教育部明确了 NCCT的职能（教育部，2002），但由于一些职能在教育部有关行政部门，职能的划转遇到了很大阻力，致使 NCCT没有常规性工作。此外，NCCT 成立时在制度设计上的严重缺陷，使NCCT对政府部门的依附性进一步强化，人为因素对NCCT生存和发展的影响进一步增强。

按当时分管NCCT工作的领导的说法，NCCT是因机构改革和课程改革而成立。1998—2002 年，正是新一轮基础教育课程改革启动时期。按常理来讲，NCCT会有大量基础教育课程改革的具体工作需要承担，但是教育部在2002 年2 月所明确的NCCT的职责（教育部，2002）并没有真正落实。NCCT作为差额补贴的事业单位，需要"自己养活自己"，而职能的不落实，使其面临着生存和发展危机。因此，积极地拓展工作以解决生存和发展问题，成为这一时期NCCT整个机构面临的主要任务。在1999—2002 年，NCCT所开展的工作呈现以下几个特点：（1）拓展性项目多，受委托和划转的项目少。拓展性项目和协助教育行政部门的项目分别占42% 和40% ，而教育行政主管部门委托和从教育行政主管部门划转的项目分别占10% 和8% 。（2）各个处室在承担或参与基础教育课程改革的工作方面不均衡。个别处室承担或参与相对较多，但大多数处室承担或参与的较少。（3）NCCT没有完全按处室职责分工承担或参与基础教育课程改革工作。（4）除协助性项目外，拓展性、受委托和划转项目中的绝大多数项目为小项目或在一年内完成的项目（NCCT发文记录，1999—2002）。

这里特别需要说明的是，个别处室承担或参与基础教育课程改革工作，不是从履行NCCT职责的角度去独立承担的，而是从协助行政部门的角度去承担的。也就是说，个别处室成了教育行政主管部门的延伸。这种工作往往是"只见树木，不见森林"，"只了解一个环节，不了解整个过程"，缺乏工作的独立性和主动性。NCCT协助行政部门工作，非但没有带来必要的项目经费，还要另想办法去解决生存问题。NCCT没有真正承担课程改革的一些重大项目。而且有趣的是，项目经费是通过NCCT拨出去的，这也使得NCCT成了名副其实的"过路财神"。

在1999—2002 年，NCCT没有真正通过承担教育部基础教育课程改革的重大项目受益，而主要靠"小打小闹"式的小项目维持生计。在这种境况下，NCCT的一些处室不得不去拓展一些"非主业"项目。正如当时NCCT的一位负责人在一次工作会议上谈到的："NCCT这样做，实属无奈之举。"2000年6月，北京京西学校找到NCCT探讨对在华国际学校开展认证的可能性时，正是NCCT为了改善生存和发展环境拓展工作的时候。尽管开展在华国际学校认证相对NCCT的主业来讲是"非主业"项目，但NCCT的领导及其评价处对此表现出了浓厚兴趣，并给予了积极的回应。

国际学校认证经过40多年的发展，已经成为国际学校获得社会认可和促进自身发展的重要机制，在在华国际学校中具有较大影响。这成为日后在华国际学校以及其他相关主体解决其困难和问题的潜在制度性资源。尽管在华国际学校、中国教育部国际合作与交流司、NCCT以及CIS、NEASC和WASC都处于不同的领域之中，其任务以及发展中所面临的矛盾各不相同，但上述组织有一个共同点，均受到所处制度环境的影响，并存在着不同的潜在利益诉求：在华国际学校希望政府部门解决它们发展中所面临的困难和问题；中国教育部在华国际学校主管部门面临着管理方式创新，加强对在华国际学校管理的挑战；CIS、NEASC和WASC希望进一步扩大在华国际学校的认证份额；NCCT希望进一步拓展职能，改善其生存状况。上述相关主体的潜在利益诉求成为国际学校认证制度向中国移植的根源。

第四章　制度移植的起源

第三章考察了处于不同领域中的组织如何受到各自环境的影响而产生了不同的利益诉求。本章将进一步考察这些组织是如何走到一起而成为利益相关主体以及它们又是如何选择国际学校认证制度向中国移植的方向和策略的。

第一节　在华国际学校的推动

一、北京京西学校的推动

北京京西学校是 1994 年由摩托罗拉、通用电器、通用汽车、壳牌石油及世界银行等公司与国际机构，会同一批热心教育事业的外籍人士共同努力筹资创建的。1994 年年初，世界银行驻中国代表处代表鲍泰利先生，作为代表致函李岚清副总理和国家教委，请求给予支持。1994 年 4 月 2 日，经北京市教育局京教行字［1994］10 号批复批准，北京京西学校正式创办。当年即招收学生 140 余名。1995 年 4 月，国家教委的《管理办法》颁布后，北京京西学校进行了重新登记，并根据国家教委教外综［1996］338 号批复和北京市教委京教基［1996］057 号通知，被再次确认为以外籍学生为教育对象的外籍人员子女学校，实施中等教育（含中等教育）以下的教育。到 2001 年，学校学生已经从 1994 年的 147 名发展到 560 名，年龄自 3 岁至 14 岁，来自 45 个国家和地区，学制设置从幼儿园到中学，学生家长在 185 个外交或外企公司和机构工作。该校在不到 7 年的时间里，发展成为有一定规模和影响的学校，并受到了外交和外企单位的一致好评（北京京西学校，2001）。

是什么原因，使北京京西学校迅速成为一所有一定影响的学校呢？2009 年 5 月 12 日，在北京京西学校办学使命修订咨询会上，该校常年法律顾问、北京大学教授周俊业生动地概括了该校办学成功的原因：（1）学校有一支懂教育、爱教育和献身教育的好团队；（2）学校始终注意抓管理，建立管理制度，完善管理体制；（3）学校有不断增长的生源；（4）学校依法办学。遇到问题找法律，解决问题靠法律。学校每年经过周俊业审核的合同达 100 多份。周俊业将上述四个方面生动地概括为"无仙不灵、无管不活、无生不富、无法无天"。而上述四个因素的核心是学校有一支热爱中国、熟悉中国文化、懂教育、爱教育和献身教育的精英团队。

柯马凯先生虽然是一位英国人，但长期在中国生活和工作，精通中文，熟悉中国国情，可以说是一位典型的"中国通"；他是学校的创办者之一，是学校理事会的理事、法人代表兼中国文化教师。白斯南是美国人，当时也是学校的创办者之一，是学校理事会的理事，能讲中文，熟悉中国国情，热爱中国。莫约翰（John McBryde）是澳大利亚人，当时是学校的校长。此前，他曾在多所国际学校担任过校长，有丰富的国际学校管理经验；他还一直参与多个国际学校认证机构的认证活动，并与之保持着良好的合作关系。王燕当时是学校人力资源部主任，负责学校的人事和政府事务工作，对国际学校的管理以及相关政府法律、法规非常熟悉；她曾在美国哥伦比亚大学留学，是文学及教育管理的双硕士，精通英语；她还曾在世界银行驻中国办事处工作过 7 年，并任办公室主任。因此，北京京西学校的管理团队，既懂西方文化，又熟悉中国国情；在思维方式上，既不是纯西方的，也不是纯中国的，而是两者的结合。

正如第三章所述，2000 年前后，在华国际学校在发展过程中遇到了一些困难和问题。但是不同的学校在面对这些困难和问题时，采取了截然不同的办法。据 2009 年 7 月 21 日对王燕和 2009 年 12 月 22 日对莫约翰的访谈，一些在华国际学校采取了自上而下施压的方式，例如，通过给领导人或给政府部门写信的方式，要求政府部门改变某些政策。但北京京西学校却采取了另外一种方式，即希望在中国建立国际学校认证制度，通过对在华国际学校的认证，来确认这类学校是实施学历教育的学校，并按中国征收营业税的有关规定使其享受免交营业税的待遇；同时，借助国际学校认证，加强国际学校与中国教育系统的沟通，提升国际学校在中国教育系统的地位。

北京京西学校为什么不采取其他方式，而选择推动建立国际学校认证制度呢？据 2009 年 7 月 21 日对王燕和 2009 年 12 月 22 日对莫约翰的访谈，这一方面是因为北京京西学校的管理者对国际学校认证制度比较熟悉，帮助学校于 1998 年 10 月底成功通过了 ECIS 和 NEASC 的联合认证，更重要的是该管理团队热爱中国，对中国有充分的信任和尊重，并熟悉中国国情。当时，柯马凯、白斯南、莫约翰和王燕在讨论这些问题的时候，希望国际学校引起官方的重视。他们认为国际学校在中国办事要透明，要主动敞开自己；不应该像有些学校那样采取向政府部门施压的方式，而应该采取更恰当的方式让政府部门来了解国际学校的办学。该校校长莫约翰提出了寻求中国教育权威部门认证的思路。北京京西学校的管理者讨论过多次，他们认为这是一个双赢的渠道。于是，理事会派王燕到教育部就此问题进行咨询。理事会之所以派王燕去当然是其职责所在，但还有一个有利条件是因为王燕在 20 世纪 90 年代曾在教育部工作过，对教育部的部门和人员比较熟悉。2000 年 6 月，王燕先是找到了时任基础教育司司长兼NCCT主任的李连宁，询问哪个部门可以对国际学校进行认证，得到的答复是中国尚没有学校认证制度。但李连宁将王燕介绍给了时任NCCT常务副主任的徐岩。王燕在徐岩办公室用了近一天时间向其介绍了 NEASC 和 ECIS 对国际学校认证的情况，建议 NCCT 与

NEASC、ECIS 合作对在华国际学校进行认证，这引起了徐岩的浓厚兴趣，并得到了她的肯定。至此，北京京西学校以需求方身份作为在华国际学校认证制度的第一个推动者，将该制度的引入方——NCCT寻引出来。

二、北京京西学校的作用

在制度移植的起始阶段，北京京西学校充当了一个非常重要的角色。北京京西学校最初是建立在华国际学校认证制度的推动者，而其在NCCT寻求与 ECIS、NEASC 和 WASC 合作的过程中，则变成了咨询者、协助者和协调者。北京京西学校对NCCT的协助，是作为学校行为实施的；该校具体人员对NCCT的协助成为学校赋予他们的分内工作。例如，学校对NCCT的协助经过了该校董事会的决议，具体工作由当时的学校校长莫约翰和人力资源部主任王燕来承担。北京京西学校的这一角色对于NCCT来讲是非常需要的，对于NCCT与 ECIS、NEASC 和 WASC 的沟通以及合作起到了纽带作用。当时，NCCT没有任何一个人了解国外的学校认证。负责此项工作的评价处当时只有两个人，他们都没有英语背景，也没有海外工作经历和外事工作经验。NCCT对 ECIS、NEASC 和 WASC 的选择，以及后来合作的达成，必然要依赖既了解中国国情，又了解国际学校认证的"中间人"才能实现。

NCCT在寻求与 ECIS、NEASC 和 WASC 合作的过程中，大到工作策略小到具体活动安排，几乎都要经过北京京西学校的王燕和莫约翰。在这个过程中，莫约翰成了 NCCT 名副其实的工作顾问，王燕则成了名副其实的海外协调员。莫约翰对 ECIS、NEASC 和 WASC 的国际学校认证体系都很了解，与其管理者都很熟悉。但是，他在帮助NCCT选择国外合作者时，采取了先选择 NEASC 和 ECIS，后选择 WASC 的策略。从后来的访谈得知，他之所以这样做是因为他认为 NEASC（NEASC 与 ECIS 是联合认证）的代表侃爱华（Eva Kampits）擅长宏观政策研究，有攻关能力，对中国的情况比较了解，先介绍选择 NEASC 和 ECIS 与NCCT合作，成功的几率比较大。而后介绍 WASC 与NCCT合作，是考虑到 WASC 在中国认证的国际学校份额多，WASC 的执行副主任马丽玲（Marilyn George）是认证方面的专家，有利于NCCT的认证工作进一步打开局面。

NCCT在寻求国际合作的过程中，也得到了北京京西学校在人力、物力甚至财力上的大力支持。例如，北京京西学校在向NCCT建议在中国建立国际学校认证制度之时，就帮助其搜集并翻译了 NEASC/ECIS 的国际学校认证资料；NCCT与 ECIS、NEASC 和 WASC 的交流信件（包括电子邮件），以及每次交流活动的文件和相关议程几乎都要经过王燕的翻译和中转；2001 年 10 月 13—19 日，北京京西学校促成了莫景祺以观察员身份观摩了 NEASC/ECIS 对泰国 the Bangkok Patana School 的考察团考察，并承担了莫景祺往返的旅费以及访问期间的食宿费用；2002 年 6 月 22—29 日，应 NEASC 和 WASC 的邀请，莫约翰和王燕陪同莫景祺赴美国访问了位于美国旧金山的 WASC，并赴波士顿参加了 NEASC/ECIS 的联合年会。王燕承担了访问过程中的所有翻译工作，北京京西学校再次承担了莫景祺往返美国的旅费。

在寻求国际合作的过程中，北京京西学校又是NCCT与国外学校认证机构的协调者。通过莫约翰的牵线搭桥，NEASC 的侃爱华分别于 2001 年 5 月和 11 月访问了NCCT；WASC 的马丽玲于 2002 年 3 月访问了NCCT。特别需要强调的是，莫约翰和王燕的协调工作，避免了因语言不同和文化差异给NCCT寻求与 ECIS、NEASC 和 WASC 合作中遇到的障碍。例如，2001 年 8 月 14 日，NEASC 的侃爱华致信当时的NCCT常务副主任徐岩，允许NCCT在中国境内翻译和使用 NEASC/ECIS 的国际学校认证资料，但同时认为 NEASC 是以NCCT顾问的身份出现的，而NCCT的管理者则认为双方应是平等的合作和伙伴关系。对 NEASC 这一角色的不同看法，通过莫约翰的协调，在后来的信函和相关文件中进一步明确NCCT与 ECIS、NEASC 和 WASC 是平等的合作和伙伴关系。如前文所述，NEASC 的侃爱华于 2001 年 11 月访问NCCT以后，莫景祺起草了徐岩给 NEASC 的执行主任陆建国（Jacob Ludes）的信，系统阐述了NCCT与 NEASC、ECIS 的合作原则和合作领域，并请王燕翻译成英文。莫约翰作为一个西方人在中国长期担任北京京西学校校长，既熟悉西方文化，特别是熟悉国际学校认证制度，又熟悉中国国情，他对这封信的修改，考虑到了双方的实际以及心理感受，避免了因文化差异而可能带来的误解。

第二节　对行政认可的争取

教育部国际合作与交流司是在华国际学校的行政主管部门。NCCT要在中国开展国际学校认证工作，首先需要得到该司的同意或授权。从NCCT领导于2000年12月下旬与教育部国际合作与交流司有关领导的沟通，到2001年5月31日获得初步同意，在近半年的时间中，NCCT围绕获得行政认可，与国际合作与交流司进行了比较充分的互动。

一、初次沟通

2000年12月下旬，NCCT副主任王晓芜带领莫景祺前往教育部国际合作与交流司，就开展国际学校认证工作与该司的领导开始了第一次正式沟通。当时，接待王晓芜一行的是该司的司长助理关建，他当时协助分管国际学校工作。关建对NCCT开展国际学校认证工作给予了充分肯定，并阐述了开展此项工作的必要性，同时，他还对下一步要做的工作以及要明确的问题提出了一些建议。根据当时研究者的笔记，他谈道：

国际学校认证过去有人提过。有的国际学校反映，有的学生回国后，需要有在中国接受学历教育的证明，解决继续就学的衔接问题，并建议通过对国际学校认证解决这一问题。开展在华国际学校认证是一件好事，很有必要。（1）在华国际学校监管比较弱。目前，有20～30所学校办得不错，但有一些学校的办学存在短期行为。在华国际学校发展的关键是管理问题。（2）一些留学人员回国后，其孩子进国内学校学习比较困难，要求进入国际学校学习。随着中国加入WTO，我们在这些方面要与国际接轨。（3）在华国际学校要遵守中国相关法律、法规。有的学校办学不规范不是故意的，有的是钻法律、法规的空隙。自觉和有约束是不一样的。我们需要加强这方面的管理。（4）外国人在华办学存在教育"侵略"问题。外国人在中国办学会不可避免地涉及宗教和意识形态等问题。如果不加强管理，这一块就变成了真空地带。

开展在华国际学校认证很有意义。（1）由专业机构进行评估，能全面了解学校情况，减轻政府部门直接管理的压力。（2）通过认证，可以解决监管不到位的问题。从这个角度切入，是很好的一件事情。部里是支持的。

建议：（1）关注课程设置。对于课程设置的要求，要与外国的认证委员会对课程的要求贯通起来，利用国际标准进行评估。同时，要把中国传统文化的内容加进去。（2）给国际合作与交流司写一个申请报告。说明现实要求和国际惯例，附上相关国际认证机构的评估体系框架；说明最终出具什么结果，由谁出具这个结果。（3）可在北京京西学校先试点。试点前要制订评估办法，确定评估时间。试点要尽量缩短周期。

二、调查研究

2001 年 1 月 2 日，NCCT向教育部国际合作与交流司递交了第一份申请报告——关于承接在华国际学校基础教育阶段学历评估认证工作的请示。这份报告主要从现实需求、国际惯例、遵纪守法、教学内容监控、国际交流等方面阐述了开展此项工作的必要性以及NCCT承担此项工作的资格和资质。该司政策规划处当时具体负责国际学校认证工作的田立新副处长很快就给NCCT评价处反馈，建议对开展此项工作进行调研，并提交一份开展此项工作的可行性报告。为了准备可行性报告，评价处的莫景祺和陈旭芬于2001 年 2 月 19 日和 3 月初，分别到北京市教委国际合作与交流处、北京京西学校和北京耀中国际学校调研，并研究了 NEASC 和 ECIS 的机构情况及其认证标准框架和认证程序。时任北京市教委国际合作与交流处处长的丁红宇在谈到开展此项工作的必要性时强调：

目前，北京市教委未对各国际学校的教学大纲、课程设置和教材选用进行管理。学校从国外引进的教材只报目录备案。但这是目前管理中的一个较大缺陷。有人曾发现有的进口教材中确实存在重大的政治性问题，例如，将达赖喇嘛描述成民族英雄。因此，加强对这类学校的管理确有必要（莫景祺，2001a）。

谈到这类学校自身的需求时，丁红宇说，有的学校要求进行学历资质评估是出于想免税的原因，但确实有的学校需要中国有关方面的学历认证，其学生的在华学历才能得到本国的认可。在过去的几年中，北京市教委每年都要开具几例这样的证明。

丁红宇最后强调，无论从这类学校自身的需求，还是从对这类学校的管理来讲，教育部委托其事业单位对在华国际学校进行评估和学历认证以加强管理，是非常必要的，是一件好事（莫景祺，2001a）。

北京耀中国际学校在针对NCCT的调研提纲给NCCT的报告中强调，学校愿意接受中国权威教育机构的评估和学历认证，但希望NCCT参考其他国际组织的评估办法，按照国际学校的评估标准来进行评估和认证工作。

三、可行性论证

2001年3月20日，NCCT向教育部国际合作与交流司递交了第二份申请报告——关于对在华外籍人员子女学校评估认证的请示，同时，附加了对外籍人员子女学校评估认证的可行性报告、有关国际认证机构的资料以及调研的有关情况。5月14日，教育部国际合作与交流司政策规划处在就此报告给该司负责人的签报中强调：

通过对这类学校学历教育水平的评估认证，不仅可以使他们了解我国的相关法律、法规，规范办学行为，而且也可以及时了解这些学校的教学内容，对其中存在的敏感政治问题采取有效的防范，加强对这些学校的管理……

同时，通过学历评估认证工作，也可以研究这类学校的课程、教材和教学方法，把国际基础教育先进的教育理念、教育管理经验和教学方法介绍到国内（教育部国际合作与交流司政策规划处，2001）。

5月21日，教育部国际合作与交流司政策规划处副处长田立新打电话给NCCT评价处莫景祺，转达了他们对开展此项工作的意见：（1）政策规划处很支持开展这项工作，并已将《请示》报司领导；（2）希望NCCT着手开展前期的准备工作，如组织专家制订在华国际学校的评估办法、评估指标体系和评估程序等文件，聘请有关专家等；（3）可以先选择2所国际学校进行试点，验证评估标准的可行性，摸索经验；（4）希望就NCCT的法律地位、评估职能，以及将来的评估结果如何得到国际上的认可报一补充报告。

四、行政认可

2001年5月24日，NCCT向教育部国际合作与交流司递交了第三份报告——关于对在华外籍人员子女学校进行评估和学历认证的补充报告。该报告就NCCT承接此项任务的法律地位给予了补充说明，还就评估结果如何与国际接轨、如何得到国际上的认可等问题提出了建设性意见。2001年5月30日，政策规划处在给该司领导的签报中谈到，从法人资格和职能来看，NCCT具有开展此项工作的资质，并认为选择"民间"机构来承担这类评估认证服务已成国际惯例，建议同意NCCT在这方面做一些尝试性工作。在经过该司一位司长助理、一位主管副司长圈阅后，2001年5月31日，时任国际合作与交流司司长的李东翔批示：同意，认真论证，先作试点，总结经验。至此，NCCT开展国际学校认证工作得到了教育部国际合作与交流司的初步认可。

NCCT在向教育部国际合作与交流司申请承接对在华国际学校认证的过程中，始终表现出了一种获得授权的迫切心态。如果说2001年1月2日的报告带有请示是否可行的性质，那么3月20日的报告则请求尽快给予批复，5月24日的报告则再次请求给予正式批复。甚至在得到教育部国际合作与交流司初步认可以后的 10 月 8 日，NCCT在给国际合作与交流司关于试点准备情况的报告中，再次提出能否给予正式批复，授权NCCT开展对在华国际学校的认证工作。这种迫切心态其实反映了当时NCCT所面临的环境给NCCT负责人以及评价处负责人所带来的无形压力。当时，基础教育课程改革正如火如荼地开展，而作为本次课程改革的专业支撑机构——NCCT的大部分处室未能真正参与其中，这是NCCT当时准备承接在华国际学校认证工作的重要原因。但是，当筹备这项工作时，又面临着另外一种无形压力，即这项工作与课程改革相比会让人感到"不务正业"。这也难怪，在NCCT给国际合作与交流司的申请报告以及几次NCCT的会议上，都会提到开展在华国际学校认证工作可以促进中外基础教育交流，特别是可以学习国外先进的教育理念、教育经验、教学方法，为国内的课程改革提供借鉴。这在很大程度上，是强化NCCT在当时的环境下开展这项工作的正当性，反映了NCCT作为事业单位对政府部门的依附性。而最能体现这种正当性的是在华国际学校的教育行政主管部门尽快给予NCCT一正式批复，授权NCCT开展此项工作。

而与NCCT的迫切心态形成对比的是教育部国际合作与交流司的"谨慎的积极"。在NCCT负责人第一次与国际合作与交流司负责人沟通时，该司负责人就对NCCT承接此项工作持肯定和积极态度。但此项工作毕竟是新生事物，作为教育行政主管部门，教育部国际合作与交流司必须按程序办事。它们所关心的，首先是这项工作在中国开展的可行性；其次是NCCT承担这项工作的资格和资质；再次是将来的评估结果如何得到国际上的认可等。该司的政策规划处在就NCCT的第二个报告给司领导的签报中建议：先试点，待条件成熟后再决定是否同意其正式开展此项工作；该处在就NCCT的第三个报告给司领导的签报时建议：同意NCCT在这方面做一些尝试性工作。但是，该司的政策规划处在接到NCCT的第二个报告时，就开始建议NCCT着手开展前期的准备工作，表现出了对这项工作的支持态度。

教育部国际合作与交流司之所以支持NCCT开展国际学校认证工作，

是与该司所面临的国际学校的管理状况，寻求管理机制创新，加强对在华国际学校管理的考虑分不开的（见第三章）。NCCT寻求行政认可的事件表明，在NCCT向教育部国际合作与交流司申请承担在华国际学校认证工作的过程中，该司对NCCT今后开展在华国际学校认证工作的预期目的进行了比较充分的表达，即教育部国际合作与交流司通过NCCT开展在华国际学校认证工作加强对学校的管理。教育部国际合作与交流司同意NCCT开展在华国际学校认证工作的目的和意图，对NCCT管理者定位认证的目的和功能、制订相关认证文件产生了深远影响。他们深切地体会到此项工作因能满足政府部门的预期目的而获得授权，也可能会因今后的工作满足不了政府部门的预期目的而得不到政府部门的支持，甚至取消授权。NCCT在获得授权的同时，也承担着对政府部门的一份责任。政府部门的意图像一根无形的线制约着NCCT的管理者。但还有一个关键原因是跟NCCT管理者的努力，以及国际合作与交流司管理者开放的眼界分不开的。时任NCCT副主任的王晓芜曾多年在教育部人事司工作，与教育部各个司局的人非常熟悉。王晓芜曾与国际合作与交流司的领导，以及该司政策规划处的负责人进行了多次沟通。时任教育部国际合作与交流司的负责人与该司政策规划处处长徐永吉、副处长田立新多年在外事部门工作，具有宽广的视野，开放的心态，对学校认证制度有较深的理解。当他们了解了NCCT的意图，从他们的角色出发，很快予以认同，应在情理之中。

　　NCCT向教育部国际合作与交流司申请和该司对NCCT的回应过程，实际上是双方对开展在华国际学校认证的认识共同建构的过程。这一过程，促使NCCT对开展这项工作的定位和可行性，承担这项工作的法律地位和资质，以及认证结果如何与国际衔接等问题进行了论证和自审。同时，也促使NCCT与 NEASC、ECIS 沟通，研究其国际学校认证资料，并着手制订在华国际学校认证办法、认证标准，物色相关专家等。而教育部国际合作与交流司在此过程中，也逐步了解、认同和认可了NCCT即将要开展的国际学校认证工作。

　　特别值得一提的是，教育部国际合作与交流司对NCCT开展在华国际学校认证工作的初步认可，对于日后使这项工作成为NCCT的正式职能奠定了基础。由于NCCT是1998年新成立的单位，教育部对其职能一直没有正式明确。2001年下半年，NCCT开始起草NCCT的"三定（定任务、定职责、定编制）方案"，这对于将开展在华国际学校认证工作变为NCCT的一项职能，是一个千载难逢的好机会。莫景祺作为评价处的负责人，将当时正准备开展的在华国际学校认证工作写进了评价处的职责。当该"三定方案"报到教育部审批时，这份文件被送到教育部国际合作与交流司征求意见，时任该司政策规划处处长的徐永吉同意将其写入，并对该条目进行了修改，得到了该司负责人的认可。这项工作能变为NCCT的一项职能，与此前NCCT向教育部国际合作与交流司的申请过程是分不开的。当时，将这项工作写入评价处的职责，谈不上什么高瞻远瞩，但从几年后来看，意义非凡。2002年2月10日，教育部在NCCT提交的"三定方案"的基础上印发的《关于印发〈教育部基础教育课程教材发展中心职责任务、管理体制、机构设置和人员编制方案〉的通知》（教人〔2002〕1号）明确规定："经政府部门批准，承担对在华外籍人员子女学校的评估认证工作。"NCCT开展在华国际学校认证工作被写入了NCCT的职能，使NCCT开展在华国际学校认证终于有了法律保障基础。

第三节　对国际合作的寻求

　　国际学校认证是一项专业性非常强的工作。ECIS、NEASC和WASC是国际知名的认证机构，有几十年从事国际学校认证的经验，在国际学校中享有很高的声望。而国际学校认证对NCCT来讲，则是一项开创性的工作，挑战性可想而知。NCCT要高起点、高水准地开展在华国际学校认证工作，并得到在华国际学校的认可，除了获得中国教育部的认可以外，与ECIS、NEASC和WASC合作似乎是一个必然选择。

　　NCCT与ECIS、NEASC和WASC合作关系的确立不是一蹴而就的，而是经历了长达两年多的时间（见表4－1）。在这一过程中，NCCT与ECIS、NEASC和WASC围绕四方合作关系的确立进行了持续的互动。《合作框架协议》是四方互动的结晶，标志着NCCT与CIS、NEASC和WASC合作关系的确立。北京京西学校作为"中间人"扮演了咨询、协助和协调的角色。

表4-1　NCCT寻求与ECIS、NEASC和
WASC合作过程的典型事件

时间	事　件	作　用
2001 - 05 - 30	NCCT、北京京西学校和NEASC，围绕在中国开展学校认证、美国的学校认证以及在北京京西学校开展认证试点进行研讨	增进了了解；NEASC向NCCT提供了认证资料；探讨了合作的可能性与可行性
2001 - 08 - 14	NEASC的侃爱华致信NCCT常务副主任徐岩，允许使用其认证资料，愿成为NCCT居于首位的合作伙伴	NCCT获得在中国境内翻译和使用NEASC/ECIS认证资料的版权许可
2001 - 10 - 13—19	应NEASC的邀请，莫景祺以观察员身份和王燕一起参加了NEASC/ECIS考察团对泰国the Bangkok Pa-tana School的考察	考察报告提出了NCCT与NEASC/ECIS合作的原则和领域的建议
2001 - 11 - 11—15	NEASC的侃爱华访问NCCT。徐岩、莫景祺等听取了她对认证文件的修改意见，并与其讨论了双方的合作事宜。NCCT聘请侃爱华担任NCCT在华国际学校认证工作顾问	进一步讨论了NCCT与NEASC/ECIS合作的原则和领域
2001 - 12 - 03	徐岩给NEASC的执行主任陆建国写信，阐述合作的原则和领域	系统阐述了NCCT与NEASC/ECIS合作的原则和领域
2002 - 01 - 08	陆建国给徐岩回信，表示很高兴与NCCT构建伙伴关系，期待着拓展工作，与NCCT合作，并提出邀请徐岩6月访问NEASC	徐岩的阐述得到了NEASC执行主任的认可

续表

时　间	事　件	作　用
2002 - 03 - 25	WASC 的执行副主任马丽玲在莫约翰、王燕的陪同下访问NCCT。双方互相介绍了各自开展国际学校认证的情况,并准备就进一步合作进行协商	在莫约翰的建议下,NCCT开始寻求与 WASC 的合作
2002 - 06 - 22—29	莫景祺、王燕和莫约翰访问 NEASC 和 WASC,NCCT 与 NEASC、ECIS、WASC 达成签署《合作框架协议》的意向	进一步确定合作的共识、沟通机制和合作领域。四方一致同意签署一份合作框架协议
2002 - 09	NCCT聘请北京京西学校校长莫约翰先生担任NCCT在华国际学校认证工作顾问	NCCT对莫约翰前一阶段的协调工作给予肯定,希望他在协调四方合作方面发挥更大作用
2002 - 10 - 31	NCCT与 NEASC、ECIS、WASC 在北京饭店召开首次四方会议,研讨了四方合作协议草案。中午,章新胜副部长接见并宴请了 NEASC、ECIS、WASC 三方的执行总裁	讨论四方合作框架协议草案;四方的合作得到教育部领导的支持
2003 - 07 - 23— 08 - 18	NCCT、CIS、NEASC 和 WASC 以快递方式正式签署《合作框架协议》	四方在在华国际学校认证合作方面法律化

　　NCCT与 ECIS、NEASC 和 WASC 寻求合作的过程可以分为三个阶段:相互沟通和学习阶段,合作关系的形成阶段以及合作关系的确立阶段。

一、相互沟通与学习

　　NCCT与 ECIS、NEASC 和 WASC 的相互沟通和学习起始于 NEASC 的侃爱华一行对NCCT的访问。2001 年 5 月 30 日, 北京京西学校校长莫约翰、理事会理事柯马凯、白斯南和人力资源部主任王燕陪同 NEASC 的侃爱华和理察·曼德维尔 (Richard Mandeville) 博士访问NCCT。徐岩和莫景祺代表NCCT参加了本次活动。NCCT、NEASC 和北京京西学校三方在 NCCT三楼会议室共同研讨了在华开展国际学校认证问题。柯马凯和白斯南作了题为《中国境内的国际学校开展中国学历认证的展望》的报告；莫约翰介绍了北京京西学校的认证工作；侃爱华和理察·曼德维尔博士介绍了西方学校认证的情况；莫景祺介绍了NCCT的学校评估工作。三方围绕开展在华国际学校认证工作进行了讨论。会上，NEASC 的代表许诺可以邀请NCCT的一位代表以观察员身份参加 NEASC/ECIS 于10月对泰国一所国际学校的考察团考察，并向NCCT赠送了多达 17 万字的国际学校认证资料。2001 年 7 月，NCCT请专家系统地翻译了这些资料。NEASC 代表的来访使NCCT的管理者，特别是莫景祺系统地了解了 NEASC/ECIS 的国际学校认证管理体系。

2001 年 8 月 14 日，NEASC 的侃爱华代表 NEASC 和 ECIS 分别致信徐岩和莫景祺准许NCCT使用 NEASC/ECIS 的指标体系，她在信中写道：

正如 2001 年 5 月 31 日的会谈中谈到的，NEASC 准许贵中心为实施该项目使用其资料。这些资料包括 NEASC 和 ECIS 所出版的有关标准、体系和评估指标的所有资料。我们单方面放弃该项目的资料使用准许费用。

为实施该评估项目，贵中心获得了在中华人民共和国境内翻译由 NEASC 提供的有关文件资料的许可。所有的文件应当标注如下的版权和许可声明：

1997，New England Association of Schools & Colleges，Inc

翻印许可

[NEASC/ECIS 指南，第 6 版，1997 年]

上述资料，除用于贵中心与 NEASC 或北京京西学校目前所从事的活动外，用于其他目的均需获得版权许可。

二、合作关系的形成

NCCT与ECIS、NEASC和WASC合作认证的思路最早出现在莫景祺2001年10月《关于ECIS/NEASC对泰国国际学校学历认证的考察报告》中。报告在谈及与NEASC和ECIS的合作意向时，初步提出了与NEASC和ECIS[①]合作认证的原则、方式及其发展途径。

合作的基本原则建议：

（1）NCCT在开展对在华国际学校认证工作中，积极借鉴ECIS/NEASC对国际学校认证的管理经验，包括认证标准、程序、方法与技术等。

（2）NCCT对在华国际学校的认证，应考虑在华国际学校的实际。认证标准在借鉴ECIS/NEASC基本框架的基础上，应突出中国特点。

（3）三方合作以促进国际学校的发展为出发点和归宿；不加重学校的负担。

（4）三方应积极探索互相交流的机制，互相借鉴，共同发展。

合作的意向建议：

（1）对于没有经过三方任何一方认证的在华国际学校的认证，在条件成熟时，中方可以考虑邀请另外两方共同认证。三方可以根据《在华外籍人员子女学校评估与学历认证标准》，三方同时派人对该校进行认证。认证报告与认证建议同时送三方的认证委员会，由各委员会分别决定是否授予学校"通过认证"。

（2）对于已经过三方中一方或两方认证的在华国际学校，其他方认证时，在前面认证的基础上，在自评的内容和程序上应有所简化。

从现在来看，这一思路还是比较粗糙的，但是非常强调NCCT在合作中的主体地位。在合作原则中，在强调借鉴的同时，非常强调突出中国特点。尤其在合作方式方面，强调对于已经过三方中一方或两方认证的

---

① NCCT先是寻求与NEASC和ECIS的合作，到2002年3月才开始寻求与WASC的合作。

在华国际学校，其他方认证时，在前面工作的基础上，在自评的内容和程序上应有所简化。这句话假设：虽然当时不存在只经过NCCT认证的在华国际学校，但从长远来看会存在在华国际学校先申请NCCT认证，再申请其他两方认证的可能。而后来的事实是：在自评内容和程序上应有所简化的现象只发生在了NCCT对于ECIS、NEASC和WASC认证过的在华国际学校的认证，而不是相反。对于没有经过任何一方认证的在华国际学校，NCCT强调邀请对方来联合认证，并使用NCCT的认证标准。而后来的事实是：对于尚未经过三方任何一方认证的绝大部分在华国际学校的认证，NCCT是随CIS、NEASC和WASC进行的联合认证，而认证标准采用的是外方的标准加NCCT的"中国背景标准"。虽然NCCT与NEASC、ECIS合作认证的基本思路最早出现在莫景祺撰写的考察报告中，但实际来源于北京京西学校校长莫约翰。2001年10月13—19日，应NEASC和ECIS的邀请，NCCT派莫景祺到泰国以观察员身份参加了ECIS/NEASC对泰国 the Bangkok Patana School 的考察团考察。当时，北京京西学校人力资源部主任王燕陪同莫景祺参加了考察的整个过程。北京京西学校的校长是该考察团的成员。在考察过程中，莫约翰向莫景祺介绍了NCCT与NEASC、ECIS合作的基本思路。这次考察活动对莫景祺产生了很大影响。莫景祺回到北京后，向NCCT的领导提交了一份长达15页的考察报告，比较全面地介绍了NEASC/ECIS认证的目的、程序、标准、考察人员、收费以及泰国国际学校认证的情况，并提出了NCCT与NEASC、ECIS合作的建议。

但是，在关于NCCT与NEASC、ECIS的合作建议中，突出强调NCCT的主体地位则是莫景祺的理解，这反映了NCCT的管理者在"人优我无"的状态下，在与ECIS、NEASC和WASC的合作中，对于NCCT主体地位的敏感性。而这种敏感性在以下两个事件中也得到进一步强化。2001年5月31日，NEASC的侃爱华在访问NCCT时，曾经提到NEASC是作为NCCT的顾问而存在的；2001年8月14日，NEASC的侃爱华在给徐岩和莫景祺的信中，再次提到：

最后，正如我们 5 月的会议所建议的那样，在北京京西学校的项目中，我方是作为贵中心的顾问而存在的，我们准备将来在中华人民共和国境内国际学校认证工作中，继续以同样的方式进行合作。

NEASC 两次提到以顾问身份而存在，使得NCCT的管理者愈加敏感。因此，NCCT的管理者特别强调NCCT在与 ECIS、NEASC 和 WASC 的合作中应是平等、合作和伙伴关系。2001 年 11 月 16 日，莫景祺在起草徐岩给 NEASC 的陆建国的信中，继续强调了NCCT在合作中应有的主体地位；在NCCT与 NEASC、ECIS 合作的领域方面保持了 2001 年 10 月在《关于ECIS/NEASC 对泰国国际学校学历认证的考察报告》中的表述。NCCT在寻求与 ECIS、NEASC 和 WASC 的合作过程中，其管理者对自身主体地位所表现出的敏感性，是受到了作为教育部直属事业单位这一机构性质的影响，其行为也会受到政府部门意志的影响。NCCT在对外合作中，只有与 ECIS、NEASC 和 WASC 建立平等的合作和伙伴关系，才能更好地体现政府部门授权开展在华国际学校认证的意志。

但是，当就这封信的英文稿征求莫约翰的意见时，莫约翰在保持基本原意的基础上，对这封信进行了修改。修改后的内容与原信相比既强调了NCCT与 ECIS、NEASC 和 WASC 是平等的合作和伙伴关系，又充分地考虑了 ECIS、NEASC 和 WASC 的可接受性，使其更加务实和具有前瞻性。例如，强调通过合作已经发展了一个初步的对经过 ECIS、NEASC、ECIS/NEASC 任何一方认证的在华国际学校的中国认证程序，即简捷认证程序。NCCT考察团考察要基于 ECIS/NEASC 考察团建议。特别提出NCCT要与 NEASC 和 ECIS 探索在以下两方面的合作：一是对已经获得NCCT认证的 NEASC 和 ECIS 学校的再认证；对这类学校的再认证要与 NEASC 和 ECIS 再认证的自评报告和考察团考察取得一致。要建立一种联合认证程序，认证报告和认证建议要分别送到各自的认证委员会，认证结果由各自的认证委员会独立做出；二是对希望获得 NEASC/ECIS 和NCCT首次认证的学校的认证。对于没有经过国际认证的在华国际学校第一次对NCCT

认证感兴趣，要建立 NEASC/ECIS/NCCT 的联合认证程序，认证报告和认证建议要分别送到各自的认证委员会，认证结果由各自的认证委员会独立做出。最后，建议NCCT、NEASC 和 ECIS 建立一种可持续的相互沟通、学习和发展的机制，建立一种合作认证的正式伙伴关系。莫约翰修改后的内容，基本上勾勒出了NCCT 与 ECIS、NEASC 和 WASC 合作开展在华国际学校认证的方向和策略。2002 年 1 月 8 日，NEASC 的执行主任陆建国给徐岩回信，认可了徐岩关于三方合作的原则和领域的阐述。

三、合作关系的确立

正当NCCT 与 NEASC 和 ECIS "谈判"时，WASC 出现了。2002 年 3 月 25 日，WASC 的执行副主任马丽玲在莫约翰和王燕的陪同下第一次访问NCCT，寻求与NCCT的合作。马丽玲对NCCT的访问，标志着NCCT的另外一位合作伙伴 WASC 的出场。

NCCT 已经有了 NEASC 和 ECIS 两个合作伙伴，之所以还要考虑跟WASC 合作也是出自莫约翰的建议。他认为，NCCT认证要延伸 3～20 所在华国际学校才能成功。在试点阶段可以选择北京京西学校；在发展阶段可以考虑北京顺义国际学校、北京 BISS 国际学校和北京协力国际学校，2002—2003 年完成；在成熟阶段要考虑认证十几所学校。他认为，在 47 所在华国际学校中，经过 ECIS、NEASC 和 WASC 认证过的学校大部分是WASC 的学校，一部分是 ECIS/NEASC 的学校，以上学校应是NCCT认证的重点。在发展阶段做完 3 所学校后，应将认证重点放在天津、上海和广州，这些城市的国际学校影响力比较大，并且许多都是 WASC 的学校。建议让 WASC 主动上门来，与 WASC 合作。莫约翰在 3 月 18 日与莫景祺讨论对NCCT考察人员的培训时，再一次谈及与 WASC 的合作问题，他认为北京顺义国际学校是 2003 年被 WASC 重新认证的，其他学校也都是WASC 认证的，NCCT 与 WASC 合作有重要意义。他甚至对双方 3 月 25 日的会谈也提出了很周到细致的建议，建议先介绍一下中心项目的情况，再请 WASC 介绍 WASC 的情况。谈话时要策略一点，不要让对方难堪。

例如可以讲，早就听说过 WASC 认证了中国的许多国际学校，要感谢他们专程而来；有的问题可以回头给答复；建议提合作认证，提出是否可以参加他们的一次认证活动，等等。由此看来，NCCT在开展在华国际学校认证的初期还受到了在华国际学校认可的影响。NCCT之所以与 WASC 合作，是因为 WASC 在中国认证的国际学校数量多、在国际学校中的影响大，与其合作可以迅速提升NCCT在在华国际学校中的威望，并迅速打开局面。

　　四方合作关系合法化的标志是四方《合作框架协议》的签署。而四方签署《合作框架协议》的意向来自 2002 年 6 月 22—29 日，莫景祺、莫约翰和王燕对 WASC 和 NEASC 访问期间莫景祺的提议。这次访问的目的是在NCCT与 ECIS、NEASC 和 WASC 已有合作的基础上，进一步确定四方在在华国际学校认证方面的合作机制和合作领域。6 月 22—24 日，莫景祺与莫约翰、王燕作了题为《国际学校认证在中国》的联合演讲，旁听了 WASC 学校认证委员会会议，并与 WASC 的执行副主任马丽玲就双方的合作进行了商谈。6 月 25—29 日，莫景祺一行在参加 NEASC/ECIS 的联合年会期间，也应邀作了联合演讲，旁听了 NEASC/ECIS 年会的部分内容，与 NEASC 和 ECIS 的执行主任进行了会晤，并与 NEASC 的侃爱华、ECIS 的施大伟（David Styan）具体商谈了三方的合作事宜。

　　本次访问对 ECIS、NEASC 和 WASC 的领导人及其认证委员会，甚至三个机构的考察人员产生了广泛影响，NCCT在华国际学校认证得到了对方的进一步理解和认可，可以说为上述三个学校认证机构与NCCT建立正式合作关系奠定了基础。听取莫景祺一行两次演讲的人员主要包括三个学校认证机构的执行主任、认证委员会成员以及考察人员。他们在听取了NCCT在华国际学校认证的进展情况后，均对其表现出了浓厚兴趣。有人认为，中国政府部门过去出台过《关于开办外籍人员子女学校的暂行管理办法》，把对这类学校的管理纳入中国改革开放这样一个大环境来考虑，以及准备通过对这类学校的认证来加强对其进行管理，表明中国是一个越来越开放的国家，很了不起。美国国务院海外学校办公室的一位官员说，中国政府部门在管理国际学校方面做得很好。NEASC 执行主任陆建国认为，当前各个国家都面临对国际学校的管理问题，中国拟通过学校认证的手段来管理学校，为学校服务，促进学校的发展，对其他国家有着重要的借鉴意义。ECIS 和 NEASC 对NCCT关于在华国际学校的认证标准给予了很高的评价，ECIS 认证服务执行主任杰瑞·佩西（Gerry Percy）说，ECIS 和 NEASC 在修订其国际学校认证标准第七版时，吸收了NCCT标准中强调的一些观点。由于中国基础教育质量在国际上有较好的声誉，甚至有个别校长提出可能的话希望NCCT将来去认证他们的学校。

可以说，这次访问取得了丰富和富有建设性的成果。四方在以下方面取得了共识。

合作的原则包括：（1）各方互相承认彼此为认证国际学校的机构；（2）各方互相承认对方的认证标准；（3）四方是合作、伙伴关系；（4）合作的目的是为学校服务，促进学校的发展；（5）不以营利为目的。

合作的机制包括：四方应借助每年参加东亚地区国际学校年会的机会互相沟通。四方确定了具体联络人。NCCT：莫景祺；NEASC：侃爱华；ECIS：施大伟（David Styan）；WASC：马丽玲。四方不定期召开会议，就大家共同关心的问题进行研讨。

合作的领域包括：（1）进一步完善合作认证的方式：NCCT对 WASC 认证的学校的认证；NCCT对 NEASC/ECIS 认证的学校的认证；NCCT与 WASC 或 NEASC/ECIS 的联合认证；以上三家机构对NCCT认证的学校的认证。（2）四方可以互相邀请对方的专家参加自己的认证活动，包括派联合团长或观察员。（3）NCCT可以邀请对方专家协助培训，也可以派专家参加对方的培训。（4）认证标准及认证程序修订方面的合作（莫景祺，2002）。

本次访问四方所形成的共识，构成了后来四方《合作框架协议》的雏形，为四方建立正式的合作关系奠定了基础。因此，在访问结束之际，应莫景祺提议，其他三方一致同意：应根据四方取得的共识起草一份四方《合作框架协议》，并借助四方参加11月在北京召开 EARCOS 年会的机会，签署这个协议。

2002 年 10 月 31 日在北京召开的四方会议对《合作框架协议》的签署起到了重要推动作用。经四方商议，在北京四方会议期间，四方将签署《合作框架协议》。四方的《合作框架协议》文本先后四易其稿。在四方会议之前，莫景祺代表NCCT代拟了《合作框架协议》草稿，并通过电子邮件征求了其他三方的意见。随后莫景祺在汇总四方意见的基础上，于四方会议之前形成了第二稿发给其他三方征求意见。但是，当莫景祺于 9 月 23—27 日接到三方代表的电子邮件时，发现大家对《合作框架协议》草案还有许多意见需要沟通和协调（见表 4 - 2），仅仅依靠电子邮件，在正式开会之前很难把各方关心的问题讨论清楚，并获得各方认同。为此，莫景祺代表NCCT写信向其他三方建议，对 10 月 31 日四方会议的内容作些调整，即将这次会议调整为国际学校认证高级研讨会。10 月 31 日上午与 10 月 31 日晚上的议程保持不变。10 月 31 日下午改为研讨会议，围绕《合作框架协议》草案中的相关问题展开沟通和研讨。建议在四方都感到时机成熟时，再签署《合作框架协议》。2002 年 10 月 31 日，四方又就《合作框架协议》草案进行了研讨，会后形成了第三稿。2003年上半年，NCCT通过电子邮件就第三稿征求并汇总了其他三方的意见，形成了四方共同认可的第四稿。

表 4 - 2　三方对《合作框架协议》草案的主要意见

主要问题	施大伟（ECIS）	马丽玲（WASC）	侃爱华（NEASC）
非营利	指合作伙伴，不是被认证的学校	理解为被认证的学校	理解为被认证的学校
文件互认	应使用 NCCT 已采纳的 3 个文件，不希望增加其他文件	理解和接受或使用其他方的文件	指 NCCT 与 ECIS、NEASC 和 WASC 之间，而不是 ECIS、NEASC 和 WASC 之间。NCCT的文件仅仅是正被使用的 3 个文件

续表

主要问题	施大伟（ECIS）	马丽玲（WASC）	侃爱华（NEASC）
四方会议	可以在EARCOS年会上举行，但可以有例外	除了在EARCOS年会上外，可根据需要召开	如果可行，可与EARCOS结合
人员交流	赞成人员相互交流，但不意味着一个机构从另一个机构提名		指NCCT邀请ECIS、NEASC和WASC员工参加NCCT的考察
简捷途径	增加NCCT对WASC/ECIS认证的学校的认证	增加NCCT对WASC/ECIS认证的学校的认证	
合作方	完全反对与CITA①这样的学校认证机构合作	任何一方指NEASC、ECIS、WASC和NCCT	协议中的机构指NEASC、ECIS、WASC和NCCT，不包括CITA
联合认证		说明其他三方对NCCT 3个文件的支持	
		对于NCCT/WASC、NCCT/WASC/ECIS和NCCT/NEASC/ECIS认证文件要做明确的表达和修改	
		"其他领域"不明确	
		"NCCT/WASC/NEASC/ECIS"不清楚	
		需要澄清被WASC、WASC/ECIS或NEASC/ECIS认证的哪些学校将被NCCT认证	

① CITA 是国际及跨地区认证委员会 the Commission on International and Trans-regional Accreditation 的缩写，下同。

续表

主要问题	施大伟（ECIS）	马丽玲（WASC）	侃爱华（NEASC）
		"其他模式"指什么	
		"explor"换成 "strengthen"或 "develop"	"explor"换成 "strengthen"或 "further develop"

　　在华国际学校的管理及其认证工作在中国是一项政策性很强的工作。虽然NCCT开展在华国际学校认证工作于2002年2月已经获得中国教育部的正式授权，但并没有获得与ECIS、NEASC和WASC开展合作认证的许可。为此，NCCT将经过四方共同认可的《合作框架协议》的第四稿于2003年6月16日报教育部国际合作与交流司审核。从6月25—30日，该司先后有3个处室的5位负责人以及3位司负责人审核了该《合作框架协议》。由此，NCCT与国外3个学校认证机构的合作获得了中国教育行政主管部门的认可。

　　经过近3年的互动，NCCT、CIS、NEASC和WASC于2003年7—8月，通过快递方式正式签署《合作框架协议》，标志着四方合作关系的确立。《合作框架协议》共分4个部分。第一部分强调了四方合作的基本原则：四方为从事国际学校认证的机构；四方为平等的合作和伙伴关系；四方的合作不以营利为目的；NEASC、CIS和WASC理解、接受和支持NCCT的《外籍人员子女学校认证办法（试行）》《外籍人员子女学校认证标准（试行）》和《外籍人员子女学校认证申请表（试行）》；NCCT理解、接受、支持并借鉴NEASC、CIS和WASC的认证标准、认证程序和认证管理经验，并根据中国的实际情况不断修订和完善上述三个文件。第二部分强调四方要建立沟通机制：四方建立沟通机制的目的是为了互相学习，共同发展、提高和改进认证标准、认证程序和工作规则，促进外籍人员子女学校认证事业的发展。四方每年开会一次。会议的主题和参会人数由四方商定。会议由四方轮流主持。四方的具体联络人由各方具体确定。会议经费由主持方提供。参加会议人员的旅费、住宿费、餐费自理。第三部分强调了四方的合作领域：（1）人员交流。可以邀请其他方派出代表以认证专家、联合团长或观察员身份参加本方的认证活动。（2）培训。可以邀请其他方派出专家协助培训本方的专业人员，或派代表参加其他方的培训。（3）四方将共同努力，发展双方或多方联合访问的程序。联合访问应以学校的意愿为基础。认证决定由各方独立做出。（4）四方将共同努力，发展以下程序——NCCT对CIS/NEASC已经认证的学校的认证；NCCT对WASC已经认证的学校的认证；NCCT对WASC/CIS已经认证的学校的认证；CIS/NEASC、WASC或WASC/CIS对NCCT已经认证的学校的认证。本着减轻学校经济和工作负担的原则，认证方对上述程序应有所简化，学校自评内容应有所侧重，学校自评报告应侧重前一个认证机构认证以来学校工作的进展情况。认证决定由认证方独立做出。第四部分强调：四方在本协议的基础上，将不断发展在国际学校认证领域的合作（CIS、NCCT、NEASC、WASC，2003）。

NCCT寻求国际合作是因为国际学校认证的实施需要专业规范的支撑，而在寻求国际合作的过程中，又受到了事业单位对政府部门依附性的影响和在华国际学校认可的影响。例如，NCCT在与CIS、NEASC和WASC的谈判中，对主体地位的争取；与CIS、NEASC和WASC签署的合作框架协议要请教育部国际合作与交流司审核；NCCT为了尽快获得在华国际学校的认可，除了NEASC和ECIS外，又将WASC发展为合作伙伴。

第四节　组织场域的结构化

迪马吉奥曾经提出，组织场域的结构化过程由以下四个部分构成：场域中组织间互动程度的增加；组织之间明确的支配结构和联盟模式的出现；场域中的组织必须得到满足的信息量的增加；在共同参与某一任务的系列组织内部的参与者之间相互了解或共识的形成（迪马吉奥、鲍威尔，2008）。下面我们就用这四个维度来检验国际学校认证制度向中国移植的组织场域的结构化。

一、组织间互动程度的增加

从 2000 年 8 月到 2002 年年底两年多的时间里，各相关主体围绕国际学校认证制度向中国移植进行了频繁的交流。其间，NCCT的负责人与教育部国际合作与交流司的负责人进行了一次正式沟通，两个单位处室之间沟通多次。NCCT先后向教育部国际合作与交流司递交了 4 份报告，并得到回应。2002 年 9 月 11 日下午，教育部副部长章新胜听取了NCCT关于在华国际学校认证工作准备情况的汇报，并对其前一阶段的准备工作给予了充分肯定。NCCT受教育部国际合作与交流司的委托，组织专家就修改《关于开办外籍人员子女学校暂行管理办法》赴上海、广州、深圳、青岛和大连进行调研。特别是在 2002 年 2 月 10 日，教育部发布了《关于印发〈教育部基础教育课程教材发展中心职责任务、管理体制、机构设置和人员编制方案〉的通知》（教人［2002］1 号），明确规定："经政府部门批准，承担对在华外籍人员子女学校的评估认证工作。" 在此期间，ECIS、NEASC 和 WASC 的人员先后 3 次访问NCCT，NCCT的人员有 1 次访问 NEASC 和 WASC，1 次作为观察员参加 NEASC/ECIS 在泰国组织的考察活动，1 次随教育部代表团赴东南亚考察国际学校认证情况；NEASC、ECIS、WASC 和NCCT召开了第一次四方会议，在会议期间，教育部副部长章新胜接见了上述三个机构的代表。在此期间，NCCT先后 2次到在华国际学校调研，并向 3 所在华国际学校征求对认证文件的意见，对北京京西学校和天津 MTI 国际学校进行了认证试点。北京京西学校作为咨询者、协助者和协调者参加了NCCT与上述三个机构的所有交流活动。

二、组织间明确的支配结构和联盟模式的出现

在国际学校认证制度向中国移植的初期，主要利益相关主体形成了以NCCT为中心的组织场域（见图 4 - 1）。

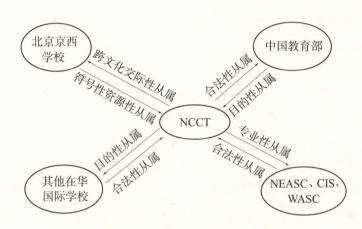

图 4 - 1　国际学校认证制度向中国移植的组织场域

从图 4 - 1 来看，NCCT 对中国教育部是合法性从属关系，NCCT 开展在华国际学校认证必须得到中国教育部的认可和支持；中国教育部对 NCCT 是目的性从属关系，希望通过 NCCT 开展在华国际学校认证，创新国际学校管理机制，加强对在华国际学校的管理。NCCT 对北京京西学校是跨文化交际性从属关系，NCCT 与 CIS、NEASC 和 WASC 的合作需要北京京西学校的协助和协调，以弥补其在语言、跨文化交际等方面的不足；北京京西学校对 NCCT 是符号性资源性从属关系，希望通过 NCCT 开展在华国际学校认证，改善这类学校的发展环境。NCCT 对 CIS、NEASC 和 WASC 是专业性从属关系，NCCT 要在中国高起点、高水平地从事国际学校认证工作，并赢得在华国际学校的认可，需要上述专业机构的认可和支持；而 CIS、NEASC 和 WASC 对 NCCT 是合法性从属关系，这些机构在中国从事国际学校认证活动，需要了解中国国情，并得到有中国官方背景的教育权威机构的支持。对此，阎凤桥（2007）曾做过如下评论：

NCCT 愿意与 CIS、NEASC 和 WASC 合作是容易理解的，因为后者积累了丰富的学校认证工作经验，其专业水准赢得了许多国际学校的认可，与这些机构合作容易打开工作局面，并且有一个较高的工作起点。但是

CIS、NEASC 和 WASC 为什么愿意与 NCCT 合作呢？……首先是因为北京京西学校的引见作用，使得外国学校认证机构与 NCCT 合作有了一个好的开端。其次，与 NCCT 的组织性质有一定的关系。……美国同行对于 NCCT 是教育部所属的非官方组织的特殊属性（既具有合法性和权威性，又具有独立性）表示特别的认同。最后，与 NCCT 合作，使得外国学校认证机构可以收到单独开展学校认证所无法收到的效果。可以说，每一个学校认证机构都有不为其他学校认证机构所取代的特殊价值，外国学校认证机构比较熟悉国际学校的教学内容、质量标准和校内管理，可以在教学和管理业务工作上对于国际学校提供帮助，而 NCCT 更了解中国的法律和社会规范，能够帮助其解决在中国境内办学中遇到的一些问题。几个机构之间的合作，更有效地促进国际学校的全面发展。

三、信息量的增多

信息量的增多往往跟相关主体之间互动程度的增加是密切相关的。组织之间的交往、资料的交换、信件的往来（主要是电子邮件）、对考察团成员的联合培训等，促进了各个相关主体之间信息量的增多。例如，2001 年 5 月和 11 月，NEASC 的侃爱华对 NCCT 的访问，以及 2002 年 3 月，WASC 的马丽玲对 NCCT 的访问，给 NCCT 带来了许多国际学校认证资料；2002 年 3 月，NCCT 的认证文件研制完成后，NCCT 又将这些文件分别送给 ECIS、NEASC 和 WASC；2002 年 4 月和 2002 年 10 月，NCCT 分别请北京京西学校校长莫约翰和 NEASC 的侃爱华、ECIS 的认证顾问施大伟先生、WASC 的马丽玲对 NCCT 的考察人员进行了培训；2000 年 8 月至 2002 年年底，NCCT 与 ECIS、NEASC 和 WASC 的往来信件达到 26 封。

四、各个组织参与者共识的形成

从 2000 年 8 月到 2003 年 8 月，北京京西学校、NCCT、中国教育部国际合作与交流司、NEASC、ECIS、WASC 以及其他国际学校围绕在中国实施国际学校认证制度进行了长达三年的互动。各个组织的参与者从各自的立场出发，经过沟通、学习、讨论，对国际学校认证制度在中国实施的相关方面逐步形成了共识，特别是对国际学校认证制度向中国移植的方向和策略达成了共识。互动过程成为各个组织参与者共识形成的过程。四方《合作框架协议》是各方参与者共识的集中反映，虽然《合作框架协议》是NCCT与CIS、NEASC和WASC签署的，但中国政府部门、在华国际学校的意志在互动过程中已经渗透其中。

（一）移植方向的明确

国际学校认证制度向中国移植的组织场域的结构化过程，使在华国际学校认证制度未来的功能定位进一步明确。CIS、NEASC和WASC国际学校认证制度的功能概括起来有两个方面：一是向社会提供学校教育质量的证明，证明这所学校的质量是信得过的；二是促进学校的持续发展。但是在NCCT为开展在华国际学校认证工作寻求并获得中国教育部认可的过程中，其功能定位已经增加了"规范管理"的内容（后来将NCCT在华国际学校认证的功能定位为"规范管理，保证质量"）。NCCT在给教育部国际合作与交流司一系列申请认可的报告中，一个重要的理由是：教育部国际合作与交流司可以通过认证手段加强对在华国际学校的管理。教育部国际合作与交流司认可了这一理由。这可以在教育部国际合作与交流司给NCCT的批复中，以及该司有关负责人及其相关处室负责人后来的谈话中得到印证。NCCT在2002年制订的《外籍人员子女学校认证办法（试行）》的第一条强调认证的目的是"为完善对外籍人员子女学校的管理"，而不是国际学校认证的一般目的——质量保证和学校发展；在《外籍人员子女学校认证标准（试行）》中，还特别强调了：（1）学校在运行过程中，遵守中国有关法律、法规的情况；（2）学校通过课程设置，让学生了解中国文化的情况；（3）教学评价的情况；（4）学校与家庭、社区的关系（NCCT，2002）。2003年，NCCT与CIS、NEASC和WASC签署的《合作框架协议》规定："NEASC、CIS

和 WASC 理解、接受和支持NCCT的《外籍人员子女学校认证办法（试行）》《外籍人员子女学校认证标准（试行）》和《外籍人员子女学校认证申请表（试行）》。"标志着NCCT在华国际学校的功能定位——规范管理，保证质量，已经得到 CIS、NEASC 和 WASC 的理解、接受和支持。

（二）移植策略的形成

国际学校认证制度向中国移植的组织场域的结构化过程，也形成了国际学校认证制度向中国移植的策略。NCCT与 CIS、NEASC 和 WASC 共同签署的《合作框架协议》标志着该组织场域的结构化。组织场域的结构化不仅将组织场域内各利益相关主体所形成的结构化权力关系法律化，同时也将在组织场域形成过程中，各利益相关主体关于国际学校认证制度向中国移植所形成的共识（包括制度移植策略）法律化。《合作框架协议》从总体上确立了国际学校认证制度向中国移植的合作策略，并在总体策略之下提出了一系列制度移植的具体策略。这些策略包括：（1）相互承认和借鉴；（2）相互沟通；（3）人员交流；（4）联合培训；（5）发展联合认证程序。其中心策略是国际学校认证制度向中国移植的途径，即"简捷认证"和"联合认证"。

在国际学校认证制度向中国移植的起始阶段，利益相关主体通过互动形成了功能性组织场域，并伴随着功能性组织场域的形成，就制度移植的方向和策略达成了共识。利益相关主体关于制度移植的方向和策略是各个利益相关主体背负的制度逻辑相互作用的结果。国际学校认证制度向中国移植的方向——"规范管理，保证质量"，既保持了西方学校认证保证质量的传统，又体现了中国政府部门规制的要求。国际学校认证制度向中国移植的总体策略——合作，体现了各种制度逻辑间的相辅相成。教育部对NCCT的授权以及对四方合作框架协议的认可，使国际学校认证制度向中国移植获得了合法性；作为事业单位和"认证机构"角色的NCCT可以平衡各利益相关主体的利益,特别是来自政府部门和国外学校认证机构之间的利益;国外学校认证机构可以提供专业规范;在华国际学校申请NCCT认证可以为国际学校认证制度向中国移植提供前提。国际学校认证制度向中国移植组织场域的结构化,使组织场域范围内的相关主体成为利益相关主体,并且使组织场域层面存在着张力、矛盾和冲突。这是国际学校认证制度向中国移植的直接动力。

第五章 简捷认证时期的制度调整

本研究根据NCCT在华国际学校认证所经历的认证方式，将NCCT在华国际学校认证的发展划分为简捷认证（2000—2005）时期和联合认证（2005—2010）时期。本章将分析：在简捷认证时期，受多重制度逻辑的相互作用，NCCT何以选择简捷认证方式，利益相关主体如何合作互动对相关制度要素进行调整，以及国际学校认证制度相关要素被调整过程中所产生的合法性危机。

第一节 简捷认证的选择

简捷认证是国际学校认证制度被移植到中国的初期，对已经通过NEASC/ECIS、WASC、WASC/ECIS认证的在华国际学校认证所采取的一种认证方式，其主要做法是缩短学校自评时间，简化学校自评内容。学校自评内容主要关注前一个认证机构认证以来，学校针对NCCT《外籍人员子女学校认证标准（试用）》各方面的进展情况以及前一个认证机构考察时所提改进意见的改进情况。

2002—2005 年，NCCT使用简捷认证方式共认证了 5 所在华国际学校。从对这 5 所学校认证的情况来看：（1）自评时间与 CIS、NEASC 和

WASC 相比普遍缩短。5 所学校的自评时间最短的为 2 个月，最长的为 8 个月，而 NEASC/ECIS 和 WASC 的学校自评时间为 18 个月。（2）自评内容重点突出。简捷认证自评内容侧重 NEASC/ECIS、WASC 最近一次认证以来，学校针对NCCT《外籍人员子女学校认证标准（试用）》各方面工作的进展情况，以及 NEASC/ECIS 和 WASC 考察报告所提改进意见的改进情况。（3）用进展报告代替自评报告。NCCT要求在华国际学校在自评结束时，向其提交进展报告。（4）邀请 CIS、NEASC 和 WASC 的专家担任考察团副团长。2002—2005 年，NCCT 先后邀请了 5 位来自 CIS、NEASC 和 WASC 的认证专家担任NCCT考察团的副团长。

　　NCCT为什么在国际学校认证制度被移植到中国的初期，采用简捷途径的认证方式呢？这是NCCT受多重制度逻辑相互作用的结果。NCCT开展在华国际学校认证得到了教育部的授权，并得到了教育部国际合作与交流司的大力支持，这是NCCT开展在华国际学校认证的前提。除此之外，NCCT开展在华国际学校认证还受到了国际学校认证专业规范和在华国际学校认可的影响。

　　NCCT在开展在华国际学校认证之初，尚不具备独立开展学校认证的专业能力。虽然学校认证在国外，特别是在美国有一百多年的历史，但是当时中国还没有真正意义上的学校认证。NCCT开展在华国际学校认证是从零开始，不仅缺乏实践经验，也缺乏对学校认证的理性认识。例如，NCCT的管理者只是在 2000 年开始探索对在华国际学校认证时，通过翻译和阅读 NEASC/ECIS 国际学校认证的一些资料，才对学校认证的基本理念和做法有了一些基本了解。当时，NCCT还缺乏一支训练有素、具有较高专业水平的认证候选考察人员队伍。在 2002 年 5 月开始对在华国际学校进行认证试点之前，才匆忙请各地推荐了 12 位认证候选考察人员。因此，NCCT认证 CIS、NEASC 和 WASC 认证过的学校，缩短自评时间、简化自评内容，并在考察过程中聘请 CIS、NEASC 和 WASC 的专家担任考察团副团长，可以弥补NCCT专业能力的不足。

　　NCCT要开展在华国际学校认证，还要得到在华国际学校的认可。在华国际学校由于其办学面向世界，与国际社会保持着密切联系，其对国际上的国际学校认证并不陌生。如第三章所述，在NCCT在华国际学校认证试点之前，中国大陆已经有十几所国际学校申请了 NEASC/ECIS 或 WASC 的认证。但是，这些学校对于接受中国教育机构的认证有疑虑，主要是对NCCT以及NCCT在华国际学校认证不了解。从NCCT在认证试点前对一些在华国际学校的调查来看，这些学校的疑虑主要包括两个方面：（1）担心NCCT会用中国政府部门督导其公办学校的方式对它们进行评估；（2）担心NCCT会完全用中文对学校进行评估，这样会给这些以英语为工作和教学语言的学校带来很大麻烦和负担。可见，当时的在华国际学校尚缺乏对NCCT以及 NCCT认证的认知。NCCT认证 NEASC /ECIS 或 WASC 认证过的学校，借助 CIS、NEASC 和 WASC 的社会声望，让这些学校感到NCCT开展的国际学校认证与 CIS、NEASC 和 WASC 的做法是一致的，这样可以打消这些学校的顾虑。同时，NCCT的管理者考虑到，由于经过 NEASC/ECIS 或 WASC 认证的国际学校熟悉国际学校认证的基本规则和做法，NCCT再对这类学校认证可以规避不必要的风险。

NCCT对简捷认证的选择不是单一制度逻辑影响的结果，而是政府部门的制度逻辑、事业部门的制度逻辑、学校认证领域的制度逻辑以及国际学校领域的制度逻辑相互作用的结果。

第二节　简捷认证准备中的制度调整

在简捷认证时期，在华国际学校认证的实施，首先受到了政府部门的强烈影响。在进行认证之前，NCCT围绕政府部门对开展在华国际学校认证工作的期待——通过认证规范学校的办学行为，对在华国际学校认证制度的相关要素进行了调整。

一、认证功能和周期的调整

国外学校认证的功能主要是向社会提供学校教育质量的证明，促进学校的可持续发展。但是，NCCT在引入国际学校认证制度之初，除了保留国外学校认证的已有功能外，又附加了"规范管理"的内容，将在华国际学校认证的功能定位在"规范管理，保证质量"。与其他制度要素相比，NCCT在华国际学校认证的功能定位调整是最早的。在一定程度上讲，NCCT在华国际学校认证功能的调整在NCCT向教育部国际合作与交流司正式提出申请之时就已经明确，在获得批准的过程中得到了教育部国际合作与交流司的确认。NCCT在2001年1月2日给教育部国际合作与交流司关于申请承担在华国际学校认证工作的报告中，阐述了借助认证手段加强对在华国际学校管理的重要意义。这份报告中提到：

通过对在华国际学校的评估认证，可以使这些学校了解并遵守中国的相关法律、法规。由于意识形态不同，在华国际学校的教学内容往往有意无意地涉及一些政治问题。通过对这些学校的评估认证，可以对这些学校的教学内容进行及时了解和有效防范。

NCCT在同年3月20日，向教育部国际合作与交流司提交的可行性报告中，再次阐述了通过评估认证加强对在华国际学校管理的重要性。NCCT于2002年3月发布的《外籍人员子女学校认证办法（试用）》总则第一条开宗明义："为完善对外籍人员子女学校的管理，根据中华人民共和国国家教育委员会《关于开办外籍人员子女学校的暂行管理办法》等有关法律、法规，特制定本办法。"同时，就"规范管理"的内容在《外籍人员子女学校认证标准（试用）》（2002）中提出了具体要求。

那么，"规范管理"是不是NCCT准备开展在华国际学校认证的最主要的目的呢？当然不是。NCCT准备开展在华国际学校认证的目的主要不是出于"规范管理"，而是扩展职能和增长点。NCCT之所以强调评估认证对于"规范管理"的重要性，是为了体现教育部国际合作与交流司对在华国际学校管理的意志，获得开展在华国际学校认证的合法性。否则，如果教育部国际合作与交流司认为，NCCT开展这项工作对于他们的工作没有任何好处，他们是不会同意NCCT的申请的。因此可以说，NCCT对在华国际学校认证"规范管理"功能的附加是NCCT获得政府部门认可的基础，而NCCT在华国际学校认证"规范管理"的功能则是NCCT在华国际学校认证在中国存在的生命线。

CIS/NEASC 的认证周期是 10 年，WASC 的认证周期是 6 年，而NCCT将认证周期调整为 5 年。由于NCCT与 CIS、NEASC 接触较早，NCCT在华国际学校认证体系主要借鉴了 NEASC/ECIS 国际学校认证第六版的认证体系。NCCT的认证周期是参照 NEASC/ECIS 的认证周期进行调整的。NCCT之所以将在华国际学校的认证周期调整为 5 年，这是由在华国际学校的发展阶段和NCCT在华国际学校认证的发展实际决定的。如第三章所述，在华国际学校在中国起步晚，发展快，相关法律、法规不健全，学校在发展过程中遇到许多困难和问题，学校的发展处于不稳定状态之中；NCCT在华国际学校认证刚刚起步，一切都处于摸索过程之中。适当缩短认证周期，有利于更好地适应处于快速变化中的在华国际学校的发展实际，也有利于NCCT尽快总结开展在华国际学校认证试点的经验，尽快建立在华国际学校认证体系。因此，适当缩短认证周期对于尽快建立在华国际学校认证制度和加强在华国际学校管理是比较明智的选择。

二、认证主体和组织体系的调整

首先，从NCCT开始出现在国际学校认证制度向中国移植的组织场域，就标志着国际学校认证主体的性质在中国的制度环境下开始发生变化。与NCCT合作的 CIS、NEASC 和 WASC 均为非营利的非政府组织，各个组织下设不同类别的学校认证委员会，组织机构实行董事会领导下的各个认证委员会高度自治的管理体制。而NCCT是具有独立法人资格的教育部直属事业单位。国际学校认证主体发生上述变化的主要原因是受到了中国行政管理体制的影响。中国是集权式行政管理体制，政府部门在社会生活中起着很强的主导作用，社会中介机构很不发达。当移植在西方社会特别是在美国的社会环境下生成的国际学校认证制度时，其实施主体的选择要受到中国社会环境的制约。选择个别社会中介组织来承担，在相关法律、法规不健全的情况下，要获得社会认可是比较困难的，移植活动也难以顺利进行；而中国的事业单位既具有政府背景，又是非政府部门，集专业权威与行政权威于一身，是实施主体的理想替代组织。

其次，认证的组织体系及其组成人员也发生了变化。CIS、NEASC 和WASC 学校认证委员会的组成人员，主要由来自教育协会、学校的人员组成，少量来自政府部门和社会公共部门。例如，WASC 学校认证委员会的26 名成员中，绝大部分成员来自教育领域的各类协会，1/7 的成员为非学校的社会公共部门（含政府部门）（WASC，2001）；NEASC 的海外美国学校和国际学校委员会共有 15 名成员，绝大部分来自大学、中小学和教育类协会，还有 2 名来自非学校的社会公共部门，仅有 3 名来自当地教育行政部门（NEASC，2002）；2002 年 6 月 18 日，NCCT在成立第一届在华国际学校认证委员会时，10 名成员中有 5 名来自教育行政主管部门，行政官员占到了总人数的一半。从认证组织体系来看，NCCT除了设置认证委员会以外，还特别设置了认证咨询委员会。2005 年 10 月，在认证委员会换届之际，徐永吉向莫景祺建议：考虑到NCCT在华国际学校认证工作已经逐步规范，为了体现公平和公正，建议行政官员退出认证委员会，多吸收一些在华国际学校代表进入认证委员会。莫景祺感到徐永吉的提议很有道理，并体会到了他作为一个政府官员的开放心态，但同时又感到在华国际学校认证工作是一项政策性很强的工作，还需要政府部门的指导，特别希望能够找到既符合国际规范，又能使教育行政主管部门的官员了解、指导NCCT在华国际学校认证的机制。为此，莫景祺与高兰生讨论过多次，他们还利用到上海出差的机会，征求有关专家的意见。上海中学校长唐盛昌建议可以成立一个认证咨询委员会，来解决政府官员了解和指导机制问题。莫景祺和高兰生认为这是一个很好的主意。随后，NCCT采纳了这一建议，并于 2005 年 10 月在成立第二届在华国际学校认证委员会时，同时成立了在华国际学校认证咨询委员会。认证咨询委员会的 9 名成员中，有 6 名来自教育部国际合作与交流司主管处室以及省级教育行政主管部门。NCCT每次召开在华国际学校认证委员会会议时，邀请在华国际学校认证咨询委员会委员列席会议，请他们了解和指导NCCT在华国际学校认证工作。从上述情况来看，无论是早期的认证委员会，还是后来专门成立的以政府官员为主体的认证咨询委员会，政府官员在NCCT在华国际学校认证组织体系中都占据了较大比例。

总之，NCCT在华国际学校认证主体和组织体系既体现了 CIS、NEASC 和 WASC 的非政府性和自治性特点，又受到了中国行政管理体制和政府部门的强烈影响。

三、认证标准的嵌入式改造

NCCT在华国际学校认证标准试用版，基本上沿用了 NEASC/ECIS 国际学校认证标准第六版的框架，保留了 NEASC/ECIS 国际学校认证标准第六版的大部分条目，增加了"教学管理"和"学校与家庭、社区关系"两部分。该标准总共88条，其中保留了 NEASC/ECIS 国际学校认证标准第六版中的78条，新增了10条（见表5–1）。该标准在内容上突出强调了在华国际学校应遵守中国的法律和法规，尊重中国人民的感情；鼓励学校将中国文化融入教学活动，以丰富学生的学习经历，同时还鼓励学校充分利用当地的文化资源来丰富学生的课堂及课外活动；鼓励学校与社区积极沟通，并建立良好关系。这种借鉴，可以说是一种"嵌入式"改造。

表5–1　NCCT在华国际学校认证标准试用版

与 NEASC/ECIS 国际学校认证标准第六版的比较

NCCT认证标准框架	新增条目
二、机构与管理	5. 领导机构和管理者遵守中国的法律和法规
四、课程设置	9. 作为中国境内的"在华国际学校"，应根据不同学段开设必要的、以了解中国文化为内容的课程，其中至少涉及以下三方面的内容：a. 掌握一些通用的汉语言文字；b. 了解一些中国文化(文字、艺术、民俗、传统、民族、历史)；c. 参加必要的以了解中国文化为内容的社会实践活动(参观、访问、服务、旅游) 10. 课程设置与学生使用教材的内容以相互尊重民族文化和民族感情为原则，享有充分的自主权，注意尊重学校所在地的风俗习惯

续表

NCCT认证标准框架	新增条目
六、教学管理	1. 学校在教学实践中不断吸收当前成功的教学实践经验 2. 学校有对教学人员教学水平进行评价的基本标准,并建立了对教学人员教学水平的评价制度 3. 学校将对教学人员教学水平的评价结果用于提高教学人员的专业水平
十五、学校与家庭、社区关系	1. 学校教职工与家长能保持和谐的关系 3. 学校与社区的关系融洽和谐 5. 学校利用社区的教育资源,扩大学生、教师和家庭的学习机会 6. 学校能与社区的其他学校保持经常性的交流

　　对 NEASC/ECIS 国际学校认证标准第六版的改造，是在NCCT的主导和其他利益相关主体的参与下进行的。NCCT在认证标准的改造过程中，征求了个别专家、NEASC、在华国际学校和教育部国际合作与交流司的意见（见表5－2），但对标准改造影响最大的是中国政府部门。例如，"机构与管理"和"课程设置"增加的内容突出体现了政府部门的意志。政府部门的影响不是来自标准的改造过程中，而是来自此前NCCT争取政府部门授权的过程，因为当标准草案报送教育部国际合作与交流司征求意见时，该部门并没有回复意见。"教学管理"和"学校与家庭、社区关系"增加的内容则更多受到了执笔者学术倾向的影响。NEASC 的侃爱华、在华国际学校没有提出实质性意见。个别专家针对"课程设置"提出的意见使政府部门的意志进一步具体化。

表5－2　NCCT《外籍人员子女学校认证标准（试用）》
的制订过程

时间	事　　件
2001－05－30	NEASC 的侃爱华访问NCCT，向NCCT赠送一些国际学校认证资料

续表

时间	事　件
2001 - 06	起草认证标准
2001 - 07 - 09	请英语专业人员翻译 NEASC/ECIS 提供的国际学校认证资料
2001 - 08 - 14	获得 NEASC/ECIS 使用其标准体系的版权许可
2001 - 08 - 14	召开在华国际学校评估研讨会，向专家征求意见
2001 - 08 - 29—09 - 15	向北京京西学校、北京耀中国际学校和北京 BISS 国际学校征求意见
2001 - 10 - 08	送教育部国际合作与交流司征求意见
2001 - 11 - 12—14	向 NEASC 的侃爱华征求意见
2002 - 03	请王燕、柯马凯帮助翻译
2002 - 03	完成认证标准的制订

NCCT在认证之前，对国际学校认证制度相关要素的调整，主要是围绕政府部门的期待进行的。这反映了政府部门的制度逻辑对制度实施的影响。

第三节　简捷认证实践中的制度调整

一、资格考察程序的增加

在简捷认证时期，NCCT增加了资格考察程序。资格考察程序的增加是针对NCCT在认证实践中所遇到的矛盾。NCCT最早引入的国际学校认证体系是 NEASC/ECIS 的认证体系第六版。NEASC/ECIS 第六版的认证程序包括初步考察、学校自评、考察团考察、认证决定和后续程序 5 个程序（NEASC/ECIS, 1997）。NCCT在借鉴其认证程序时沿用了这 5 个程序（NCCT, 2002），并在对前两所在华国际学校认证时，使用了这一程序。NCCT增加资格考察程序是在认证实践中受到政府部门意志的制约导致的。

2002 年，NCCT在组织考察人员对 TM 学校进行考察时，遇到了一个出乎预料的问题。

NCCT在接到 TM 学校的认证申请后，于当年 6 月 13 日与学校签订了认证协议，协议规定了每个认证程序的具体时间。当年 8 月 29—30 日，NCCT派两位考察人员对该校进行了初步考察，考察人员在考察过程中发现学校在对待宗教问题上存在着与现行中国法律严重不符的问题。对于这一问题，考察人员没有在初访报告中反映，而采取信函的方式向莫景祺做了反映。

……

有两个问题，我认为通过信函告诉你比较好。

第一是宗教活动问题。我们了解到以下情况：

该校正式的文字材料（例如手册和宣传材料）都明确声称"提供以基督教原则为基础的教学项目"，礼拜仪式和圣经课程是该校不可分割的部分，规定学生必须参加上述活动。礼拜仪式一周一次，圣经课程每天都有，计入学分。该校给我们的申报材料中未见上述内容。

以 9~12 年级为例，该校 2002—2003 年度课程大纲规定每学期有圣经课程，1/2 学分。开设的课程共 7 门，其中，"世界观点"课除了介绍基督教外也介绍马列主义等。

校长和参加座谈的教师认为，这个学校只是提供以基督教原则为基础的教学项目，并没有要求教师都信教，圣经只是作为知识来讲授。一位教科学课程的教师认为，应该既讲神创说，也讲进化论，让学生自己判断、取舍。一位教汉语的中国籍教师说，她不信教，学校没有要求她参加宗教活动，她的课没有宗教内容。

参加座谈的家长共 3 人。其中有一位来自新加坡，信奉基督教，认为自己的孩子应该进入基督教学校。另外两位家长，一位来自中国台湾，不信教；另一位来自新加坡，信奉印度教。他们认为，送孩子进入这个学校，除了可以就近入学外，主要是考虑到有基督教背景的学校纪律严，孩子不会学坏。他们并不希望孩子信奉基督教。

在巡视过程中，我们在公共场所没有看到宗教宣传品，也没有看到专门用于宗教活动的场所。学生午餐时没有祈祷仪式。

在去车站途中，我与司机聊天。该司机已经在该校工作 10 年。据司机讲，没有发现学校要求中国公民参加宗教活动，没有看到学校散发宗教宣传品、进行公开的传教活动。教师做礼拜是自己去教堂。

……

这一问题的出现使NCCT的管理者处于进退两难的地步。继续向下进行，按照NCCT在华国际学校认证标准，学校肯定不会通过认证。这有可能会在在华国际学校中产生误解，进而影响其他在华国际学校申请NCCT认证。停止向下进行，又违背双方签订的协议，也可能会在在华国际学校中产生NCCT不讲信用的误解。这两种情况对于NCCT刚刚起步的认证工作都有可能产生严重影响。这个问题一度使NCCT的管理者感到非常棘手。经过慎重考虑，NCCT最终还是选择了按认证程序向下进行的策略。

2002 年 11 月 16—20 日，NCCT派出考察团对学校进行考察。面对考察过程中遇到的宗教问题，学校的管理者和考察团成员都很紧张。学校的管理者紧张得有点无所适从，而考察团成员第一次遇到这类问题也感到很棘手。根据NCCT在华国际学校认证标准，学校的宗教问题有违《中华人民共和国教育法》"实行教育与宗教相分离"的规定。但是，NCCT不是政府部门的"检查团"，而是在中国的法律框架内促进学校发展的认证考察团。考察团遇到这类问题需要从专业团队的角度帮助学校遵守中国的法律。掌握好分寸确实需要讲究策略。尽管承受着很大压力，考察团团长和成员却表现出了很高的临场机智。考察团利用考察团中外国专家熟悉中西方文化的优势，请他与该校的决策者和校长进行了充分沟通。通过沟通，学校的决策者和管理者理解了中国的法律和NCCT考察团的出发点和态度，并对考察工作给予了积极配合。最终，考察工作顺利完成。但这件事情的影响并没有结束。当年12 月 27 日，NCCT在华国际学校认证委员会在审议该校的考察团报告和考察团关于对该校认证结果的建议报告时，各位委员针对考察团考察过程中遇到的宗教问题进行了热烈的讨论。

　　高兰生：对于国际学校的宗教问题，管比不管要好，比矛盾上交好，要促进其改进。认证是重要的监控手段，但不是唯一的办法。NCCT考察人员不是从行政官员的角度去说，而是从专家的角度去说。认证只是行政工作的参谋和补充，对其需要综合治理。这件事情对今后的认证工作有好处。今后去之前，要学习有关法律、法规，要有一个手册支撑。要对学校进行资格考察，并征求教育行政部门的意见。

　　张民选：认证委员会应对学校的宗教问题开展研究。如，学校使用宗教团体的钱行不行？

　　徐永吉：国际学校在中国办学要遵守中国的法律和法规。中国有关于外国人进行宗教活动的文件。认证是很好的活动，是行政管理的补充。

　　NCCT在华国际学校认证委员会最终建议NCCT授予学校有条件通过（第一档为通过认证，第二档为有条件通过，第三档为推迟认证）。对于授予该校的认证结果，NCCT的常务副主任徐岩非常谨慎。她为了就该校的认证情况以及认证结果与教育部国际合作与交流司政策规划处处长徐永吉、副处长田立新进行沟通，当天晚上在北京金台饭店等了很久，终于得到了徐永吉和田立新的理解。甚至后来NCCT对该校认证结果的函件也征求了教育部国际合作与交流司政策规划处的意见。这件事情虽然得到了妥善处理，并得到了相关方的理解，但对NCCT的管理者和考察团成员产生了深远影响。高兰生自第一次在NCCT在华国际学校认证委员会会议呼吁要在今后的认证程序中增加资格考察程序之后，又在不同场合多次表达了这一意见。

　　从对 TM 学校认证以后，NCCT开始实施资格考察程序。资格考察是由NCCT委派考察人员到学校了解学校的运行情况，为NCCT受理学校的认证申请提供依据的活动（NCCT，2008）。资格考察是在NCCT接到学校的认证申请后，由NCCT委派考察人员到学校了解学校是否是教育部审批设立的学校，学校的各种办学手续是否齐全，学校是否处于正常的运行状态。其考察结果作为NCCT受理在华国际学校认证申请的依据，目的是帮助学校以符合法定要求的办学手续和正常的运行状态进入认证程序。资格考察一般由1~2位考察人员，花费1~2天完成。

　　从资格考察程序产生的过程来看，NCCT的管理者对 TM 学校的宗教问题表现得非常谨慎和重视，一方面反映了NCCT的管理者对政府部门意见的重视和尊重，另一方面也反映了政府部门的政策和意见对事业单位的制约力量。

二、对同行评估的偏离

　　CIS、NEASC 和 WASC 强调同行评估。其参与国际学校认证的考察人员绝大多数为国际学校的校长、管理人员和教师。而NCCT考察人员在简捷认证时期的构成，则没有完全体现上述原则。2002 年 4 月，在NCCT选择的首批 12 位考察人员中，没有一位来自在华国际学校，其中有 3 位来自大学，4 位来自中小学，2 位来自教育科研机构，2 位来自政府部门，1位来自事业单位。2002—2005 年，NCCT使用简捷认证方式对 5 所在华国际学校的考察共派出了 38 人次（不包括从 CIS、NEASC 和 WASC 邀请的3 位专家），绝大部分考察团成员来自中国的中小学校、大学、教育科研机构和政府部门，而来自国际学校的仅有 4 人次（见表 5 - 3）。

表 5 - 3　2002—2005 年NCCT考察人员构成情况

来　源	人次	百分比（％）
在华国际学校	4	10.5
中国中小学	11	28.9
大学	14	36.8
教育研究机构	4	10.5
政府部门	4	10.5
NCCT	1	2.6
合计	38	100

　　从表 5 - 3 来看，NCCT 的考察人员中来自在华国际学校的比例只占到了 10.5%，而来自其他机构的比例占到将近 90%。与 CIS、NEASC 和 WASC 的考察人员绝大多数来自国际学校相比，NCCT 的考察人员来自在华国际学校的比例明显偏小。NCCT 考察人员的构成，对同行评估原则偏离的主要原因有以下三个方面：一是在开展认证之初，NCCT 在华国际学校认证管理者对 NEASC/ECIS 的认证体系缺乏完整、深入的理解，对同行评估缺乏深入体验和理解；二是 NCCT 在开展在华国际学校认证之初，对在华国际学校不熟悉，选择认证候选考察人员时是按基本条件在 NCCT 所熟悉的领域去选择的，例如，中国的中小学、大学、教育研究机构等；三是 NCCT 在华国际学校认证的着眼点是"规范管理，保证质量"，考察的重点是在华国际学校管理方面的内容，来自中国中小学、大学、教育研究机构，特别是中国政府部门的人员比起来自在华国际学校的人员来，对中国的有关法律和法规要熟悉得多，理解起来也容易得多。从偏离的原因来看，在 NCCT 对同行评估缺乏充分认知以及对国际学校不熟悉的情况下，NCCT 对考察人员的选择上主要受到了来自政府部门关于"规范管理"要求的影响。

　　NCCT 考察人员的构成对同行评估原则的偏离所带来的问题日益暴露出来。首先，影响了培训的效益。来自在华国际学校以外的考察人员对在华国际学校的内部管理、课程设置以及学校的文化不熟悉或没有体验，给培训工作带来了一定难度。对这类人员的培训，不仅要培训学校认证的理论、方法和技术，还要培训在华国际学校的有关内容。对有些内容的把握，只靠培训不能完全解决，要经过多次实地考察才能解决。因此，来自在华国际学校以外的人员经过培训、实地考察的锻炼，到完全具备认证候选考察人员的资格所花费的成本相对比较高，所付出的时间和精力相对比较多，并且到位率也比较低。据统计，2001—2005 年，NCCT 先后培训了 35 位认证候选考察人员，其中有 17 位主要因为语言和对国际学校不熟悉而退出了 NCCT 认证候选考察人员队伍。经过培训而没有成为认证候选考察人员最多的一次培训是 2004 年 5 月。在本次培训的 11 位人员中，有 7 位后来没有成为NCCT认证候选考察人员。其次，影响了考察质量。同行评估的好处是同行对所评估的领域比较熟悉，容易与学校沟通；所提建议比较到位，容易被学校接受，对学校的帮助往往比较大。由于NCCT的考察人员大部分来自在华国际学校以外的领域，许多考察人员对国际学校的内部管理、课程设置以及学校文化不熟悉，没有在这类学校工作的体验，所观察到的问题及所提建议可能缺乏针对性。难怪有的在华国际学校管理者有过这样的微词：NCCT在华国际学校认证对保证质量帮助不大，但有可能会给学校带来免税。对同行评估原则偏离所产生的问题，影响着在华国际学校对NCCT在华国际学校认证的认知，NCCT更希望在华国际学校将其看成提供质量保证的认证机构，而不仅仅被看作是协助政府部门加强对其管理的一般部门。

三、学习机制的构建

在华国际学校认证工作的要求和发展趋势，使NCCT在华国际学校认证管理人员的数量、国际交往能力及专业化水平一直面临着很大挑战。2004 年 9 月，NCCT的两位顾问莫约翰和侃爱华就NCCT在华国际学校认证工作向NCCT递交的一份报告中，专门就NCCT在华国际学校认证管理队伍的建设问题提出了建议。他们认为NCCT在华国际学校认证办公室要完成以下四项工作任务：（1）制订在华国际学校认证标准；（2）制订在华国际学校认证指南；（3）受理在华国际学校认证申请；（4）组织在华国际学校认证工作。近期，可能还要受理十几所学校的认证申请。在这种情况下，要确保有充足的管理人员来协调和支撑NCCT的决策力量，这是NCCT迎接这种专业化挑战的关键因素；在有效性方面，至少必须满足认证成功的挑战（John McBryde & Eva Kampits，2004）。NCCT两位认证工作顾问的建议是基于他们的观察的。的确，NCCT从 2000 年开始策划、实施在华国际学校认证以来，负责这项工作的管理人员一直是莫景祺一个人，莫景祺没有英语背景，也没有国际交往的经历。NCCT为此曾聘请过三位有英语背景的管理人员，都先后离去。NCCT面对这一困境，采取了

"借助外力"的做法，即充分发挥了专家的作用。

在简捷认证时期，NCCT遇到了一批想做事的人。有四位专业人员发挥了关键作用，弥补了NCCT认证管理人员数量不足和专业化水平不高的状况。这四个人包括：NCCT聘请的两位顾问——NEASC的侃爱华和北京京西学校的校长莫约翰；两位专家——北京京西学校人力资源部主任王燕和武汉大学教授高兰生。侃爱华和莫约翰以顾问身份侧重于在华国际学校认证发展战略的咨询、与 CIS、NEASC 和 WASC 的协调。除此之外，莫约翰还做了许多宣传NCCT在华国际学校认证和培训NCCT认证候选考察人员的工作。莫约翰对NCCT在华国际学校认证的咨询和协调工作，对NCCT在华国际学校认证的发展战略和认证实践产生了重要影响。莫约翰的协调工作包括两个方面：一是NCCT与在华国际学校之间的协调。莫约翰（2009 年 12 月 22 日晚）接受访谈时讲，当时提出开展在华国际学校认证的思路时，一些在华国际学校认为太难了，担心会失败。莫约翰自己也感到很难，这项工作涉及方方面面，很复杂。莫约翰在推动其他学校未果的情况下，只好拿自己的学校试点，来做给别的学校看。由于北京京西学校具有一定的声望，该校的做法对其他学校起到了示范作用。莫约翰在自己学校试点的基础上又动员其他几所在华国际学校申请了NCCT认证。可以说，在简捷认证时期，申请NCCT认证的在华国际学校都是莫约翰动员的结果。当在华国际学校对NCCT认证不了解，甚至产生误会时，也是由莫约翰出面协调的。例如，2003 年 11 月，莫约翰到吉隆坡参加 EARCOS 年会时，许多在华国际学校把他当成了NCCT的成员问问题。莫约翰通过解释相关问题，对NCCT在华国际学校认证起到了宣传和推广作用。二是NCCT与 CIS、NEASC 和 WASC 之间的协调。2001—2005年，莫约翰几乎参加了NCCT与 CIS、NEASC 和 WASC 的所有交流活动（见表 5 - 4）。

表5-4 2001—2005年莫约翰在NCCT
与CIS、NEASC和WASC之间的主要协调活动

时间	活动	作用
2001-05-30	陪同NEASC的侃爱华博士和理察·曼德维尔博士访问NCCT，探讨双方合作问题	引见
2001-10-13—19	与王燕陪同莫景祺观摩NEASC/ECIS考察团对泰国the Bangkok Patana School的考察	协调NEASC/ECIS，提供学习机会
2002-03	在波士顿参加活动	协调ECIS和NEASC、NCCT的合作
2002-03-25	陪同WASC执行副主任马丽玲博士访问NCCT	引见WASC与NCCT合作
2002-06-22—29	与王燕一起陪同莫景祺参加在美国波士顿召开的NEASC/ECIS的联合年会，顺便访问了位于美国旧金山的WASC	宣传NCCT在华国际学校认证，协调达成签署合作协议意向
2003-10-31	参加第一次四方会议	协调
2003-11	受NCCT委派，以NCCT顾问身份到吉隆坡出席2003年度四方会议	带回CIS和NEASC将使用第七版的消息。向与会学校宣传推广了NCCT在华国际学校认证
2004-09-24	与莫景祺、NEASC的侃爱华博士、王燕研讨NCCT在华国际学校认证的发展计划	与侃爱华共同提出了NCCT在华国际学校认证发展计划报告
2004-10-30—11-02	参加在胡志明市召开的四方会议	协调认证标准使用问题
2005-04-05	参加在上海中学召开的四方会议	协调认证标准使用问题
2005-11-04—05	参加在三亚召开的四方会议	协调认证标准使用问题

由于文化和意识形态差异，NCCT与CIS、NEASC和WASC四方的合作有时会产生不协调的问题。莫约翰作为国际学校认证专家，利用其熟悉西方文化和了解中国文化的优势，在王燕的协助下，对四方关系进行了积极的调解。

王燕和高兰生所发挥的作用侧重于在华国际学校认证的日常工作。王燕以NCCT海外协调员的身份，几乎参与了NCCT与CIS、NEASC和WASC所有的日常沟通和协调工作以及重要活动。她的主要作用包括：（1）沟通和协调NCCT与CIS、NEASC和WASC的日常事务，例如，NCCT与其他三方往来的信件以及重要会议的安排；（2）帮助翻译NCCT的一些相关文件；（3）与NCCT认证管理人员一起参加四方的一些重要会议和活动；（4）承担NCCT的一些研发工作；等等。高兰生偏重于在华国际学校认证的研发工作，他的主要作用包括：（1）参与制订认证标准、程序和相关管理工具；（2）受NCCT委托承担相关的研究工作；（3）开展认证工作调研；（4）代表NCCT出访和参加一些重要会议；（5）代表NCCT对认证候选考察人员和学校员工进行培训；等等。

在简捷认证时期，NCCT还通过对认证候选考察人员的培训，提高其专业水平。NCCT对考察人员的培训呈现以下特点：一是以NCCT独立培训与外方培训相结合。2002—2005年，NCCT组织各种培训（包括与CIS、NEASC和WASC的联合培训和NCCT的独立培训）达6次，其中NCCT独立组织的培训和邀请合作方组织的培训各有3次；培训认证候选考察人员达72人次（见表5-5）。二是在培训内容上将国际学校认证的一般理论、方法和技术与NCCT在华国际学校认证的特殊性结合起来。NCCT请CIS、NEASC和WASC的专家介绍国际学校认证的一般理论、方法和技术。例如，如何成为一名合格的考察团成员，包括实地考察程序、如何收集信息、如何分析信息、如何撰写考察团报告、考察人员在考察过程中的责任和义务、考察人员的纪律等。同时，NCCT也培训了有关在华国际学校管理的法律、法规和政策，以及如何理解和使用NCCT的认证标准。NCCT为此还专门编辑了《外籍人员子女学校应知中国法律法规汇编》，供考察人员参考。

表5-5 2002—2005年NCCT对认证候选
考察人员的培训情况

年份	地点	方式	培训内容	人数（人）
2002-04	北京	独立	国际学校认证的程序、方法和技术，在华国际学校发展状况及其政策，NCCT在华国际学校认证的办法和标准	12
2002-10	北京	ECIS、NEASC、WASC	学校自评、考察团考察	15
2003-09	北京	独立	NCCT自评手册和考察团手册，布置对ISB认证的事宜	22
2004-03	北京	WASC	WASC考察团考察	2
2004-05	北京	独立	在华国际学校认证的理论与实践、NCCT考察团考察、NCCT在华国际学校认证	11
2005-03	北京	CIS	CIS/NEASC国际学校认证标准第七版	10

在这一时期，NCCT加强了与CIS、NEASC和WASC的交流。NCCT与上述机构交流不断，往来频繁。其中，各种形式的往来达到16次，平均每年达到4次。同时，NCCT还组织专家开展了在华国际学校认证的应用研究，取得了一批科研成果（见表5-6）。

表5-6 2002—2005年NCCT在华国际学校
认证研究成果

年份	研究成果	研究人员
2002	《外籍人员子女学校认证办法（试用）》、《外籍人员子女学校认证标准（试用）》、《外籍人员子女学校认证申请表（试用）》	莫景祺　王燕

续表

年份	研究成果	研究人员
2003	《外籍人员子女学校自评手册（初稿）》	王燕 莫约翰
	《外籍人员子女学校考察团手册（初稿）》	高兰生
	《外籍人员子女学校应知中国有关法律法规汇编》	王燕 陈启德
2004	《中国外籍人员子女学校认证系统研究报告》	莫景祺 高兰生
2005	《关于成立教育认证机构的可行性报告》	莫景祺
	《中国背景标准》《四方联合认证指南》	高兰生与外方合作

NCCT采取的发挥专业人员的作用、加强对外交流、对考察人员的持续培训以及组织应用性研究等一系列措施表明：NCCT在简捷认证实践中，其认证的专业水平和专业能力受到了 CIS、NEASC 和 WASC 国际学校认证专业规范的很大挑战。NCCT希望通过学习机制的构建，增加NCCT在华国际学校认证管理人员和考察人员国际学校认证的知识储备，提高他们的专业化水平，在短时间内迅速缩短与 CIS、NEASC 和 WASC 专业人员的差距，提升 NCCT在华国际学校认证在在华国际学校以及在 CIS、NEASC 和 WASC 中的地位。

四、认知的变化

国际学校认证被引入中国后，各利益相关主体对NCCT在华国际学校认证的认知，与对 CIS、NEASC 和 WASC 国际学校的认知相比，发生了变化。CIS、NEASC 和 WASC 认证最被看重的是其带来的专业合法性；而由NCCT实施的在华国际学校认证最被看重的是其带来的行政合法性。

首先，教育行政主管部门将在华国际学校认证看作加强对在华国际学校管理的手段。如前所述，在华国际学校认证的功能定位早在NCCT向教育部国际合作与交流司申请授权的过程中就已经明确，即通过开展在华国际学校认证工作加强对在华国际学校的管理。在简捷认证时期，这一功能又被教育行政主管部门进一步强化，并逐步形成共识。在2002—

2005 年的几次认证委员会会议上，来自教育部国际合作与交流司主管处室以及地方教育行政部门主管处室的负责人多次强调在华国际学校认证对于加强在华国际学校管理的意义。2005 年 4 月 17 日，教育部国际合作与交流司政策规划处处长徐永吉在 NCCT 在华国际学校认证委员会会议上，第一次正式概括了 NCCT 在华国际学校认证的功能应该是"规范管理，保证质量"。2005 年 10 月 18 日，徐永吉在 NCCT 在华国际学校认证第二届认证委员会暨第一届认证咨询委员会成立会议上，再次重申 NCCT 在华国际学校认证的指导思想是"规范管理，保证质量"。这一功能定位既保留了国际学校认证制度已有的功能价值，又根据中国的实际附加了新的功能价值，将国外国际学校认证的一般理念与在华国际学校发展实际结合起来。

其次，CIS、NEASC 和 WASC 非常看重在华国际学校认证给其带来的行政合法性。尽管在 NCCT 开展认证之前，CIS、NEASC 和 WASC 对一些在华国际学校进行了认证，但从法律的角度来讲，这属于非法行为。也就是说 CIS、NEASC 和 WASC 在中国的认证行为与中国现行的法律存在着矛盾。根据 2010 年 7 月 2 日上午对北京大学法学院教授周俊业的访谈，民间组织进入中国受中国法律的管辖和保护，在华国际学校是中国法人，应受到中国法律的管辖和保护。CIS、NEASC 和 WASC 进入中国对在华国际学校进行认证，应该根据中国国务院的有关规定，向国家认证认可监督管理委员会提出申请，被认可后才有法律效力（国务院，2002；2003）。CIS、NEASC 和 WASC 在中国开展认证，尽管政府有关部门没有追究，但其违法事实是存在的。它们之所以与 NCCT 合作对在华国际学校进行认证，是因为 NCCT 是教育部直属事业单位，既具有政府背景，又是基础教育领域的一个权威机构，并具有独立法人资格，即具有合法性、权威性和独立性。这些能给它们带来行政合法性。CIS、NEASC 和 WASC 与 NCCT 签订的《合作框架协议》经过中国教育部有关部门的认可，使其在中国合作开展国际学校认证具有了合法性。后来，在 NCCT 与 CIS、NEASC 和 WASC 开展认证试点的过程中，有不少业内人士质询 CIS、

NEASC 和 WASC 在中国开展合作认证的法律基础，当被告知 CIS、NEASC 和 WASC 与NCCT签署了《合作框架协议》，并得到中国教育部有关部门的认可时，他们就表示了理解和认可。可见，CIS、NEASC 和 WASC 要进入中国拓展其国际学校认证市场，获得行政合法性是首要的，也是最重要的。

再次，在华国际学校也将申请NCCT认证作为提升其行政合法性的一个途径。第二章所述表明，在华国际学校在中国教育体系的地位比较边缘化，学校在办学过程中遇到了各种各样的困难和问题，学校需要改善其生存和发展环境，而改善的前提是提升其在中国教育体系中的地位。一些接受过NCCT认证的在华国际学校负责人谈道：通过申请NCCT认证能够获得中国教育权威部门的认可，可以提升学校在政府部门乃至在中国社会环境中的地位，甚至能够给学校带来实实在在的利益［2009 年 7 月 21 日下午对王燕；2009 年 11 月 4 日下午对池铮铮；2009 年 12 月 22 日晚对莫约翰；2010 年 4 月 6 日下午对蒂姆·麦克唐纳（Tim McDonald）］。王燕在上述时间接受研究者本人访谈中谈到申请NCCT认证给在华国际学校带来的好处时认为，北京京西学校申请NCCT认证的一个最大好处是使这所学校脱颖而出，成为国内一所出类拔萃的学校，成为一所模范学校，社会口碑非常好。由于在华国际学校家长很在乎是否有NCCT认证，因此学校经NCCT认证后，招生数明显增多。还有的在华国际学校将申请NCCT认证与解决它们所面临的困难和问题联系起来。例如，在在华国际学校的圈子中一直以来有一种说法，即申请NCCT认证可以免除营业税。这种说法来源于NCCT在华国际学校认证所产生的效应。由于历史原因，在华国际学校是否是实施学历教育的学校，中国政府部门一直没有明确。按照中国税法的相关规定，这些学校不能享受相关的税收优惠政策。① 北京

---

① 根据国务院 1993 年发布的《中华人民共和国营业税暂行条例》第六条规定，"学校和其他教育机构提供的教育劳务"可以免征营业税。根据财政部 1993 年《中华人民共和国营业税暂行条例实施细则》第二十六条规定，"所称学校及其他教育机构，是指普通学校以及经地、市级以上人民政府或者同级政府的教育行政部门批准成立、国家承认其学员学历的各类学校"。

京西学校通过获得NCCT认证解决了长期困扰其要缴纳营业税的问题。北京京西学校于2002年通过NCCT认证后，北京市教委根据NCCT的认证结果，于2003年11月5日批复该校，确认该校为学历教育的学校。北京京西学校持该批复到北京市地税局依法申请办理了免除营业税。随后，北京顺义国际学校也按此方式申请免除了营业税。这种根据NCCT的认证结果免除营业税的模式在在华国际学校中影响很大。虽然NCCT不完全认同这种说法，其认证管理者和考察人员一再声明：NCCT对在华国际学校认证的初衷不是为了免除在华国际学校的营业税，通过NCCT认证是否可以免除营业税完全取决于各地相关政府部门是否承认NCCT的认证结果。但这一现象表明了NCCT认证对于在华国际学校获得政府部门认可，提升其行政合法性的重要性。

在简捷认证实践中，对资格考察程序的增加、对同行评估原则的偏离、对NCCT在华国际学校认证认知的变化反映了政府部门的制度逻辑对制度实施的影响。同时，我们也发现，NCCT通过建立不同的学习机制加强了向 CIS、NEASC、WASC 以及在华国际学校的学习。这也反映了在简捷认证实践中，制度实施还受到了来自学校认证领域制度逻辑和来自国际学校领域制度逻辑的影响。

第四节　简捷认证实践中的合法性危机

在简捷认证实践初期，NCCT在华国际学校认证实践中相对国外国际学校认证的专业规范出现了一些失范现象。同时，国际学校认证制度的相关要素被调整以后，出现了NCCT与 CIS、NEASC 和 WASC 在标准框架、认证周期、认证进程不一致的现象。这在一定程度上引发了NCCT在华国际学校认证的社会合法性和专业合法性危机。

一、认证实践中的失范现象

在简捷认证实践中，NCCT在华国际学校认证出现的一些失范现象，首先表现在考察人员工作方式上的失范。例如，2001 年 1 月 30 日至 2 月 1 日，NCCT派莫景祺等三位考察人员对北京京西学校进行了初访。考察人员刚进入北京京西学校时，由于缺乏对国际学校进行考察的经验，所采取的工作方式不够妥当，给学校的感觉是以中国政府派出检查工作人员的姿态出现，居高临下，引起了学校成员的反感。莫约翰感到情况不好，连夜将这个消息及时传递给莫景祺和其他成员，并且亲自拟订了第二天需要使用的适当的谈话提纲，考察人员在第二天开展工作时即转变了姿态，以同行的身份与学校教师进行平等对话与交流，避免了开局的不利（阎凤桥，2007）。出现这一现象的主要原因是当时NCCT考察人员的观念还不适应在华国际学校认证工作的需要。

其次，表现在学校自评失范。例如，在这一时期认证的一些学校的进展（自评）报告没有充分体现NCCT在华国际学校认证标准框架的要求，也缺乏统一的具体体例。北京京西学校的进展报告没有基于NCCT《外籍人员子女学校认证标准（试行）》的框架，而是基于 NEASC/ECIS 国际学校认证标准第六版的框架，更没有突出NCCT所强调的内容。考察团对北京京西学校考察报告的结构有所简化，按NCCT《外籍人员子女学校认证办法（试用）》的要求，对在华国际学校考察报告的结构应该包括：前言、针对认证标准每部分的报告、主要的优势与建议。其中，针对认证标准每部分报告的结构又包括描述、理解、优势与建议四个方面，但考察团却省去了"优势"和"建议"两部分。天津 MTI 国际学校的自评没有与 WASC 的认证相衔接。学校自评的进展报告，只是基于NCCT《外籍人员子女学校认证标准（试用）》的每部分进行了简单的回应，并特别回应了NCCT所强调的四个方面的内容。北京顺义国际学校向NCCT提交的自评进展报告没有基于NCCT《外籍人员子女学校认证标准（试用）》框架，而是基于 NEASC/ECIS 国际学校认证标准第六版的框架。

2003 年 2—7 月，NCCT《外籍人员子女学校自评手册》和《外籍人员子女学校考察团手册》编写完成，特别是《外籍人员子女学校自评手册》对 2002 年以来简捷途径的经验和教训进行了系统总结，进一步规范了简捷认证的操作。接下来，在对北京 BISS 国际学校和上海长宁国际学校的认证中，简捷途径已经趋于规范，但仍然缺乏精细化要求。例如，学校之间在自评进展报告的总体结构上是一致的，但针对NCCT在华国际学校认证标准每部分进展的表述不尽相同。北京 BISS 国际学校在阐述针对NCCT每部分认证标准的进展时，包括进展的陈述、主要证据以及WASC 认证时其自评报告和 WASC 中期考察报告所涉及的相关内容的提示。上海长宁国际学校在阐述针对NCCT每部分认证标准的进展时，对于与 WASC 考察报告中相同的内容利用 WASC 考察报告中的内容做了回应，对于 WASC 考察报告中未涉及的内容单独进行了阐述，针对每部分标准进展的阐述包括评定表、结论陈述、改进计划等。造成在华国际学校自评失范的主要原因是NCCT缺乏对学校自评的有效指导。在这一时期，NCCT对在华国际学校的初步考察主要是向学校明确认证程序，考察学校是否为学校自评和考察团考察做好了准备（NCCT，2002）。这一阶段初步考察的目的与后来NCCT的初步考察相比，缺乏对学校关键人物关于如何开展自评的指导与培训。初步考察阶段对学校自评培训和指导的缺失，直接导致了一些学校自评失范现象的发生。

再次，有的考察人员缺乏实地考察经验。通过对这一时期接受过NCCT认证的在华国际学校负责人的访谈了解到，有的考察人员对于在考察中如何抓主要问题、如何去问问题、如何写报告等还比较欠缺，个别考察人员在考察中甚至出现了失语现象。存在上述现象的主要原因是有的考察人员对国际学校教育教学、管理模式和文化等不是很熟悉，缺乏访谈的经验和技术，甚至个别考察人员还有英语语言障碍。例如，NCCT在第一次派出考察人员对北京京西学校进行实地考察时，身为北京京西学校校长同时也是NCCT在华国际学校认证工作顾问的莫约翰担心出现由于考察人员对学校的"优势"和"建议"判断不准确而导致难以收场的尴尬局面，建议在针对认证标准每个部分的报告中省去"优势"和"建议"两部分，只在报告的最后部分提出"主要的优势与建议"。

NCCT在华国际学校认证试点阶段出现的失范现象，当时开始在在华国际学校以及 CIS、NEASC 和 WASC 中有所反映。2002 年 12 月 4 日，莫约翰向莫景祺介绍参加 EARCOS 年会的一些情况时，反馈了个别在华国际学校以及 ECIS 和 NEASC 的反映，他们认为对北京顺义国际学校的认证不像是简捷途径，也不像是完全途径，而是走到中间去了，出现了一些问题。当初只是简化自评，而不是简化考察团考察。这一问题，在 2005 年 11 月的三亚四方会议纪要中被再一次提及。

二、认证周期的不同步

由于 NCCT 的简捷认证是认证 NEASC/ECIS 和 WASC 已经认证的学校，并且是从上述认证机构认证周期的中间切入的，造成了 NCCT 与 ECIS、NEASC 和 WASC 的认证周期不同步，给学校带来一定的精力和经济负担（见表 5 - 7）。

表 5 - 7   2002—2005 年 NCCT 与 ECIS、NEASC
和 WASC 认证周期比较

学　校	NCCT	NEASC/ECIS	WASC
北京京西学校	2002—2007	1998—2008	—
天津 MTI 国际学校	2002—2007	—	1998—2004
北京顺义国际学校	2003—2008	—	1997—2003
北京 BISS 国际学校	2005—2010	—	2001—2007
上海长宁国际学校	2005—2010	—	2001—2007

从表 5 - 7 可以看出，NCCT 的认证周期与 WASC 和 NEASC/ECIS 的认证周期不同，NCCT 的认证周期是 5 年，NEASC/ECIS 是 10 年，而 WASC 一般为 6 年。当 NCCT 使用简捷途径在上述三个认证机构认证的基础上对这些学校进行认证时，这些学校正处于其他认证机构的周期之中。当初使用简捷途径的初衷是在学校自评的时间和内容上有所简化，但在实施中并没有真正减轻学校负担。学校除了按 WASC 和 NEASC/ECIS 各

个程序准备和接待考察外，还要按NCCT的各个程序准备和接待考察。对此，学校有些反映和忧虑，WASC 也提出要发展一种 WASC/NCCT 的程序来解决这一问题。例如，2004 年，WASC 将要对上海长宁国际学校进行中期考察，而NCCT将对该校进行初步考察。2003 年 11 月 13 日，该校校长巍迈克致函莫景祺建议在 2004 年将NCCT的考察团考察与 WASC 的中期考察合并进行，并提到这一建议已经得到 WASC 的主任薄大卫（David Brown）和执行副主任马丽玲的赞同。对此，莫景祺非常谨慎，担心由于NCCT的认证标准与 WASC 的认证标准有差异，NCCT考察团考察的功能与WASC 中期考察的功能不同以及NCCT的认证进程与 WASC 的不同步等原因，会使NCCT的认证走过场，淹没在 WASC 的认证之中。为此，莫景祺于 2003 年 12 月 12 日致函 WASC 的马丽玲，对学校的这一建议委婉地提出了不宜合并的理由。直到 2005 年 3 月，NCCT才完成了对该校的最后一个程序——考察团考察。NCCT与 CIS、NEASC 和 WASC 合作中认证周期不同步的矛盾引起了相关在华国际学校以及 CIS、NEASC 和 WASC 的关注。2005 年 11 月，在三亚召开的四方会议上，WASC 的马丽玲提出了在对北京 BISS 国际学校和上海长宁国际学校认证中，学校重复向NCCT和WASC 提交报告的问题。与会代表建议对这类学校要避免这种额外的工作，向他们阐明未来的认证周期，发一个公告，等等（CIS，NCCT，NEASC，WASC，2005b）。

三、认证标准的不一致

NCCT与 NEASC/ECIS 和 WASC 的认证标准框架不一致，给学校自评以及认证机构之间的衔接带来不便。NCCT于 2002 年 3 月完成的《外籍人员子女学校认证标准（试用）》是在借鉴 NEASC/ECIS 国际学校认证标准第六版的基础上形成的。当时，ECIS 和 NEASC 联合认证使用的是 NEASC/ECIS 国际学校认证标准第六版，WASC 使用的是国际学校认证标准"聚焦学习"。三个国际学校认证标准框架，特别是NCCT的国际学校认证标准框架与WASC 的国际学校认证标准框架存在明显差异（见表 5 –8）。

表 5-8　NCCT、NEASC/ECIS 和 WASC 国际学校
认证标准框架比较①

NCCT标准	WASC 标准	NEASC/ECIS 标准
	A. 学生学习的组织	
1. 理念与目标	A1. 学校的目的	A. 理念与目标
2. 组织与管理	A2. 管理 A3. 领导 A7. 学校改进过程	B. 组织与管理
3. 学校员工 6. 教学管理	A4. 员工 A5. 学校环境*（见 C）	C. 学校员工
	A6. 报告学生进步**（见 B）	
	B. 课程与教学	
4. 课程 11. 图书馆/信息中心 14. 学生学习及表现评价	B1. 学生学习什么 B2. 学生如何学习 B3. 如何使用评价 A6. 报告学生的进步	D、E、F、G. 课程 P. 学生学习表现与评价
	C. 为学生个体和学术进步提供支持	
5. 特殊需要教育 7. 辅导服务 8. 健康与安全 9. 学生服务 10. 学生生活	C1. 学生的连通性 A5. 学校环境	H. 特殊需要教育 I. 辅导服务 J. 健康与安全 K. 学生服务 L. 学生生活

---

　① NCCT在华国际学校认证标准与 WASC 国际学校认证标准框架的比较参照了 WASC 的马丽玲 2002 年 10 月培训NCCT考察人员时所提供的对照表。

续表

NCCT标准	WASC 标准	NEASC/ECIS 标准
15. 学校、家庭与社区	C2. 家长/社区环境	
	D. 资源管理和发展	
11. 图书馆/信息中心	D1. 资源	M. 图书馆/信息中心
12. 学校设施	D2. 资源计划	N. 学校设施
13. 财务与财务管理		O. 财务及财务管理

在简捷认证时期，在NCCT所认证的 5 所学校中，除了北京京西学校以外，其余4 所学校均为 WASC 认证的学校。NCCT在华国际学校认证标准框架与 WASC 国际学校认证标准框架存在的差异给NCCT认证 WASC 认证过的学校以及学校自评带来许多麻烦，增加了学校的负担。尽管 WASC 的马丽玲为辅导学校实施NCCT简捷途径的自评和培训NCCT考察人员进行简捷途径的考察，专门制订了NCCT与 WASC 国际学校认证标准框架对照表，但只解决了两个标准框架相互衔接的问题，两个标准框架的差异给学校自评和考察团考察带来的不便并没有消除。

简捷认证实践中产生的上述问题，产生了两方面的重要影响：（1）CIS、NEASC 和 WASC 的代表开始对简捷认证中出现的问题给予特别关注；（2）由于 CIS、NEASC 和 WASC 在一些在华国际学校中声望较高，在华国际学校开始以国外学校认证机构的专业规范为参照系，对NCCT的简捷认证与 CIS、NEASC 和 WASC 的重复认证表示出不满。这些问题表明：随着时间的推移，受政府部门制度逻辑的影响而进行的制度调整，又受到了来自学校认证领域制度逻辑的影响，以及来自国际学校领域制度逻辑的影响。

简捷认证方式的选择，是政府部门的制度逻辑、事业部门的制度逻辑、学校认证领域的制度逻辑和国际学校领域的制度逻辑相互作用的结果。在简捷认证时期，受政府部门的制度逻辑的影响，NCCT主导，北京京西学校以及 ECIS 和 NEASC 参与，对政府认可、认证标准、认证程序、组织结构等制度要素进行了调整。同时，受学校认证领域制度逻辑的影响，NCCT对其学习机制进行了持续构建，特别是为了弥补其专业能力的不足，有效地发挥了专业人员的作用。但是，随着时间的推移，政府部门的制度逻辑与学校认证领域的制度逻辑和国际学校领域的制度逻辑之间开始出现矛盾。主要表现在：随着以满足政府部门的制度逻辑为主的制度调整的展开，在简捷认证实践中出现了一些失范现象，也出现了NCCT与 CIS、NEASC 和 WASC 认证标准不一致、周期不同步等问题。这些现象和问题引起了 CIS、NEASC 和 WASC 和一些在华国际学校的不满，从而引发了NCCT认证的专业合法性和社会合法性危机。这促使NCCT与CIS、NEASC 和 WASC 对相关制度要素做进一步调整，并向联合认证过渡。

第六章　联合认证时期的制度调整

　　本章将进一步分析：在简捷认证时期因制度调整所产生的合法性危机，是如何促使在华国际学校认证方式从简捷认证向联合认证过渡的；利益相关主体在联合认证的准备阶段以及实践中，是如何互动进行制度调整的；在联合认证实践中，利益相关主体之间所产生的张力及解决方式。

第一节　联合认证的选择

　　联合认证是在国际学校自愿选择的基础上，NCCT 与 CIS、NEASC 和WASC 之中的一方或多方合作，使用认证机构共同认可的认证标准和认证程序，合作方分别委派考察人员对学校进行联合考察，认证结果分别由各方独立做出的认证方式。概括地讲，就是同一套认证标准、同一个认证程序、同一个考察团，可能不同的认证结果。2006—2010 年，NCCT对在华国际学校的认证，主要使用了联合认证途径。NCCT与 CIS、NEASC和 WASC 的联合认证，试图解决简捷认证时期认证标准不统一、认证周期不统一以及认证进程不同步的问题，以解决在简捷认证时期所遇到的合法性危机。

在制度的起始阶段，联合认证就被NCCT与CIS、NEASC和WASC作为一种策略提出，但什么时候实施，如何去实施，却是利益相关主体的代表所无法预料的。虽然简捷认证实践与联合认证实践的时间界限比较分明，但从简捷认证向联合认证的过渡来看，两个阶段又是相互嵌套的。其实，从简捷认证向联合认证过渡的准备从2003年年底就开始了。如第五章所述，简捷认证实践中出现的各种合法性危机引起了在华国际学校以及CIS、NEASC和WASC的不满，这促使这些利益相关主体采取措施来解决这些危机。对于在华国际学校认证从简捷认证向联合认证过渡的原因，还可以追溯得更广泛和更长远一些。

首先，历史经验为在华国际学校认证由简捷认证向联合认证过渡提供了范例。如第三章所述，在学校认证领域，认证机构之间的联合认证由来已久。学校认证领域的联合认证为NCCT与CIS、NEASC和WASC发展联合认证程序树立了典范，况且组织场域中的CIS和NEASC从20世纪70年代末就开始了对国际学校的联合认证，CIS与WASC也进行联合认证。学校认证领域的联合认证不仅影响了在华国际学校认证组织场域形成过程中，利益相关主体的代表关于国际学校认证制度向中国移植的策略，并且也为这些利益相关主体的代表解决在简捷认证实践中出现的矛盾和问题提供了可以参考的模式。

其次，2003年，CIS/NEASC国际学校认证标准第七版的完成，为在华国际学校认证方式由简捷认证向联合认证过渡提供了契机。2003年，CIS/NEASC总结多年的经验，在ECIS/NEASC国际学校认证标准第六版的基础上研发完成了国际学校认证标准第七版。CIS/NEASC国际学校认证标准第七版修订完成的信息，最早是莫约翰于2003年12月4日在吉隆坡召开的四方会议时告知莫景祺的。CIS的代表谈道，第七版吸收了NCCT的个别观点和看法。莫约翰认为这一事件是四方开展联合认证的一个非常好的契机，对于四方进一步合作具有重要意义。他认为，CIS/NEASC国际学校认证标准第七版的发布，为各方从多个标准和程序到用一个标准和一个程序开展认证带来了机遇。同时，还可以解决培训问题，任何人只要参加了 CIS/NEASC 国际学校认证标准第七版的培训都可能参加对任何学校的考察，对在华国际学校使用 CIS/NEASC 国际学校认证标准第七版认证就方便多了，避免一个学校、一个学校地回答。据莫约翰介绍，在四方会议期间，WASC 的马丽玲也表现出了积极的态度，同意 5～10 年的周期（WASC 的认证周期分为 6 年、3 年和 1 年），方法和程序都可以按此标准进行，周期不一致的问题也就可以解决了。莫约翰认为马丽玲在这方面做出了贡献，应给予高度肯定。从此，如何开展联合认证的问题就成为今后一个时期四方沟通的主要议题。

最后，NCCT开始面临没有经过四方任何一方认证的在华国际学校申请认证以及采用简捷认证的在华国际学校申请再认证的挑战。例如，NEASC 的侃爱华于 2003 年 1 月 30 日通过电子邮件致函莫景祺，提出一些没有经过四方任何一方认证的学校开始寻求 ECIS/NEASC 的认证候选资格，ECIS/NEASC 计划为确定学校的候选资格进行访问。她提到上海耀中国际学校将要与莫景祺联系寻求候选资格，认为 NCCT、ECIS 和 NEASC 在同一时间对学校候选资格的联合访问，对NCCT来讲是一个很好的机会。另外，NCCT在 2002 年以来陆续以简捷认证的 ECIS/NEASC 和 WASC 的学校，当 5 年的认证周期结束时，马上面临对这类学校进行再认证的问题。对这类学校采取怎样的认证方式也是NCCT的认证管理者面临的一个问题。2003 年 11 月，莫约翰受NCCT委派，借到吉隆坡参加 EARCOS 年会之机以NCCT在华国际学校认证工作顾问的身份，代表出席 2003 年度四方会议。2003 年 12 月 4 日，莫约翰在向莫景祺介绍本次四方会议时也谈到，NCCT第二阶段的试点应该是对从来没有接受过认证的在华国际学校使用"完全途径认证"（相对简捷认证而言）和对认证过的在华国际学校的再认证。他建议，2004 年 3 月召开一次会议，讨论对于没有经过四方任何一方认证的在华国际学校进行联合认证的问题；6 月召开一次会议，对联合认证的研究要有进展；11 月再开一次会议，拿出一个联合认证的办法向学校推荐。

总之，NCCT与 CIS、NEASC 和 WASC 在推动在华国际学校认证方式由简捷认证向联合认证转变的过程中，历史经验与现实环境均发挥了重要影响。

第二节 联合认证准备中的制度调整

一、联合认证标准的形成

尽管 CIS/NEASC 国际学校认证标准第七版修订完成，但是 NCCT 与 CIS、NEASC 和 WASC 对在华国际学校开展联合认证，不会完全使用这一标准。不仅作为教育部直属事业单位的 NCCT 不会答应，授权 NCCT 开展在华国际学校认证的教育部国际合作与交流司也不会答应，否则，就达不到政府部门"规范管理"的目的。这预示着，用于 NCCT 与 CIS、NEASC 和 WASC 联合认证的标准，相对于 CIS/NEASC 和 WASC 的认证标准要发生变化。NCCT 经过与 CIS、NEASC 和 WASC 的讨论，对于联合认证标准问题，产生了一个富有创造性的思路，就是"CIS/NEASC 或 WASC 的认证标准"加"中国背景标准"。这一思路最后得到了 CIS、NEASC 和 WASC 的同意。因此，NCCT 与 CIS、NEASC 和 WASC 对联合认证标准的讨论实质是围绕"中国背景标准"的讨论而进行的（见表 6 – 1）。

表 6 – 1 "中国背景标准"的文本化过程

时间	地点	参加者	主要成果
2004 – 11	胡志明市	NCCT：莫景祺 高兰生 莫约翰 王 燕 CIS：施大伟 NEASC：倪爱华 WASC：薄大卫 马丽玲	1. 讨论联合认证中对 CIS/NEASC 国际学校认证标准第七版的使用问题；2. 提议制订两方或多方联合认证指南

续表

时间	地点	参加者	主要成果
2005 - 04	上海中学	NCCT:徐 岩 莫景祺 高兰生 唐盛昌 莫约翰 王 燕 CIS:施大伟 NEASC:侃爱华 WASC:马丽玲	四方就联合认证程序在以下方面达成共识:发展联合认证申请文件;制订联合认证的说明书(包括如何申请以及认证流程);NCCT制订用于联合认证的"中国背景标准";发展年度报告的模板;满足四方需要的 5 年再认证程序;探讨对持续认证中的行动计划的更确定的理解
2005 - 11	三亚	NCCT:莫景祺 高兰生 莫约翰 CIS:施大伟 NEASC:侃爱华 WASC:马丽玲	1. 讨论、修改和批准"中国背景标准"; 2. 讨论和批准联合认证申请程序;3. 准备面向在华国际学校的公告,向其解释联合认证的程序和要求

"中国背景标准"的形成过程经历了三个阶段。

第一个阶段,四方讨论在联合认证中使用什么标准的问题。2004 年 11 月,在越南胡志明市召开的四方会议上,四方代表围绕在今后联合认证中的认证标准问题展开了激烈争论。CIS 和 NEASC 的代表希望在全球推行其国际学校认证标准第七版。WASC 的马丽玲表示,虽然他们对第七版很感兴趣,但如何合作使用第七版要到次年 2 月开会时才能决定。CIS 和 NEASC 的代表允许NCCT与他们开展联合认证时使用其国际学校认证标准第七版,但不允许NCCT单独认证时使用第七版。面对争执不下的情况,莫景祺和高兰生果断提出以下建议:当NCCT与 WASC 联合认证时,在其国际学校认证标准"聚焦学习"的框架之中加入NCCT的认证标准;当 NCCT与 NEASC 或 CIS 或 CIS/NEASC 联合认证时,在其国际学校认证标准第七版的框架之中加入NCCT的认证标准。NEASC 和 CIS 的代表起先对此反应强烈,认为在 WASC 初步答应使用 CIS/NEASC 国际学校认证标准第七版的情况下,NCCT提出这样的建议会影响 WASC 使用第七版。CIS 和 NEASC 的代表也担心NCCT在其国际学校认证标准第七版中加入NCCT

的认证标准时，会修改或删除其原有的条款。经过反复讨论，大家达成了以下共识：CIS、NEASC 与 WASC 承认，他们对使用 CIS/NEASC 国际学校认证标准第七版的问题沟通得不够，双方要进一步沟通；对 NCCT 与 CIS 和 NEASC 在联合认证中如何在其第七版的框架中加入 NCCT 的认证标准，可以在 2005 年 4 月再讨论一次。莫景祺和高兰生也表示，没有必要把 CIS/NEASC 国际学校认证标准第七版译成汉语，因为参加联合认证的人员都懂英语，考察活动使用的语言也是英语。NCCT 加入的认证标准和考察团报告，可以先用英文写，然后再译成汉语（CIS，NCCT，NEASC，WASC，2004）。综上所述，关于在联合认证中使用什么标准的问题，四方没有达成共识，其主要原因是彼此的利益冲突。CIS 和 NEASC 希望在全球推广其国际学校认证标准第七版，扩大其影响；而 WASC 却予以婉拒，因为作为美国六大地区认证机构之一，WASC 有自己的认证标准，其在华的国际学校份额要多于 CIS 和 NEASC；而 NCCT 则也要在认证标准中体现中国政府部门的要求。尽管如此，四方都表现出了一种建设性的态度，表示将做进一步协商。

第二个阶段，就 NCCT 在华国际学校认证标准的嵌入方式展开了讨论。莫景祺和高兰生从胡志明市四方会议以后，于 2004 年 12 月遵循 CIS/NEASC 国际学校认证标准第七版框架，讨论起草了一份 NCCT 在华国际学校认证标准的补充文本（当时称为"中国特色标准"，后来称为"中国背景标准"）准备嵌入到 CIS/NEASC 国际学校认证标准第七版的各个部分之中，用于 NCCT 与 CIS/NEASC 的联合认证，并征求了有关专家的意见。但是，于 2005 年 4 月在上海中学召开的四方会议上，CIS 和 NEASC 的代表，特别是施大伟不同意将 NCCT 的"中国特色标准"嵌入到 CIS/NEASC 国际学校认证标准第七版的各个部分之中。施大伟是 CIS/NEASC 国际学校认证标准第七版的起草人之一，是 CIS 的认证顾问和资深认证专家；他既是国际学校认证专业规范的制定者，又是维护者。他之所以不同意这样做，是担心这样做会破坏原有认证标准的整体结构。经过讨论，产生了一个四方都能接受的意见，将"中国特色标准"称为"中国背景标准"

（China Context）作为相对独立的一部分加入其中，作为 CIS/NEASC 国际学校认证标准第七版的 H 部分。① 这种处理方式既可以使 CIS/NEASC 国际学校认证标准第七版和"中国背景标准"相对独立，又可以在联合认证中使两部分标准作为一个整体使用，更重要的是满足了 NCCT、CIS 和 NEASC 的不同需求。最后，NCCT、CIS 和 NEASC 达成共识："中国背景标准"加 CIS/NEASC 国际学校认证标准第七版用于 NCCT/CIS/NEASC、NCCT/CIS/WASC 以及 NCCT/CIS/NEASC/WASC 的联合认证。随后，高兰生负责起草了"中国背景标准"英文稿。为了使英文的表述更符合西方人的语言习惯以及更容易让他们接受，高兰生代表 NCCT 先后就其中的表述，征求了施大伟、侃爱华、马丽玲、柯马凯等人的意见。

第三个阶段，对"中国背景标准"具体表述的讨论。在 2005 年 11 月三亚四方会议之前，高兰生根据各方的意见已经修改到第五稿。在三亚四方会议期间，高兰生与其他三方代表讨论并修改到第七稿。在此期间，四方长时间的讨论聚焦在如何用英语清晰、准确地表达中国法律和法规的要求，如何用汉语和英语准确地使用相关术语和格式。四方的代表对该文件逐行进行了讨论，每一处的变化最后都要得到大家的认可。可以说，修改后的文稿包含了各方代表的意图，特别是满足了中国作为东道国的要求。但是，会议再次声明 CIS/NEASC 国际学校认证标准第七版只用于联合认证程序，不能被修改。会后，各方代表与各自机构一起进一步对第七稿进行检查并提出意见，在 12 月形成了第八稿，也就是最后一稿（CIS，NCCT，NEASC，WASC，2005b）。很显然，"中国背景标准"的内容主要受到了中国有关法律、法规和规章的影响，但在具体表述中又受到了英语语言习惯和西方人接受方式的影响。对"中国背景标准"具体表述的讨论成为 CIS、NEASC 和 WASC 的代表理解中国有关法律、法规和规章的过程。NCCT"中国背景标准"的完成，为解决 NCCT 与 WASC 联合认证的标准奠定了基础。2006 年 5 月 26—27 日，莫景祺、

---

① CIS/NEASC 国际学校认证标准第七版，包括 A—G 等 7 个部分。

高兰生、马丽玲、莫约翰和王燕在北京京西学校召开会议，对"中国背景标准"进行了格式上的调整，作为 WASC 国际学校认证标准"聚焦学习"的 E 部分，准备用于NCCT与WASC 的联合认证。[①] 至此，"中国背景标准"的制订基本完成。

"中国背景标准"与简捷认证时期使用的《外籍人员子女学校认证标准（试用）》相比，"规范管理"的内容体现得更加丰富、具体和集中。"中国背景标准"共有 5 条标准、23 项指标，其内容针对在华国际学校的实际，主要集中在学校课程、遵守中国的法律法规、财务管理、员工权益、跨文化和国际理解等方面（见表 6 - 2）。

表 6 - 2 "规范管理"内容比较

《外籍人员子女学校认证标准（试用）》	中国背景标准 A
9. 作为中国境内的"在华国际学校"，应根据不同学段开设必要的、以了解中国文化为内容的课程	1. 用适当的方式将当地文化包含到学校的课程之中
5. 领导机构和管理者遵守中国的法律和法规 10. 课程设置与学生使用教材的内容以相互尊重民族文化和民族感情为原则，享有充分的自主权，注意尊重学校所在地的风俗习惯	2. 学校董事会和管理者遵守所有适用的法律、法规
	3. 学校的财务和财产管理在任何时候都要与在中国的运行标准相一致，与在华国际学校最好的实践相一致
	4. 董事会和学校管理者熟悉与员工的权利和义务相关的法律和法规，遵守这些法律和法规
	5. 学校应该积极促进跨文化和国际理解

---

① WASC 国际学校认证标准"聚焦学习"包括 A—D 等四部分。

用于四方联合认证的"中国背景标准"是四方争论、协调并取得共识的结果，可以说是一种创新。在"中国背景标准"的形成过程中，其内容通过NCCT主要受到了中国政府部门意志的影响。但嵌入方式受到了国际学校认证专业规范的影响，如CIS的代表就努力维护原有认证标准框架和内容的完整性。此外，表述方式也受到了英语语言习惯和西方人接受习惯的影响。

二、联合认证程序的形成

认证程序是实现认证目的的手段，是完成认证任务的有效机制。四方要开展联合认证，必须研发经四方认可的联合认证程序。联合认证程序经历了四次四方会议的讨论，花费了整整两年时间（2004年11月—2006年11月）。研发联合认证程序最早是在2004年11月越南胡志明市四方会议上提出的，此后经历了三个阶段。

第一个阶段，讨论联合认证的程序框架。在2005年4月召开的上海中学四方会议上，四方围绕联合认证程序进行了充分的对话，统一了认识，形成了联合认证程序的框架，明确了分工，为四方联合认证程序的文本化奠定了基础。在莫约翰的推动下，参加上海中学会议的四方代表比较了NCCT、CIS/NEASC和WASC的认证程序，检查了彼此的共同点和不同点。NCCT的认证程序与CIS/NEASC和WASC的不同点，是NCCT在受理在华国际学校的正式申请之前，增加了一个资格考察程序，接下来才会有认证申请、初步考察、学校自评以及以下的程序。四方代表在比较、讨论的基础上，提出了一个用于四方联合认证的指南框架。该指南主要包括：（1）制订联合认证的申请文件；（2）起草一份联合认证的说明书；（3）开发年度报告的模板；（4）开发一个5年再认证程序；（5）探讨对来自持续认证过程中的行动计划的更准确的理解。会议还责成NEASC的侃爱华负责申请文件和联合认证说明书的起草，WASC的马丽玲负责考虑年度报告的模板和5年再认证流程（CIS，NCCT，NEASC，WASC，2005a）。

上海中学四方会议还围绕四方联合认证指南的相关内容进行了讨论并达成共识。这些共识包括：（1）在华国际学校申请两方或多方联合认证的问题。学校最初联系的机构在协调和组织整个认证过程中将成为牵头机构，应承担相应的工作。例如，学校最初的申请、考察计划，包括对每一个机构介入成员的指派，在自评过程和后续程序中对学校的培训和指导。不管学校申请哪一个国际认证机构认证，NCCT将总是被包括在内。（2）联合考察团的规模至少为6个人，四方的联系人再次被确认为：NCCT，莫景祺；CIS，施大伟；NEASC，侃爱华；WASC，马丽玲。但是各个机构其他人也会介入某些组织工作之中，如CIS的苏珊·柯林斯（Sue Collins），NEASC的珍妮特·哈夫（Janet Haugh）和皮特·伍德沃德（Pete Woodward）。（3）各个认证机构在联合认证中具有自主性。各个认证机构通过各自的认证委员会独立做出决定，但在行动上各个认证机构尽可能保持一致，每一个认证机构有责任向其他认证机构沟通所采取的行动。（4）四方代表还共同产生了认证周期的一般模型（CIS，NCCT，NEASC，WASC，2005a）。

第二个阶段，是对联合认证程序的各个文本进行讨论和修改。2005年11月在三亚召开的四方会议，主要围绕联合认证的申请程序、面向在华国际学校联合认证的公告、四方联合认证的流程进行了讨论和修改。关于联合认证的申请，大家准备了一个联合认证申请的模型。在华国际学校的申请要先找NCCT，如果学校向其他三方学校认证机构任何一方递交了申请，该方就成为联合认证的牵头单位。会议决定将侃爱华起草的"如何申请联合认证的程序"整合到面向在华国际学校联合认证的公告之中，并确定每一个机构规定自己的认证费用，学校将提供交通和当地的费用，以及与实施自评和报告相关的材料。关于面向在华国际学校联合认证的公告被莫约翰等修改成了一封信，其内容主要包括：什么是NCCT，什么是国际认证，在中国现行的认证程序是什么，关于NCCT和其认证活动的信息，指导学校查阅所附的资料，包括网站，附上NCCT的手册、认证周期和程序的流程图。关于年度进展报告，与会代表讨论以CIS/WASC

年度报告的形式作为参考，进行修改使用。马丽玲在 2005 年 EARCOS 年会与 CIS 的杰瑞·佩西讨论的基础上，提出了一个四方联合认证 5 年报告形式的讨论稿。自 2005 年 11 月与杰瑞·佩西讨论以来，WASC 还没有实施。CIS 的薄大卫表示，5 年报告的时间表在 CIS/NEASC 第七版标题为"后续程序"之中。11 月 5 日，与会代表对四方联合认证的流程进行了进一步讨论（CIS，NCCT，NEASC，WASC，2005b）。

第三个阶段，检查和确认所有联合认证程序文件。2006 年 11 月的法国尼斯会议，进一步检查和确认了有关联合认证的文件，特别是重点讨论了面向在华国际学校的四方联合认证公告。由于出境手续的原因，NCCT没有派人出席本次会议，而是委派莫约翰和王燕分别以NCCT在华国际学校认证顾问和NCCT在华国际学校认证海外协调员的身份参加了会议。据本次会议的纪要记载，对四方联合认证公告的讨论花费了大半天的时间，从上午的 11 点 25 分持续到下午 4 点。在整个讨论过程中，王燕通过电话和电子邮件征求了高兰生和莫景祺的意见，最后定稿。

与会代表还就公告确定之后的后续行动进行了讨论。与会代表建议要由NCCT发布这个公告。莫约翰指出，四方现在具备了行动的基础，是采取行动的时候了，要考虑增长曲线。WASC 的马丽玲表示她一直在工作中向所有的学校介绍NCCT，包括向这些学校咨询。与会代表一致同意要通过已有的活动宣传这个公告，各方都应该关注这些活动。在会议结束时，大家接受并批准了这个公告。与会代表建议NCCT通过 ACAMIS① 网络及其他渠道发布这个公告。建议各方要以这个公告作为参考，任何一个机构应该接受来自在华国际学校的咨询。最后，与会代表对自 2005 年 11 月三亚四方会议以来所有被提议的申请文件进行了检查，并予以确认（CIS，NCCT，NEASC，WASC，2006）。

从联合认证程序的形成过程来看，联合认证程序主要受到了 CIS、

---

① ACAMIS 是中蒙国际学校协会 Association of China and Mongolia International Schools 的缩写，下同。

NEASC 和 WASC 专业规范的影响。联合认证程序的起草人主要是 CIS、NEASC 和 WASC 的代表，联合认证程序的具体文本借鉴了 CIS、NEASC 和 WASC 已有认证程序文件的内容。NCCT的影响则相对较小，仅仅是在联合认证程序中增加了NCCT所强调的"资格考察程序"。

第三节　联合认证实践中的制度调整

一、资格考察程序的波动

如第五章简捷认证时期的制度调整所述，资格考察程序产生于简捷认证时期。但是，在联合认证时期，资格考察程序的实施表现出了不稳定性，对有的学校使用了该程序，对有的学校则省略了该程序。在 2006—2010 年认证的在华国际学校中，有 18 所学校使用了资格考察程序（包括 8 所未完成考察团考察的学校，2 所不再向下进行的学校），有 6 所学校则省略或合并了资格考察程序（见表 6 - 3）。①

表 6 - 3　2006—2010 年省略或合并资格
考察程序的学校

学校	初步考察时间	初步考察机构	认证机构	省略或合并
厦门国际学校	2007 - 03	WASC/NCCT	WASC/NCCT	合并
苏州新加坡国际学校	2007 - 09	NCCT	CIS/NCCT/NEASC	合并
北京耀中国际学校	2008 - 03	CIS/NEASC/NCCT	CIS/NEASC/NCCT	省略
上海德威英国国际学校	2008 - 01	CIS/NCCT	CIS/WASC/NCCT	合并
成都爱思瑟国际学校	2009 - 12	NCCT	WASC/NCCT	合并

① 2006—2010 年，有 5 所在华国际学校完成了第二轮认证，NCCT对进入第二轮认证的在华国际学校不再进行资格考察，因此，这 5 所学校未计入在内。

在简捷认证时期增加的资格考察程序，为什么会出现省略或合并的现象呢？上述现象可归纳为三种情况：（1）NCCT在华国际学校认证管理者主观上省略或合并了资格考察程序。例如，厦门国际学校、北京耀中国际学校和上海德威英国国际学校。（2）受到学校身份变化的影响。例如，成都爱思瑟国际学校在教育部于2009年7月批准其办学之前，于1997年就开办了。由于在2009年之前，它不是教育部批准设立的在华国际学校，因此，不属于NCCT的认证对象。但是，WASC于2007年就对其认证并授予了该校3年的认证周期，到2010年期满并开始下一轮认证。2009年7月，该校被中国教育部批准设立时，正处于WASC的自评过程中，并计划于2010年3月14—18日接受WASC的下一轮考察团考察。这时，该校认为自己具备了申请NCCT认证的资格，并请求NCCT与WASC的联合认证。为了与WASC的认证进程同步并进行联合认证，NCCT于2009年12月10—11日对该校一并进行了资格考察和初步考察。（3）受到学校重大变化的影响。例如，苏州新加坡国际学校，当NCCT接到该校的申请时，该校已经进行到CIS/NEASC认证自评的后期，主要原因是2007年2月，前任校长的离任，没有按时申请NCCT认证，使NCCT错过了资格考察和初步考察。NCCT为了与CIS/NEASC的认证进程同步并进行联合认证，于2007年9月25日对其一并进行了资格考察和初步考察。

第一种情况，既不是没有时间，也不是CIS、NEASC和WASC没有通知NCCT，甚至个别时候它们出于尊重和友好还提醒NCCT在联合初步考察之前的资格考察，但是NCCT在华国际学校认证管理者却主动放弃了资格考察。第二种情况，当在华国际学校处于WASC的认证过程中，申请NCCT认证时，其实NCCT有时间对其进行资格考察，但NCCT在华国际学校认证管理者又将资格考察并入初步考察一并进行。第三种情况，NCCT在华国际学校认证管理者也可以将资格考察和初步考察分开，但他们又主动将资格考察并入初步考察之中。上述三种情况有两个共同点：一是都发生于NCCT与CIS、NEASC和WASC的联合认证中；二是都是NCCT在华国际学校认证管理者主动省略或合并的。NCCT在华国际学校认证管理者之所以这样做主要是受到了 CIS、NEASC 和 WASC 专业声望的影响。由于NCCT在在华国际学校中的专业声望比不上 CIS、NEASC 和 WASC，NCCT在华国际学校认证管理者担心，如果NCCT坚持资格考察程序，可能会让在华国际学校感到麻烦而不参加NCCT认证，从而失去这些学校。因此，NCCT在华国际学校认证管理者在NCCT与 CIS、NEASC 和 WASC 的认证进程不同步的情况下，不惜省略或合并资格考察程序，也要尽量搭上 CIS、NEASC 和 WASC 认证的车，与其进行联合认证。

对资格考察程序的省略或合并，往往造成NCCT对在华国际学校依法办学手续的失察。资格考察程序是将政府部门规范管理的要求与认证的理念相结合的产物，NCCT之所以将对学校"规范办学"的部分内容提到资格考察，是希望学校以合法的办学手续进入认证程序。但对资格考察程序的忽略，不仅不利于从发展的角度去促进学校规范办学，往往还会造成NCCT在华国际学校认证工作的被动。例如，2005 年，NCCT、CIS 和 NEASC 对上海耀中国际学校联合认证前，NCCT没有对其进行资格考察。经过对联合考察团的考察报告进行审议，NCCT在华国际学校认证委员会发现该校还没有获得中国教育部的正式批准，于是只好暂时没有授予该校认证结果。直到 2009 年 6 月，在中国教育部批准该校办学之后，NCCT才授予该校"通过认证"。再如，NCCT对 XM 国际学校资格考察程序的省略，缺失了对该校开办情况的了解。NCCT与 WASC 的联合考察团对该校考察结束后，NCCT在华国际学校认证委员会经过审议考察团的报告，发现该校的办学主体与现行中国教育行政主管部门的规章不符，给予了学校"认证推迟"。学校为此抱怨NCCT为什么不在认证开始时告诉他们，而到最后才告诉他们，造成NCCT工作上的被动。与此同时，NCCT对资格考察程序的坚持又从另外一方面证明了资格考察程序的重要性。例如，2007 年 9 月 20 日，应 GE 学校的申请，NCCT派考察人员对该校进行了资格考察。考察人员经过考察发现学校存在与中国现行法律相悖的宗教问题。该校采用"以圣经为基础的个性化国际教育体制"，使用 ACE 课程（ACE 为先修基督教教育 Accelerated Christian Education 的缩写）；该校为

ACE School of Tomorrow（明天先修基督教教育学校）示范学校，采用 ACE School of Tomorrow 系列教材，接受该组织的年度考察。NCCT认为学校的宗教问题与NCCT在华国际学校认证标准不符，决定暂停受理学校申请，建议学校改进后再向NCCT申请，尽管该校为 WASC 的成员校。再如，2008 年，在对 SX 国际学校进行了资格考察和初步考察后，NCCT发现该校同样存在宗教问题，于是在 2009 年 4 月暂时停止向下进行，而 WASC 继续单独对其进行了考察团考察。

自增加资格考察程序以后，在NCCT的认证程序中坚持资格考察与忽视资格考察并存。这种现象反映了政府部门的规制与 CIS、NEASC 和 WASC 专业规范及其专业声望所产生的张力，对NCCT在华国际学校认证管理者的影响。一方面，NCCT从获得中国教育部授权开展在华国际学校认证之日起，其认证功能中就被赋予了"规范管理"的要求。NCCT在华国际学校认证如果不体现这方面的要求，其授权就有可能被收回，因此，NCCT对一些在华国际学校坚持了资格考察程序。另一方面，NCCT为了获得更多在华国际学校的申请，借助 CIS、NEASC 和 WASC 的专业声望，采取了"搭车"进行联合认证的方式，这往往会导致资格考察程序的省略或合并。

而真正使NCCT的认证管理者痛定思痛、下定决心在以后的认证中必须坚持资格考察程序，是在 2008 年 4 月NCCT在华国际学校认证委员会对 XM 国际学校认证结果的审议之后。如前所述，在 2008 年 4 月召开的认证委员会会议上，当NCCT在华国际学校认证委员会审议 XM 国际学校的认证结果时，列席会议的NCCT在华国际学校认证咨询委员会委员、教育部国际合作与交流司相关处室的负责人，对该校的办学主体问题提出质疑。随后，NCCT在华国际学校认证办公室对该校办学申报和审批过程进行了深入调查，结果发现该校确实存在"办学主体可能存在程序上合法，但实际违法的问题"。为此，NCCT专门向教育部国际合作与交流司提交了调查报告，并请求对这种情况进行解释，NCCT最后给予了该校"认证推迟"。但接下来，是该校的外国校长措辞强硬的邮件和该校中国校长频繁的电话，抱怨

NCCT为什么不在认证早期告诉他们，非要等到学校花费了大量的精力和时间走完整个程序才告诉他们。这一事件对莫景祺和NCCT的考察人员产生了很大震动，使他们认识到资格考察程序在认证程序中，特别是在联合认证程序中的重要性，也使他们坚定了资格考察程序在认证程序中是不能省略的。

二、同行评估的回归

在联合认证时期，NCCT共组织了对18所在华国际学校的考察团考察。这一时期，NCCT考察团中来自在华国际学校的人次和比例明显增加，在参加考察团考察的总人次中，来自在华国际学校的人次从简捷认证时期的10.5%提高到了36%（见表6-4）。

表6-4 NCCT考察团来自国际学校人次
在两个时期的比较

认证时期	参加考察团考察人次	来自国际学校人次	百分比（%）
简捷认证	38	4	10.5
联合认证	50	18	36

在联合认证时期，NCCT没有再聘用在华国际学校以外的考察人员，参加考察的来自在华国际学校以外的人员基本上是在简捷认证时期聘用的。这一时期，来自在华国际学校以外的考察人员共参加了32人次的考察活动，32人次中只涉及14人。14人之中，参加1次考察团考察的有7人；参加2次的有2人；参加3次的有2人；参加4次的有1人；参加5次的有1人；参加6次的有1人。也就是说，在联合认证时期的5年中，只有7位来自在华国际学校以外的考察人员经常参加NCCT的考察团考察活动。

从上述两方面的情况来看，联合认证时期NCCT考察团中来自在华国际学校的考察人员在增加，其发挥的作用也在加大。NCCT考察人员的结构在经历了简捷认证时期对"同行评估"的偏离后，在联合认证时期开始向"同行评估"回归。造成上述现象的主要原因如第五章所述，一是对来自在华国际学校以外的考察人员的培训效益比较低；二是非同行评估影响了考察质量。如果说在简捷认证时期NCCT考察人员的结构对"同行评估"的偏离，是受到了中国社会环境的强烈影响的话，那么在联合认证时期开始向"同行评估"的回归，又受到了国际学校认证专业规范的强烈影响。那么，NCCT考察人员的结构是否要全部回归到"同行评估"呢？当然不是，因为上述经常参加NCCT考察团考察的 7 位考察人员已经成为NCCT考察团考察的骨干力量，缺少了他们，NCCT的考察活动肯定会受到严重影响。"同行"与"非同行"的比例在NCCT考察人员结构中，到底以多少为宜，恐怕要取决于中国社会环境与国际学校认证专业规范在时间纬度上的进一步博弈。

三、培训的变化

从 2006—2010 年，NCCT对考察人员的培训发生了两次大的转变。第一次转变是 2006 年从独立培训向联合培训转变；第二次转变是 2010 年从联合培训开始向联合培训和独立培训并重转变（见表 6－5）。

表 6－5 2006—2010 年NCCT对认证候选考察人员的培训情况

时间	培训地点	培训主体	培训内容
2006－04	北京	NCCT	在华国际学校的管理、政策和法律问题；NCCT在华国际学校认证
2006－09	北京、上海、广州	NCCT/WASC	NCCT/WASC 联合认证指南；如何成为考察团成员
2006－10	上海	CIS/NEASC/NCCT	CIS/NEASC 认证手册第七版；三方联合认证指南

续表

时间	培训地点	培训主体	培训内容
2007 – 03	北京	CIS/NEASC/ NCCT/WASC	四方联合认证指南；如何成为考察团成员
2008 – 03	上海	CIS/NEASC/ NCCT/WASC	四方联合认证指南；如何成为考察团成员
2009 – 03	北京	CIS/NEASC/ NCCT/WASC	四方联合认证指南；如何成为考察团成员
2010 – 03	香港	CIS/NEASC/ NCCT/WASC	四方联合认证指南；如何成为考察团成员
2010 – 09	北京	NCCT	法律、法规、政策；在华国际学校管理；财务；课程；联合认证中的合作问题
2010 – 11	上海	NCCT	法律、法规、政策；在华国际学校管理；财务；课程；联合认证中的合作问题
2010 – 12	广州	NCCT	法律、法规、政策；在华国际学校管理；财务；课程；联合认证中的合作问题

2006 年 4 月 22 日，NCCT在北京召开了考察人员培训会。这次会议的主要目的是向在华国际学校宣传NCCT认证，并研讨在华国际学校在办学过程中遇到的相关问题，体现认证为在华国际学校服务的宗旨（NCCT评价处，2006）。在这次会议上，莫景祺介绍了NCCT在华国际学校认证工作；北京大学法学院教授周俊业介绍了在华国际学校办学过程中涉及的法律问题；时任北京市教委国际合作与交流处处长的宋立军介绍了在华国际学校办学的相关政策；北京京西学校理事会理事柯马凯和该校政府事务部主任王燕介绍了在华国际学校的内部管理。从这次会议的议程来看，会议研讨的内容偏重于NCCT在华国际学校认证和规范管理的内容。

莫景祺在介绍 2006 年的工作时，强调 2006 年的培训工作除了本次会议外，还要分别在上海和广州召开两个地区的认证候选考察人员培训会议。但是在当年的 9 月，准备在上海和广州召开的两次会议没有如期召开，而变成了由 NCCT 与 WASC 在北京、上海和广州召开的联合培训会议。培训的人员除了 NCCT 在三地的认证候选考察人员以外，还有一些在华国际学校的校长和教师。培训的内容包括 NCCT 与 WASC 联合认证的背景信息、联合认证程序以及如何成为考察团成员等。2006 年，NCCT 对考察人员的培训之所以由独立培训突然转变为 NCCT 和 WASC 的联合培训，主要有以下原因：（1） NCCT 与 WASC 联合认证文件研制完成的推动。在 4 月 NCCT 的培训会之后，5 月 26—27 日，NCCT 与 WASC 在北京京西学校召开会议，制订用于 NCCT 与 WASC 联合认证的"中国背景标准 B"和双方联合认证程序等文件。NCCT 和 WASC 联合认证文件的完成为开展联合培训奠定了基础。也就是在这次会议上，双方商定在当年 9 月，在北京、上海和广州三地分别召开联合培训会议。（2） NCCT 需要国际学校认证的通识培训。NCCT 在华国际学校认证试点以来，NCCT 对认证候选考察人员的通识培训一直是请 CIS、NEASC 和 WASC 的专家或莫约翰帮助培训的。也就是说，NCCT 对其认证候选考察人员的通识培训一直以来是依赖外部专家进行的。与 CIS、NEASC 和 WASC 开展联合培训可以解决对 NCCT 考察人员的通识培训问题。（3） 与 CIS、NEASC 和 WASC 开展联合培训，可以扩大对 NCCT 在华国际学校认证的宣传。促使 NCCT 对认证候选考察人员培训从独立培训向联合培训转变的直接原因是联合认证的实施。

从 2006 年 9 月到 2010 年 3 月，NCCT 对其认证候选考察人员的培训都是与 CIS、NEASC 和 WASC 开展的联合培训。考察每次联合培训的议程，其内容大体相同，主要包括各方认证机构的介绍、联合认证的背景、联合认证的程序、学校如何开展自评以及如何成为一名考察团成员等。其培训对象主要是志愿成为认证候选考察人员的在华国际学校校长、管理人员和教师。对于 NCCT 来讲，联合培训与自己独立培训相比，解决了对认证候选考察人员培训能力不足的问题，宣传了 NCCT 在华国际学校认证，每次培训后都会有个别学校来申请NCCT与一方和多方的联合认证。但是，联合培训对NCCT在华国际学校认证缺乏针对性，主要表现在：一是冲淡了NCCT所关注的培训内容。从NCCT在华国际学校认证标准的要求以及NCCT认证候选考察人员的专业知识结构来看，NCCT对考察人员的培训除了国际学校认证的通识内容以外，还应包括在华国际学校在办学过程中所涉及的法律、法规和政策问题，国际学校内部管理，国际学校的课程设置，国际学校的财务管理，甚至在联合考察中NCCT考察人员如何与外国同行合作等问题。但有4年时间，NCCT没有就上述内容对NCCT的认证候选考察人员进行专门培训。二是NCCT对经过联合培训的认证候选考察人员的利用率比较低。每次联合培训之后，CIS、NEASC和WASC都要请参加培训的人员填写一份个人信息带回，但是NCCT没有意识到去准备这样的表格，也没有向CIS、NEASC和WASC的代表复制这些信息表，以至于每次开展联合培训后，未能储备这些被培训人员的信息。即使储存接受联合培训人员的信息，由于其中绝大多数是外国人，他们对中国国情不熟悉，能够代表NCCT去考察的也是微乎其微。从这个角度来讲，除了NCCT在华国际学校认证得到宣传，吸引在华国际学校来申请认证外，联合培训对NCCT来讲，其效益是比较低的。但是，CIS、NEASC和WASC对于联合培训却给予了很高评价，WASC认为ACMIS会议上举行的联合培训是真正的四方培训，而不是一家的行为。正像CIS的代表马格瑞（Margaret Alvarez）所说的，我们以共同的理论来支持学校的教学。WASC的认证委员会听说了这样的情况也非常高兴，他们建议继续开展这样的培训（CIS，NCCT，NEASC，WASC，2007）。对于联合培训，CIS、NEASC和WASC非常认同，这在情理之中；对于NCCT来讲，也是需要的，但缺乏针对性。

在这一时期，NCCT注重联合培训，而忽略针对"中国背景标准"培训的原因，主要是受到了NCCT预算紧缩的影响。从2006年起，NCCT的独立培训改为分片培训就表明了这个问题。2006年以前，NCCT的独立培训都是将全国的认证候选考察人员集中到一个地方集中培训，但是从

2006 年起，为了降低培训成本，改为分北京、上海和广州三片培训，由受训者走动变为培训者走动。其实，NCCT对其认证候选考察人员针对性培训的重要性，NCCT在华国际学校认证管理者是清楚的。在 2006 年 4 月 22 日召开的培训会上，莫景祺在谈到当年的认证工作时，还强调在上海和广州继续开展类似的培训；NCCT在华国际学校认证管理者也曾提出建议：今后的培训除了国际学校认证的通识培训以外，还要培训与在华国际学校相关的法律、法规和政策问题（CIS，NCCT，NEASC，WASC，2008）。其他三方对NCCT考察人员的针对性培训也有过建议：NCCT的培训任务很重，要加强对未来团长以及国际学校行政事务部人员的培训；对未来担任团长和副团长的人员需要加强他们对国际学校的认识，比如国际学校的课程、校长和董事会的职责。莫约翰甚至建议派一些人员到成熟一点的学校，作为观察员了解国际学校的方方面面（CIS，NCCT，NEASC，WASC，2007）。NCCT在华国际学校认证管理者多次提出开展独立培训的请示，都因预算紧张而未能如愿。例如，2008—2009 两年的独立培训都是因为预算控制而未能实施。

　　NCCT对考察人员针对性培训的缺失，不仅影响了NCCT考察人员专业水平的全面提高，更重要的是削弱了NCCT在华国际学校认证的行政合法性。从 2008 年起，教育部国际合作与交流司的有关领导及其有关处室的负责人通过参加NCCT在华国际学校认证委员会会议感受到：NCCT的考察人员对相关的法律、法规不熟悉；NCCT在华国际学校认证委员会对一些在华国际学校的认证结果掌握偏松。例如，该司有关负责人在参加NCCT于 2007 年 1 月 19 日在北京召开的认证委员会会议后，向莫景祺建议还要对学校的办学规范进行严格把关。2008 年 4 月 28—29 日，教育部国际合作与交流司有关处室的负责人在参加NCCT第三届国际学校认证委员会和第二届国际学校认证咨询委员会成立暨认证委员会会议期间，认为NCCT对于国际学校办学规范把关不严，甚至提出：政府部门既然可以授权，也可以收回授权。2009 年和 2010 年对该司负责人的两次访谈，他都谈到当前在华国际学校发展中的主要矛盾首先是规范，然后才是质量。NCCT

在华国际学校认证当前的主要功能是规范管理，只有这样，认证才会有特色和生命力。他们的这些认识主要是通过参加认证委员会会议，从有关认证委员会委员①的发言中获得的。看来，对考察人员缺乏针对性持续培训的后果，不仅在实地考察中显现出来，甚至开始影响到NCCT在华国际学校认证的行政合法性。

2010年9月，莫景祺带着这种压力认识到：NCCT对认证候选考察人员的针对性培训到了非进行不可的时候了，否则将会影响教育部国际合作与交流司以及地方教育行政主管部门对NCCT在华国际学校认证的持续支持和认可；同时，还会影响NCCT考察人员专业水平的全面提高，进而影响NCCT考察工作的质量。2010年9—12月，NCCT先后在北京、上海和广州召开了对NCCT认证候选考察人员的针对性培训。培训内容包括：在华国际学校办学涉及的相关法律、法律和政策；在华国际学校的内部管理；在华国际学校的课程设置；在华国际学校的财务管理；在联合认证中，NCCT考察人员与国外同行的合作。2010年9月，NCCT对认证候选考察人员的培训开始从联合培训向联合培训和独立培训并重转变。

总之，联合认证的实施促使NCCT培训于2006年开始从独立培训向联合培训转变。在此后的5年中，NCCT培训受着CIS、NEASC和WASC专业规范的影响；但由于NCCT内部预算的紧缩，导致了NCCT对独立培训的忽视，进而又导致来自政府部门的压力。这种压力又促使NCCT于2010年开始由联合培训向联合培训与独立培训并重转变。

四、独立认证的产生

在许多在华国际学校申请NCCT与其他一方或多方的联合认证时，也有个别学校申请NCCT的独立认证。例如，上海瑞金国际学校于2005年5月、上海美丘第一幼儿园于2006年2月前向NCCT提出了独立认证的请求。上海美丘第一幼儿园之所以申请NCCT的独立认证，是因为它们认为

---

① NCCT在华国际学校认证委员会的委员有的同时也是NCCT在华国际学校认证考察人员。

作为幼儿园不存在学生到国外上大学的问题，而在中国办园却需要得到中国教育权威部门的认可。上海瑞金国际学校在中国办学更看重中国教育权威部门的认可。

但是，NCCT的在华国际学校认证标准试用版已经不完全适应形势发展的要求，主要是 CIS/NEASC 已于 2003 年完成其认证标准的修订，形成了 CIS/NEASC 国际学校认证标准第七版。同时，NCCT在几年的认证实践中也积累了许多丰富的经验需要及时反映到认证标准之中。为此，NCCT为适应这些国际学校申请NCCT独立认证的需求，一方面积极接受学校的申请按认证程序向前推进，另一方面也加快了对NCCT《外籍人员子女学校认证标准（试用版）》的修订。NCCT委托高兰生在NCCT《外籍人员子女学校认证标准（试用版）》的基础上，借鉴 CIS/NEASC 国际学校认证标准第七版和 WASC 国际学校认证标准"聚焦学习"，并吸收NCCT在华国际学校认证实践的有益经验，修订完成了用于NCCT独立认证的国际学校认证标准（2006 版）。NCCT在华国际学校认证标准（2006 版）在结构上与 CIS/NEASC 国际学校认证标准第七版相似；在内容上，除了几个认证机构间共同关心的内容外，特别增加了许多体现中国背景的内容；在表述方式上较试用版发生了较大变化，与 CIS/NEASC 国际学校认证标准第七版和 WASC 国际学校认证标准"聚焦学习"也有所不同。NCCT在华国际学校认证标准（2006 版）共 6 部分，36 条，153 个观测点。NCCT使用这一标准，于 2007 年 11 月完成了对上海美丘第一幼儿园的考察团考察；于 2008 年 4 月完成了对上海瑞金国际学校的考察团考察。因此，NCCT的独立认证是在个别在华国际学校认证需求的推动下产生的。而这种需求的背后，是个别在华国际学校（幼儿园）对NCCT政府背景的看重。

但是个别在华国际学校（幼儿园）只申请 NCCT 认证却在 CIS、NEASC 和 WASC（特别是 CIS）的代表中，引起了一阵波澜。据 2005 年三亚四方会议纪要记载，CIS 的代表提出NCCT受理只申请NCCT认证的国际学校，会削弱大家正为联合认证程序所做的努力。这一意见得到了与会其他两方代表的赞同。CIS 的代表认为，如果 NCCT 单独受理在华国际学校的认证，应该用"认可"（recognition）这个术语，而不应该用"认证"（accreditation）这个术语（CIS，NCCT，NEASC，WASC，2005b）。根据 2010 年 8 月 9 日下午对王燕的访谈，在 2006 年 11 月法国尼斯召开的四方会议上，也许是 NCCT 在华国际学校认证管理者没有到会的缘故，大家的讨论更加直率。四方为了面向在华国际学校的公告整整讨论了一天。讨论的焦点始终围绕"Accreditation"这个词的使用。CIS 的施大伟认为这个词是 CIS、NEASC 和 WASC 的专用名词，NCCT 不应该用。NCCT 应该叫 NCCT 评估或中国评估。马丽玲和侃爱华不同意施大伟的观点，但又一时拿不出说服他的理由。王燕认为，用"评估"也好，"认证"也好，比如用"certification"，都可以译成"认证"，其实都是一回事。对此，莫约翰也从中进行了协调。最后，与会代表达成共识，对于只申请 NCCT 认证的在华国际学校，NCCT 应该鼓励其申请联合认证，同时，赞同 NCCT 用"中国认证"（Chinese Accreditation）（CIS，NCCT，NEASC，WASC，2006）。

CIS、NEASC 和 WASC（主要是 CIS）之所以对个别在华国际学校（幼儿园）只申请 NCCT 认证特别敏感，主要在于妨碍了他们的预期利益，如果在华国际学校只申请 NCCT 认证，就会使他们为了认证更多的在华国际学校的预期利益落空，这样他们当然就不会允许 NCCT 使用他们的认证标准，甚至连相关术语都不允许使用。他们不允许 NCCT 使用"Accreditation"这个术语，就是一个生动的例子。原本这场风波已经在会议期间平息，但据王燕 2010 年 8 月 9 日下午回忆，施大伟回到 CIS 汇报时，将会议的情况讲反了，把现场的争论理解成了另外的意思，认为 NCCT 就是想独立开展认证。CIS 意识到了问题的严重性，其总裁唐纳德（Richard Tangye）专程从伦敦飞到波士顿会见了 NEASC 的总裁陆建国商谈发生的危机，都想与 NCCT 沟通，但又不能与 NCCT 直接沟通。显然，误会隐藏其中。最后，他们找到了在美国进行招聘工作的莫约翰。莫约翰听了情况以后，告诉他们问题已经解决了，是施大伟理解错了，他又把当时会上的情况讲了一遍，最后得到了 CIS 和 NEASC 总裁的理解。总之，NCCT的独立认证是在个别在华国际学校（幼儿园）的需求下产生的，这反映了在华国际学校对NCCT政府背景的看重，但独立认证从产生之时就受到了 CIS、NEASC 和 WASC 的制约。

考察联合认证实践中利益相关主体对制度要素的调整情况，我们会发现：在制度调整过程中起主要作用的是政府部门和学校认证领域的制度逻辑。政府部门的制度逻辑是通过NCCT而发挥作用的；学校认证领域的制度逻辑是通过 CIS、NEASC 和 WASC 等国外学校认证机构发挥作用的。影响NCCT的事业部门的制度逻辑和影响在华国际学校的国际学校领域的制度逻辑起到了"搭台"的作用。国际学校领域的制度逻辑促使在华国际学校申请认证，使学校认证活动得以发生；事业部门的制度逻辑促使NCCT平衡各利益相关主体的利益，使认证活动得以持续。

第四节　联合认证实践中的张力

在国际学校认证制度向中国移植的实践中，利益相关主体之间的张力、矛盾和冲突是推动利益相关主体进行制度调整的推动力。但利益相关主体之间的张力、矛盾和冲突推动制度调整是一个累积的过程。在国际学校认证制度向中国移植的实践中，利益相关主体之间的张力、矛盾和冲突是非常丰富的，有许多具体生动的表现形式。这种现象在联合认证时期表现得尤为明显。这些张力、矛盾和冲突是制度调整的潜在力量。

一、CIS、NEASC 和 WASC 之间的张力

CIS、NEASC 和 WASC 之间的张力集中表现在彼此在中国境内合作过程中的潜在竞争。20 世纪 50 年代中期以来，美国的学校认证机构对其在海外的美国学校以及国际学校认证的势力范围进行了划分（见第三章）。20 世纪 70 年代以来，ECIS（2003 年 7 月 1 日后为 CIS）开始认证全球的国际学校。在NCCT在华国际学校认证产生之前，已经有 WASC、ECIS 和

NEASC 进入中国开始认证中国境内的国际学校。由于 WASC 的认证范围主要为东亚地区，其会员校的数量比 ECIS/NEASC 要多得多。从国际学校认证在世界以及中国的发展来看，CIS、NEASC、WASC 之间，特别是CIS/NEASC 与 WASC 之间是存在潜在竞争的。

在NCCT开展在华国际学校认证的早期，NCCT先是与 CIS 和 NEASC进行合作，而后与 WASC 进行合作。NCCT与 CIS、NEASC 和 WASC 的合作顺序受到了北京京西学校的影响。北京京西学校早在 1998 年就通过了ECIS/NEASC 的认证并成为其成员校。当该校向NCCT建议并探讨在中国开展国际学校认证的可能性时，自然就将 ECIS 和 NEASC 介绍给了NCCT。据研究者本人 2009 年 12 月 22 日对莫约翰的访谈，随着NCCT在华国际学校认证试点的开始，北京京西学校校长莫约翰意识到，由于 WASC 在中国的成员校比较多，NCCT要尽快争取更多的在华国际学校申请认证，还需要与 WASC 合作。2002 年 3 月，NCCT开始与 WASC 合作。莫约翰在回顾帮助引进 ECIS/NEASC 和 WASC 的过程时感慨道：这个过程很艰难、很复杂，牵涉多方面的问题。如何把它们放到一起费了不少心思。

WASC 介入以后，从 WASC 与 CIS 和 NEASC 代表之间的交往以及在NCCT考察团中 WASC 考察人员与 CIS 和 NEASC 考察人员之间的交往来看，NCCT在华国际学校认证管理者明显地感受到了西方精英谦恭与礼貌背后所表现出的微妙的竞争关系。这种微妙的竞争关系在 2004 年越南胡志明市四方会议上达到了极点。在本次会议上，CIS 的代表与 WASC 的代表围绕如何使用 CIS/NEASC 国际学校认证标准第七版问题进行了激烈的争论。2005 年以后，伴随着 CIS 的代表施大伟的退休，马格瑞的继任，其潜在的竞争关系发生了微妙变化。马格瑞与 WASC 的代表马丽玲曾经是同事，又是非常好的朋友，这非常有利于工作的沟通；而 NEASC 的侃爱华是 NEASC 学校/学院关系办公室主任，不具体负责海外国际学校的认证工作，但她没有将这项工作完全交给该机构负责此项工作的人。因此，侃爱华每年 3 月参加四方联合培训和每年 11 月参加四方会议，往往会受到预算的影响。这种状况使得 CIS 和 WASC 的联合认证密切起来，而 NEASC 则失去了不少联合认证的机会。2006—2010 年，NCCT 与上述三家认证机构已经认证和正在认证的学校为 25 所，其中 WASC 参加联合认证的学校为 17 所，CIS 参加联合认证的学校为 14 所，而 NEASC 参加联合认证的学校仅为 7 所。作为 NEASC 过去联合认证的伙伴，CIS 与 NEASC 联合认证的学校为 7 所，而与 WASC 联合认证的学校上升为 6 所。对于美国最早建立的地区认证机构来讲，NEASC 在华国际学校成员校份额的相对减少显然是出在内部。2010 年 11 月成都四方会议之前，NEASC 的代表由侃爱华更换为潘迈克（Michael Popinchalk），可能与 NEASC 在中国市场所面临的挑战有很大关系。

CIS、NEASC 和 WASC 甚至会将他们与其他学校认证机构在中国的冲突带进四方的讨论中来，以期 NCCT 帮助其维护利益。最典型的一个例子是它们与国际及跨地区认证委员会（CITA）之间的冲突。NEASC 与 CITA 的冲突由来已久，NEASC 认为 CITA 所开展的认证违背了学校认证的基本精神，损害了认证的声誉（Jacob Ludes，2002）。CITA 几乎是在 NCCT 与 NEASC 和 ECIS 寻求合作时进入中国市场的。2001 年，CITA 与上海现代教育认证评估事务所（MEAEA）开始合作，对中国的一些民办学校进行认证，到 2008 年已对上海、浙江、江苏、西安等地近 20 所幼儿园、中小学、大学进行了考察（MEAEA 网站，2008）。NEASC 将关于 CITA 的有关情况以文字形式向 NCCT 作了通报，NEASC 的侃爱华也多次通过邮件向 NCCT 在华国际学校认证管理者通报 CITA 的情况。甚至伴随着 CITA 与中国有关机构召开认证研讨会，经 NEASC 的代表提议将 CITA 的问题列入到了 2005 年、2006 年和 2007 年三个年度的四方会议上进行讨论。会议建议 NCCT 对这件事情进行调查，并向有关部门通报 CITA 的情况以及四方合作认证的情况。直到在 2007 年四方会议上，NCCT 重申 NCCT 是唯一经过中国教育部授权的开展在华国际学校认证的机构，同时声明尽管还有国外的学校认证机构希望能与 NCCT 合作，但 NCCT 不打算再扩大在海外的合作伙伴时，这一议题才告一段落。

很显然，CIS、NEASC 与 WASC 之间，以及 CIS、NEASC、WASC 与

其他学校认证机构之间的张力具体表现为在华国际学校份额的微妙竞争，但他们对待这种竞争的行为往往表现为对专业规范的争夺。例如，NEASC 对 CITA 的抨击就是明显的例子。

二、NCCT 与 CIS、NEASC 和 WASC 的张力

虽然在联合认证的准备阶段，NCCT 与 CIS、NEASC 和 WASC 就联合认证的标准和程序进行了调整并达成共识，但由于 NCCT 与 CIS、NEASC 和 WASC 背后的制度逻辑不同，在联合认证实践中，NCCT 与 CIS、NEASC 和 WASC 之间在认证标准的掌握以及认证程序的操作方面则表现出明显的争夺。

在联合认证实践中，NCCT 在关注学校整体办学水平的同时，更加关注学校的依法办学；而 CIS、NEASC 和 WASC 对于学校的依法办学不太关注，甚至会视而不见。例如，在联合认证时期，NCCT 曾经对于不具备申请资格的 3 所学校未予受理，但这 3 所学校均为 CIS、NEASC 和 WASC 的成员校。NCCT 曾对 4 所学校授予"有条件通过认证"，对 2 所学校授予"认证推迟"，但 CIS、NEASC 和 WASC 均授予了这些学校"通过认证"。NCCT 与 CIS、NEASC 和 WASC 对于授予学校申请资格以及认证结果的分歧，主要集中在学校的规范办学方面。由于在意识形态方面的差异，NCCT 与 CIS、NEASC 和 WASC 对宗教的理解上存在明显的差异。根据《中华人民共和国教育法》的规定①以及 NCCT 的"中国背景标准"，NCCT 将学校中存在的宗教活动视为违法活动；而 CIS、NEASC 和 WASC 则视而不见。为此，NCCT 在联合认证中因为学校存在宗教问题，先后对 2 所学校未授予申请资格；对 2 所学校授予"有条件通过认证"，并建议这些学校限期改进。

---

① 《中华人民共和国教育法》第八条规定："教育活动必须符合国家和社会公共利益。国家实行教育与宗教相分离。任何组织和个人不得利用宗教进行妨碍国家教育制度的活动。"1995年 3 月 18 日第八届全国人民代表大会第三次会议通过，1995 年 3 月 18 日中华人民共和国主席令第 45 号公布，自 1995 年 9 月 1 日起实行。

NCCT与CIS、NEASC和WASC在认证标准掌握上的差异，是由各自背后的制度逻辑决定的。CIS、NEASC和WASC作为国际认证机构，比较强调国际思维，甚至将不介入政治作为他们这些机构的基本原则；同时比较强调专业规范。因此，它们对于在华国际学校遵守中国法律和法规的情况不太关注。而作为中国事业单位对政府部门的依附性，以及开展在华国际学校认证工作必须经过中国教育部的授权，这都使得NCCT必须在国际学校认证工作中体现政府部门的意志，特别是要关注在华国际学校遵守中国法律和法规的情况。

每每CIS、NEASC和WASC的专业规范与中国政府部门的规制发生矛盾时，往往是专业规范最终要服从于政府部门的规制。例如，2010年2月23日，NCCT像往年一样应CIS代表马格瑞的请求，向中国教育部国际合作与交流司递交了《关于邀请国际学校协会认证专员马格瑞来华访问出具签证证明的请示》。教育部国际合作与交流司有关部门在审核过程中发现CIS有来自台湾的成员校。该部门要求CIS的领导发一封电子邮件声明：虽然CIS有来自台湾的成员校，但坚持台湾属于中国，世界上只有一个中国的立场。NCCT据此起草了给CIS联络人马格瑞的一封信，并请王燕翻译后于3月4日通过电子邮件发出。当日，马格瑞回信告知她将把此信转给CIS的执行主任唐纳德先生。随后，该部门进一步发现：在CIS的650个会员校名单中，台湾与中国被并列为两个国家，在介绍"Taipei European School"时，将台湾写为"Taiwan ROC"。该部门通过NCCT要求CIS对上述问题进行修改：将台湾列入中国一栏，将台湾表述为"Taiwan, China"，将台北表述为"Taibei, China"；并希望CIS通过NCCT向中国教育部有关部门发表一个声明：CIS一贯坚持台湾属于中国、世界上只有一个中国的立场。3月26日，NCCT在华国际学校认证办公室又通过王燕用电子邮件向CIS的马格瑞转达了该部门的要求。4月12日，马格瑞发来电子邮件告知他们的执行主任唐纳德先生将借参加NCCT在广东佛山市南海区召开的教育国际化论坛的机会，与莫景祺就其网站所涉及的台湾问题进行讨论。4月27日晚，莫景祺与唐纳德先生就上述问题进行了讨论，唐纳德先生对中国教育部国际合作与交流司有关部门所关注的问题表示充分的理解和尊重，并进行了积极回应：（1）撤掉CIS国际学校名录在线版本中所有带"ROC"的注解；（2）在2010年9月出版的印刷品中，删除所有的注解；（3）在新版中，其成员校将按区域列出，不再按国家列出。4月29日，唐纳德先生给莫景祺发了一封电子邮件，对上述回应作了书面声明。

NCCT与CIS、NEASC和WASC之间的张力还表现在对认证程序操作权方面的争夺。在联合认证的组织管理中，CIS、NEASC和WASC的代表对NCCT非常尊重、周到和友好。自从四方联合认证的标准和程序确定以后，三方都将NCCT的"中国背景标准"纳入到他们的指导手册中；当有在华国际学校向他们提出申请时，他们一般都会提醒学校可以申请他们与NCCT的联合认证；在指导学校自评时，也一并指导学校要对NCCT的"中国背景标准"进行自评。他们对NCCT在联合初步考察之前只由NCCT实施的资格考察表现出了充分的理解和支持。特别是就某些学校要申请联合认证，通过电子邮件与NCCT在华国际学校认证管理者进行沟通时，往往要通报他们对学校的认证状态，学校希望联合认证的时间，并提醒NCCT在华国际学校认证管理者要发给学校NCCT的认证请求表，确定NCCT资格考察的日程，并询问NCCT还需要哪些信息等。

尽管CIS、NEASC和WASC在联合认证中对NCCT作为认证合作方非常尊重、周到和友好，但NCCT与CIS、NEASC和WASC在联合认证程序的操作中始终存在着张力。主要表现在以下几个方面。

一是认证过程中与学校的联络、协调基本上是由CIS、NEASC和WASC牵头的。四方联合认证的指南中明确指出，学校先找到哪一方就由哪一方牵头负责与学校的联络和协调；在联合考察团考察中，哪一方为牵头单位，联合考察团团长就由哪一方担任，其他方担任联合团长。但实际工作中的联络、协调和考察团团长往往都是由CIS、NEASC和WASC牵头的（见表6-6）。

表 6 - 6　2006—2010 年联合考察团团长所属认证机构情况

学　校	考察时间	考察团团长所属机构
北京顺义国际学校（第 2 轮）	2006 - 09	CIS
南京国际学校	2006 - 11	CIS
上海长宁国际学校（第 2 轮）	2007 - 11	WASC
厦门国际学校	2008 - 03	WASC
北京大韩学校	2008 - 04	WASC
苏州新加坡国际学校	2008 - 04	CIS
北京 BISS 国际学校（第 2 轮）	2008 - 10	WASC
深圳蛇口国际学校	2008 - 10	WASC
北京京西学校（第 2 轮）	2008 - 10	CIS
上海新加坡国际学校	2009 - 03	CIS
北京耀中国际学校	2009 - 10	CIS
上海德威英国国际学校	2009 - 10	CIS
成都爱思瑟国际学校	2010 - 03	WASC
天津 MTI 国际学校（第 2 轮）	2010 - 04	WASC
太湖国际学校	2010 - 05	CIS
上海耀中国际学校	2010 - 11	NEASC

　　从表 6 - 6 可以看出，自 2006 年以来，NCCT 与 CIS、NEASC 和 WASC 组成的联合考察团团长，没有一次是由 NCCT 派出的，即 NCCT 在联合考察中没有充当过一次牵头单位，基本上都是跟随 CIS、NEASC 和 WASC 参加联合考察团的考察。在华国际学校一般都是先找 CIS、NEASC 或 WASC 联系，待认证的时间表基本确定之后，再与 NCCT 联系；NCCT 在华国际学校认证管理者也较少主动与在华国际学校联系。

　　二是 NCCT 为了寻求与 CIS、NEASC 和 WASC 认证周期的同步，调整了使用简捷认证所产生的认证周期（见表 6 - 7）。

表6-7 2006—2010年NCCT对学校认证周期调整情况

学　校	原认证周期	调整后的认证周期
北京京西学校	2002—2007	2002—2008
天津 MTI 国际学校	2002—2007	2002—2010
北京顺义国际学校	2003—2008	2003—2006
上海长宁国际学校	2005—2010	2005—2007
北京 BISS 国际学校	2005—2010	2005—2007

2003 年 10 月，北京顺义国际学校通过NCCT认证，认证周期至 2008 年。2005 年，该校由 WASC 成员转入 CIS/NEASC 成员，并申请 CIS/NEASC/NCCT联合认证。为了寻求认证周期的同步，NCCT在认证周期未满、提前两年的情况下，于 2006 年 9 月与 CIS 和 NEASC 对该校进行了联合考察。上海长宁国际学校和北京 BISS 国际学校是 2005 年 3 月通过NCCT认证的，认证周期应该至 2010 年。NCCT为了寻求与 WASC 的联合认证，在两所学校的认证周期未满 5 年的时候，分别于 2007 年 11 月和 2008 年 10 月，随 WASC 的认证进程，分别对两所学校进行了联合考察。天津 MTI 国际学校是 2002 年 11 月通过NCCT认证的，认证周期到 2007 年。为了寻求与 WASC 的认证周期同步，NCCT将认证周期延长至 2010 年。NCCT与 CIS、NEASC 和 WASC 从简捷途径走向联合认证，调整彼此的认证周期并使其同步是必然的，但对认证周期的调整从来都是调整NCCT的认证周期，使其与 CIS、NEASC 和 WASC 接轨，而不是相反。

三是为了与 CIS、NEASC 和 WASC 联合认证，NCCT对一些学校省略了前期的认证程序（见本章第三节）。

在联合认证程序的操作中，NCCT之所以与 CIS、NEASC 和 WASC 产生上述张力，可从以下两方面来分析。从国际学校认证领域来看，CIS、NEASC 和 WASC 均是国际知名的学校认证机构，它们在长期的发展中形成了完善的操作规范，有一定数量的专门人员从事这项工作。NCCT开展在华国际学校认证工作，是由于其职能定位模糊而进入这个领域的。在一定意义上讲，它既不是专门的机构，也没有专门的人员，国际学校认证工作只是其众多工作中的一项。特别需要强调的是，在联合认证时期，NCCT组织内部的变化对上述先天不足起到了强化作用，并迟滞了NCCT在华国际学校认证组织管理能力的提高。正如第八章所述，NCCT组织内部的变化，严重影响了NCCT在华国际学校认证的经费预算、与CIS和NEASC及WASC交流的频率、与在华国际学校交流活动的开展，进而影响了充分的沟通和信息的获得，以及NCCT在华国际学校认证管理者的持续学习。历史和现实所形成的NCCT与CIS、NEASC和WASC在国际学校认证组织管理方面的差距，使得NCCT与上述机构之间存在着依附与独立的张力。

一方面，NCCT通过由CIS、NEASC和WASC牵头、调整其认证周期以及省略相关认证程序与其开展联合认证，在一定程度上提升了NCCT在在华国际学校中的声望；但另一方面，也影响了NCCT在华国际学校认证的独立性和严肃性，很容易给在华国际学校造成NCCT"搭便车"的印象，甚至影响了NCCT在华国际学校认证所特有的功能——规范管理。特别是对认证程序的省略，往往造成NCCT对其所关注内容的忽略。例如，对深圳蛇口国际学校认证初步考察程序的省略，缺失了NCCT对学校自评的指导，当对学校进行考察时，联合考察团发现学校没有针对NCCT的"中国背景标准"部分进行自评，其自评报告缺少"中国背景标准"部分。上述张力可能会促使NCCT进一步坚持其认证标准和认证程序。

三、NCCT与学校的张力

在联合认证实践中，NCCT与在华国际学校之间的张力主要表现在：在华国际学校对NCCT在华国际学校认证的标准、程序、结果和管理费用等的认同方面。

在华国际学校在中国办学希望通过申请NCCT认证获得中国政府部门的认可。但其要获得NCCT认证必须达到联合认证的标准，其中关键是要达到NCCT认证的资格和NCCT的"中国背景标准"。在华国际学校要达到

NCCT认证的资格，必须要经过中国教育部的审批，其法定的办学手续必须齐全，并处于正常的运行状态。虽然经过考察，申请NCCT认证的在华国际学校大部分都符合申请NCCT认证的资格，但是由于历史原因以及地方管理上的差异，一些学校或多或少在法定的办学手续上都存在这样那样的问题。对于在认证过程中可以改进的问题，NCCT往往在授予学校申请认证资格的同时，向学校提出改进建议，希望他们在自评过程中进行改进。这就意味着，如果学校在自评过程中没有改进，有可能会影响到学校的认证结果。但是仍有个别学校由于其办学存在与中国法律、法规相违背的情况，而没有获得申请NCCT认证的资格。2006 年以来，先后有 3 所学校没有获得申请NCCT认证的资格，其中 2 所是因为宗教问题，1 所是因为从外国领馆学校向国际学校的转制还没有完成。例如，2007 年 9 月 20 日，根据 GE 学校的申请，NCCT考察人员对该校进行了资格考察。经考察，GE 学校采用"以圣经为基础的个性化国际教育体制"，使用 ACE 课程。该校为 ACE School of Tomorrow 示范学校，采用 ACE School of Tomorrow 系列教材，接受该组织的年度考察。NCCT发现上述问题后，暂停受理学校的申请，NCCT在华国际学校认证办公室于 10 月 26 日以电子邮件的方式告知学校董事会成员及学校校长由于学校存在的宗教问题，可能会影响到对学校认证申请的受理。10 月 29 日，学校校长回信认为在中国境内的在华国际学校可以不受中国有关法律、法规的约束。11 月 2 日，NCCT在华国际学校认证办公室致信该校校长，指出对方在信中有关在华国际学校可以不受中国有关法律、法规约束的理解是完全错误的，并指出在华国际学校是由中国政府部门批准的实施国民教育的学校，其在中国境内办学应该遵守中国的所有法律和法规。信中还明确指出，该校采用带有宗教内容的课程实施教学活动违背了中华人民共和国国家教育委员会《关于开办外籍人员子女学校的暂行管理办法》、《中华人民共和国教育法》以及中华人民共和国国务院《宗教事务条例》等规章、法律和法规，并从认证机构的角度建议学校认真对待，改进存在的问题。11 月 12 日，该校校长回信告知，他们将于 11 月晚些时候与董事会讨论这一问题，并将讨论的结果尽快回复NCCT。上述这类学校只有经过改进，获得申请认证资格才能正式申请NCCT认证。

在华国际学校要想通过联合认证程序获得NCCT认证，除了达到 CIS/NEASC 或 WASC 的标准外，还要达到NCCT的"中国背景标准"，而"中国背景标准"主要是要求学校遵守中国的相关法律和法规。2006 年以来，与 CIS、NEASC 和 WASC 联合认证的学校中，NCCT先后对 4 所学校给予"有条件通过认证"，其中有 3 所学校涉及办学不规范问题；先后对 2 所学校给予"推迟认证"，其中 1 所学校当时还不是中国教育部正式审批设立的学校，另外 1 所学校存在"程序合法，而事实不合法"的问题。被给予"有条件通过认证"和"推迟认证"的大多数学校，通过沟通对认证结果都能理解和接受，但有个别学校反应强烈。例如，XM 学校被给予"推迟认证"以后，该校校长与NCCT在华国际学校认证管理者进行了多次沟通，情绪激动，言辞强烈；同时，也不断地给与NCCT联合认证的 CIS、NEASC 和 WASC 发送电子邮件，希望 CIS、NEASC 和 WASC 给 NCCT施加压力。随后，该校的中国籍副校长多次与NCCT在华国际学校认证管理者电话沟通，探讨解决这一危机的办法。

在联合认证实践中，在华国际学校在联合认证之前还要接受NCCT单独进行的资格考察。但是，有些在华国际学校不太重视NCCT的资格考察程序。例如，2007 年 9 月 27 日，BY 学校的管理者通过电子邮件向 NCCT、CIS 和 NEASC 正式提出了联合认证申请；随后，CIS 的代表马格瑞一直在与该校的管理者沟通初步考察的时间，同时抄送了 NCCT 和 NEASC 的代表；同时，该校的管理者询问，NCCT在华国际学校认证申请表的格式，NCCT在华国际学校认证管理人员回复，希望与 CIS 的代表讨论一下（NCCT在华国际学校认证管理者希望使用 CIS 的认证申请表，同时将NCCT"中国背景标准"的内容加进去）；2007 年 11 月 28 日，NCCT在华国际学校认证管理者向该校的管理者提供了一份认证申请表，并告知学校在联合初步考察之前，NCCT要单独进行资格考察，并附上了NCCT资格考察指南。2008 年 1 月 17 日，该校管理者在给NCCT在华国际学校认证管理者的电子邮件中委婉地提出学校向三方的申请已经经过了三方的讨论，初步考察的时间也已经确定，NCCT再进行一个单独的访问是否有必要，是不是NCCT参加三方的联合初步考察就足够了。2008年1月18日，NCCT在华国际学校认证管理者给该校的管理者回信同意了学校的请求。从这个案例可以看出，NCCT对资格考察程序的省略，受到了学校不希望进行资格考察程序的影响，但学校的意愿又是以CIS、NEASC和WASC没有资格考察程序作为参照的。

有时，在华国际学校还会对NCCT的认证结果提出异议。一个比较典型的例子是NCCT与CIS和WASC对TH学校的联合认证。2010年9月9日，TH学校的校长致信NCCT在华国际学校认证管理者，对NCCT给予其"有条件通过认证"表示不理解，认为CIS和WASC给予了无条件认证，而NCCT的条件比较苛刻；考察报告B2：1－7的评定是"M"，为什么成了不能通过的理由（实际上对NCCT的信函有些误解）。NCCT在华国际学校认证管理者起草了给该校长的回信，为了慎重起见，征求了NCCT赴该校考察人员的意见，请王燕翻译后于9月13日发出。这封信澄清了以下几个问题：（1）NCCT/CIS/WASC联合考察团基于学校在健康与安全方面存在的隐患给予学校的认证结果是B档，即有条件通过。学校对此非常重视，于联合考察团考察之后的一周之内完成了所有健康与安全问题的改进，并将改进报告报送了CIS，但是没有报送NCCT。该校于当年6月和8月分别收到了CIS和WASC"通过认证"的通知。当年9月，收到NCCT给予的"有条件通过认证"的通知。NCCT认为造成NCCT与CIS和WASC认证结果不一致的原因是因为学校针对健康与安全问题的改进报告没有送达NCCT；如果当时也报送了NCCT，NCCT给予学校的认证结果可能与CIS和WASC会是同样的。（2）NCCT的"有条件通过认证"是指再次考察之后授予认证，即学校没有达到某些标准，至少需要一年时间进行改进。NCCT将在适当时间派考察人员考察，决定是否授予学校认证。经过再次考察后，如果学校被授予认证，认证周期将从考察团考察的月份（2010年5月）算起。（3）NCCT的中文信函是NCCT的官方信函。由于NCCT的官方性质，NCCT发布的信函只用中文。NCCT向其他在华国际学校发布的信函也同样用中文。（4）NCCT给学校的函件中"考察团报告建议中的 B2：1－7"，指的是联合考察团报告中第26页的"SECTION B2"里的"RECOMMENDATIONS"中的1－7条。而NCCT强调的这部分是联合考察团达成的建议。2010年9月13日，该校校长回复NCCT在华国际学校认证管理者认为，他完全理解他们与三方（NCCT、CIS、WASC）之间的沟通不够，他允诺将5月发给CIS的关于"健康和安全"的改进报告发给NCCT，并希望NCCT能够在2010年尽早对其进行特殊考察。NCCT在华国际学校认证办公室回信建议在2010年11月的第三周派考察人员对该校进行特殊考察。导致这一事件的原因除了该校校长对NCCT在华国际学校认证理解不充分以外，主要原因是该校校长用CIS和WASC作参照来衡量NCCT对该校的认证结果。

2005年以来，NCCT的认证管理费开始受到一些参加认证的在华国际学校的抱怨，这些学校认为NCCT收取的认证管理费偏高。NCCT的认证管理费用的确高于CIS、NEASC和WASC（见表6－8）。

表6－8　CIS、NEASC、WASC 和NCCT认证
管理费比较（单位：人民币元）①

	CIS	NEASC	WASC	NCCT
注册或申请费	12052	7450	998	10000
初访费 再次认证初访费	19912[*] 16506	按601～1100个学生： 19955	3991	20000

① 收费项目以 CIS 的收费项目为参照；CIS、NEASC 和 WASC 的数据分别来源于2010年12月6日各自网站的数据；美元和英镑对人民币的折算价，按2010年12月6日中国银行公布的标准计算：100 美元＝665.15 人民币，100 英镑＝1048.01 人民币；加 * 的数据为研究者本人折算的数据；特殊考察费按 1 次计算；到2010年年底，根据NCCT与在华国际学校签署的30份认证协议，30所学校的平均规模为698个学生。因此，本表中NCCT的考察团费用按700人计算；NEASC 的年度费用和考察费用，按601～1100名学生计算。

续表

	CIS	NEASC	WASC	NCCT
自评费	—	—	3991	—
考察团考察费	最小 8 人团：16506* 9 ~ 15 人团：24366 16 人及以上团：32750	19955	2661	按 1000 名学生计算：30000 + 700 × 50 = 65000*
中期考察费	7336	9977	3991	—
特殊考察费	19912	9977	3991	—
年度费用	11633	0 ~ 300 学生：16629 301 ~ 600 学生：18292 601 ~ 1101 学生：19955* 1101 + 学生：22615	小学：3326* 初中：4789* 高中：4789*	10000
认证 1 所学校大约收取的费用	87351	67314	32527	105000

NCCT收取的认证管理费高于 CIS、NEASC 和 WASC 的主要原因是 NCCT的国际学校认证工作在起步阶段的工作成本比 CIS、NEASC 和 WASC 要高很多。截至 2010 年年底，NCCT认证通过的学校只有 16 所；至 2010 年 8 月，CIS 已经认证的学校达到 312 所（Margaret Alavez, 2010）；2010 年，NEASC 已经认证的海外美国学校和国际学校为 176 所（NEASC 网站，2010 - 11 - 11）；至 2010 年 7 月，WASC 已经认证的学校为 3776 所（WASC 网站，2010 - 11 - 11）。这些学校所缴纳的认证管理费足以支撑这些机构的运行。而NCCT要用 16 所学校缴纳的认证管理费支撑国际学校认证程序所规定的基本工作，其工作成本是相当高的。在 2002—2005 年，该项目经费一直处于入不敷出的状态，每年需要NCCT的

补贴；在 2006—2010 年，这个项目基本能维持运转。在这种情况下，NCCT只有靠高于 CIS、NEASC 和 WASC 的认证管理费标准来维持。但从在华国际学校完成一次认证所支出的全部费用来看，完成NCCT考察团考察的全部费用比起 CIS、NEASC 和 WASC 来是比较低的。[①] 其主要原因是上述三家认证机构派出的考察人员多来自海外，并且相对较多，其国际旅费相对较高。以 2009 年NCCT与 CIS、NEASC 对某在华国际学校的联合考察为例，考察团中来自三方的考察人员共 13 人（包括 1 位考察团秘书），其中来自中国境内的NCCT的考察人员有 3 人，而其他两家的考察人员（包括 1 位考察团秘书）为 10 人，其中的 9 人分别来自德国、美国、澳大利亚、文莱、泰国、印度、塞尔维亚、埃及和葡萄牙等国家，另外 1 位考察团秘书来自中国境内的一所国际学校。如果从学校完成一次认证所支出的全部费用（认证管理费、旅费和食宿费）来看，在华国际学校完成一次认证的总体支出，相较之向其他三家国外认证机构支出的费用，向NCCT支出的费用是比较低的。但一些在华国际学校往往是以 CIS、NEASC 和 WASC 认证管理费标准为参照，来衡量NCCT在华国际学校认证管理费标准，而不是从完成一次认证的总体支出去比较。由于在华国际学校的反映，甚至 CIS、NEASC 和 WASC 的代表也委婉地认为NCCT的认证管理费标准过高，收费标准问题一度被提到了 2005 年 11 月四方会议上进行讨论，但最后四方达成共识：每一个机构规定自己的认证费，学校将提供交通和当地的费用（CIS，NCCT，NEASC，WASC，2005b）。但在 2009 年 11 月的四方会议上，CIS 的代表再次提出了认证管理费的问题。

在华国际学校之所以申请NCCT认证主要是为了获得在中国的行政合法性，但从NCCT与在华国际学校在联合认证实践中所表现出的张力来看，在华国际学校在申请NCCT认证的过程中，往往只关注获得NCCT认证的结

---

① 按国际惯例，被考察的在华国际学校完成一个认证过程，除了向认证机构缴纳像表6-8中所列的认证管理费用以外，还要承担考察团成员的交通费和食宿费。

果，但不太关注获得NCCT认证结果的过程以及NCCT认证的有关规范。这种认知倾向往往是以 CIS、NEASC 和 WASC 的专业规范作为参照的。这说明，CIS、NEASC 和 WASC 对在华国际学校的影响主要来自其专业规范，NCCT对学校的影响主要是其给学校带来的行政合法性。NCCT与在华国际学校在联合认证中的张力实质上是政府部门的制度逻辑与学校认证领域的制度逻辑之间的矛盾。

四、NCCT与政府部门的张力

NCCT与政府部门之间的张力主要表现在对"规范管理"的聚焦方面。教育部国际合作与交流司之所以通过教育部授权NCCT开展在华国际学校认证工作，其目的是通过认证手段加强对在华国际学校的管理。NCCT作为教育部直属事业单位，经过教育部授权开展在华国际学校认证工作，在在华国际学校认证实践中，体现政府部门的期待是毋庸置疑的。这种期待既是政府部门对NCCT的制约，也是NCCT对政府部门的责任。NCCT为了履行对政府部门的责任，在其国际学校认证标准中突出强调了规范管理的内容。但是，NCCT还承担着"认证机构"的角色，为此它还受学校认证专业规范的制约。就NCCT而言，一方面要强调规范管理，另一方面又要防止把对国际学校的考察变为政府部门的督导，否则，NCCT所开展的在华国际学校认证工作就会失去在华国际学校和国际认证机构的支持。因此，对于政府部门"规范管理"的要求，NCCT比较倡导从帮助学校发展出发，从同行的角度去观察学校的办学行为，向学校提出改进建议。

由于NCCT与政府部门视角不同，有时对于给予国际学校的认证结果也出现过不同看法。例如，教育部国际合作与交流司的负责人在参加NCCT于2007年1月19日在北京召开的认证委员会会议后，向莫景祺建议还要对学校的办学规范进行严格把关。2008年4月28—29日，教育部国际合作与交流司有关处室的负责人在参加NCCT第三届国际学校认证委员会和第二届国际学校认证咨询委员会成立暨认证委员会会议期间，可能认为NCCT对于国际学校办学规范把关不严，甚至提出政府部门既然可以授权也可以收回授权。双方对给予的认证结果有不同的看法是正常的，政府部门比较关注监管，而NCCT作为一个"认证机构"，它关注的是从促进学校发展的角度提出建议，促其改进。

NCCT与政府部门之间的张力，实质是政府的规制与学校认证机构专业规范之间矛盾的反映，作为在华国际学校认证工作的具体实施者，NCCT成了这一矛盾相互作用的中介。两者之间的矛盾反映了政府部门的制度逻辑与学校认证领域的制度逻辑之间的相互作用。

五、张力的解决方式

利益相关主体在联合认证中所产生的张力，都是根植于不同的背景和历史过程之中的，是历史累积的结果。利益相关主体在合作过程中，必须不断地协调这些张力，来建构在华国际学校认证制度。而协调这些张力最有效的办法就是利益相关主体及其代表进行不断的沟通和互动。NCCT与CIS、NEASC和WASC在联合认证中沟通与互动的主要渠道包括：（1）每年11月的四方会议；（2）从2007年开始，四方在ACAMIS会议上举行的联合培训；（3）联合认证的日常组织与管理。合作过程中的有关问题，往往都是在联合认证的组织与管理过程中通过电子邮件沟通解决的，而带有普遍性的问题往往是提交到四方会议上通过面对面的沟通来解决。四方的联合培训虽然为四方提供了见面机会，但由于四方代表的主要精力在于对志愿参加四方联合认证并成为四方联合认证考察人员的学校校长、管理者和教师的培训，对于合作过程中相关问题的沟通，虽存在但不是主要议题。

在联合认证的日常沟通中，专业人员发挥了重要作用。与简捷认证时期相比，NCCT在华国际学校认证管理者与CIS、NEASC和WASC以及在华国际学校的沟通，对专业人员的依赖明显减少。NCCT在华国际学校认证管理者基本上能够完成与CIS、NEASC和WASC以及在华国际学校的日常沟通，这主要是NCCT在华国际学校认证管理者逐渐熟悉了国际学校认证的专业工作，其英语语言交际能力、跨文化交际的适应性明显提高的缘故。但是对于一些重要问题的深入沟通往往还需要专业人员的协助。例如，对于合作过程中涉及的政治敏感问题、彼此的误解、政策说明等往往还需要专业人员的协助，特别是语言方面的协助，有时专业人员作为中间人也会起到缓冲作用。专业人员的另外一个作用是NCCT考察人员与国外同行的沟通。由于彼此的沟通、了解的程度以及文化差异的影响，NCCT考察人员与 CIS、NEASC 和 WASC 的考察人员以及在华国际学校的人员在合作过程中，有时不可避免地会产生一些不顺畅，甚至误解。这时，NCCT考察人员的主动沟通与化解为保证联合考察的顺利进行发挥了重要作用。有的考察人员具有很强的责任心，非常注重提前准备、提前沟通和现场沟通。例如，有的考察人员提前反复阅读学校的自评报告，主动与外方团长沟通，发挥自身优势，主动向团长提建议，除了"中国背景标准"部分以外，还主动承担其他工作；在考察过程中，发现问题主动向团长说明情况，让对方了解NCCT、了解NCCT认证。有的考察人员对于联合认证中临时出现的一些问题的处理也发挥了重要作用。例如，2009 年 10 月，作为NCCT的一位联合团长在对 SD 学校考察之前发现，虽然他作为联合团长在联合考察团的名单上，但考察日程没有安排他作为联合团长应该参加的相关活动，像需要提前抵达、团长碰头会、考察报告的修改等，并且在NCCT考察人员承担的工作中，只分配其负责"中国背景部分"。在NCCT在华国际学校认证办公室的协助下，这位NCCT联合团长按时抵达学校，与外方团长主动沟通，讲明了情况，让学校安排了房间；经过沟通，外方团长修改了考察日程，安排了他作为NCCT联合团长应该参加的活动，安排NCCT考察人员除了负责"中国背景标准"以外，还负责了标准的其他部分。据这位NCCT的联合团长反映，NCCT考察人员与外方考察人员沟通得很好，相处得也很好。总之，NCCT考察人员能够与 CIS、NEASC 和 WASC 的考察人员密切合作，相互理解和配合，使得整个考察工作进行得很顺利。大家偶有意见分歧，但经过沟通，均能对一些问题达成一致（杨金平，2008）。

每年一度的四方会议是四方通过面对面沟通解决日常合作中普遍性问题的一个重要机制。四方会议的主要议题来自四方在过去一年，甚至更长时间合作中所遇到的普遍性问题。回顾联合认证时期的四方会议，除了制订四方联合认证的文件以外，其主要议题主要涉及以下方面：（1）各个机构过去一年跟合作相关的工作；（2）联合认证文件和材料的完善；（3）对学校联合访问程序的完善；（4）对学校各类访问的沟通和协调机制问题；（5）培训问题；（6）中国关于在华国际学校管理的政策问题；（7）CITA在中国的活动情况；（8）对学校各类考察计划的检查；（9）下一次四方会议的时间和地点。每次四方会议对讨论的问题都会达成共识，并产生相应的行动计划（CIS, NCCT, NEASC, WASC, 2004—2009）。

四方会议是四方合作认证与时俱进的有效机制。每年的四方会议是对过去一年来四方合作过程的监控和总结，四方会从各自的角度把一年来四方合作过程中遇到的一些问题提到会议中来讨论，保证了四方合作认证的做法与不断变化的认证实践保持一致。四方的参与保证了信息的准确性和客观性，使相应的措施符合各方的利益。虽然在联合认证之前和过程中，利益相关主体已经对国际学校认证制度的相关要素做了调整，但仅仅是框架层面的调整，这些调整后的制度框架还需要在认证实践中不断充实和完善。四方会议的直接成果是对在华国际学校认证制度的不断完善。例如，对于在联合认证中，CIS、NEASC 和 WASC 或在华国际学校通知NCCT比较晚的问题，在 2007 年 11 月苏州四方会议上，NCCT的代表向其他三方通报了相关情况，并建议：如果学校申请联合认证，牵头方应该向学校阐明采用联合认证程序、联合认证申请表、联合认证标准，在认证的每个阶段，提醒学校应将申请表、自评报告同时报送各认证机构；进一步完善联合认证使用的相关工具，包括联合认证的申请表；进一步完善在认证程序各个环节的沟通机制，包括步调一致、自评指导、认证结果、中期考察等方面的沟通等。会议建议建立协调机构（coordinate organization）制度，每一所认证候选学校都安排一个牵头组织，负责整个认证工作的组织与协调，CIS 的马格瑞主动承担了对牵头组织任务的起草工作。会议还具体商定了 2007—2009 年 15 所认证候选学校的牵头人。总之，通过近几年的四方会议，形成了一系列用于联合认证的文件和材料；完善了联合访问的一系列程序；形成了每年一度的培训制度；形成了联合访问中的沟通制度；每年对学校考察计划的检查制度；等等。从一定意义上讲，四方会议既是对已有制度的完善，更是对制度调整的量的积累。当对制度调整的量的积累达到一定程度，四方会议还会促使其达到质变——制度调整。

在联合认证时期，制度调整主要受到政府规制和国际学校认证专业规范相互作用的影响，制约NCCT的事业部门的制度逻辑和制约在华国际学校的国际学校领域的制度逻辑则起到了辅助作用。但从对制度要素调整的实际情况来看，在联合认证时期，国际学校认证专业规范在制度调整中的作用，与简捷认证时期相比明显增强。在联合认证时期，各个利益相关主体之间的张力反映了相应制度逻辑之间的相互作用。这些相互作用的累积将推动制度的不断调整和完善。联合认证实践中利益相关主体之间的张力预示着：在华国际学校认证制度还处于移植过程之中，制度调整将是一个不断变化的过程。

第七章 在华国际学校认证的影响

国际学校认证制度在向中国移植的过程中，受到了制度环境的影响，部分导致了制度调整，而制度在落地过程中也对制度环境产生了影响。制度在落地过程中对制度环境所产生的影响，有的已经导致了对制度环境要素的调整，有的尚未导致对制度环境要素的调整。因此，考察国际学校认证制度向中国的移植过程，既要考察制度环境对所移植制度的影响，也要考察所移植的制度对制度环境的影响。

如果用NCCT认证的在华国际学校的数量以及NCCT在华国际学校认证的地位来衡量10年来NCCT在华国际学校认证的影响，恐怕会得出一个不真实的甚至是错误的结论。至2010年年底，NCCT已经认证通过和正在认证的学校为27所，仅占在华国际学校总数102所（教育部涉外教育监管网站，2010–09–17）的26.5%；而NCCT在华国际学校认证就像在华国际学校之于中国庞大的教育体系一样，还不被更多的人知道。但是，如果从NCCT在华国际学校认证在中国社会环境下的角色定位出发，从跨社会组织场域的范围来考察NCCT在华国际学校认证产生的影响，我们有可能会看到另外一番景象。NCCT在华国际学校认证对社会环境影响的基本估价，取决于NCCT在华国际学校认证的角色定位及其组织场域的功能边界。NCCT在华国际学校认证的角色定位，不同于与NCCT合作的 CIS、

NEASC 和 WASC 的国际学校认证。CIS、NEASC 和 WASC 的国际学校认证主要是为社会提供学校教育质量的证明及促进学校的发展。NCCT在华国际学校认证除了保持国际学校认证的原有功能以外，还增加了"规范管理"的功能。还有，NCCT在华国际学校认证处于跨社会的组织场域之中，其影响范围既包括中国社会环境，也包括国际社会环境。

NCCT在华国际学校认证在NCCT职能中的边缘化，使NCCT在华国际学校认证的发展一直处于低调状态，而在一路走来的过程中，从总有不少热心的关注者不断地向NCCT在华国际学校认证管理者提出加强宣传的建议就足以得到证明。NCCT在华国际学校认证处于低调状态所产生的社会影响，比起刻意宣传对社会所产生的影响，因省去了许多泡沫和水分，可能要真实得多、客观得多。

第一节 对国际社会的影响

NCCT在华国际学校认证向国际社会提供了一种国际认证向东道国移植的模式。NCCT及其他利益相关主体通过创造性地移植国际学校认证制度而形成的互动模式，又逐渐成为 CIS、NEASC 和 WASC 向其他国家推广或国际社会效仿的一种模式。

NCCT与 CIS、NEASC 和 WASC 在华国际学校认证互动模式主要是通过以下途径进行传播的：（1）NCCT的代表在 NEASC 和 WASC 国际学校认证年会、EARCOS 年会上的介绍；（2）NCCT、CIS、NEASC 和 WASC 的代表在 ACAMIS 年会上的介绍；（3）CIS、NEASC 和 WASC 的代表在 EARCOS 年会上的介绍；（4）NEASC 的侃爱华向国际听众的介绍，包括在哈佛大学的肯尼迪政府学院和教育学院的介绍；（5）CIS、NEASC 和 WASC 的代表向其他国家的推介。

目前，四方合作认证的互动模式开始对泰国产生影响。当NCCT在中国大陆开始探索开展在华国际学校认证时，泰国官方已开始委托对在泰国际学校的认证。泰国教育部下发过一个 B. E2538 号文件，后来又下发了《国际学校质量保证的标准和指导规定》，建立了对已获得海外认证的国际学校的指导。他们这样做的目的：一是协助学生寻求质量得到国际上承认的学校；二是通过对在泰国际学校教育质量和管理水平的评价，使这些学校达到有关机构根据泰教育部（B. E2538）要求制订的在泰国际学校教育标准。当时，在泰国际学校的管理由泰国教育部私立教育委员会办公室负责。他们还专门成立了一个非常设的质量保证委员会（认证委员会），委托中介组织对在泰国际学校进行认证（莫景祺，2001b）。这种自上而下的认证模式后来没有成功。

虽然 WASC 在 20 世纪 60 年代就在泰国开展认证，但直到 2005 年才开始仔细研究如何将国际认证标准与该国的要求和最近的立法相结合。NCCT 与 CIS、NEASC 和 WASC 发展的对在华国际学校的质量保证模式，为泰国提供了很好的指向（CIS，NCCT，NEASC，WASC，2005b）。而泰国仿效的途径是通过 CIS、NEASC 和 WASC 的推介完成的。例如，2005年，在 EARCOS 年会上，CIS/NEASC/WASC 介绍了四方合作认证的互动模式。在 2008 年马来西亚的 EARCOS 年会上，王燕代表 NCCT 介绍四方的合作认证时，泰国教育部专门派了一位博士前去了解情况。从 2005 年开始，CIS、NEASC 和 WASC 通过一系列的会议后与泰国教育质量保证办公室签订了备忘录，从而使认证活动正式化。上述三个认证机构后来又准备和起草了与四方的合作框架协议相似的文件，并于 2008 年在曼谷与泰国教育质量保证办公室正式签署（CIS 和 WASC 在 2008 年 5 月签署，NEASC 在 2008 年 9 月签署）（CIS，NCCT，NEASC，WASC，2008）。

第二节　对中国政府部门的影响

一、成为管理手段

从获得中国教育部认可开展在华国际学校认证开始，NCCT 在华国际学校认证就被赋予了新的功能——规范管理。这项功能是获得和保持行政合法性的前提。因此，教育部国际合作与交流司把NCCT在华国际学校认证作为其管理在华国际学校的重要手段。

NCCT在华国际学校认证协助教育行政主管部门加强对在华国际学校的管理体现在NCCT在华国际学校认证体系的各个方面。（1）在功能定位方面，NCCT在华国际学校认证强调"规范管理，保证质量"，在保持国际学校认证保证质量的功能外，特别强调了规范管理。（2）在认证标准方面，无论是简捷认证时期的认证标准，还是联合认证时期的独立认证标准和用于联合认证的"中国背景标准"，都突出强调了规范管理的内容，特别是强调在华国际学校要遵守中国的相关法律和法规。（3）从组织架构来看，NCCT在华国际学校认证早期的认证委员会中邀请了部分教育行政主管部门的人员作为认证委员会委员，在后来又专门成立了认证咨询委员会，其委员大部分为教育行政主管部门的人员。这样主要是便于他们从政策上对NCCT在华国际学校认证进行咨询，使NCCT在华国际学校认证更好地体现教育行政主管部门的要求。（4）从考察人员来看，NCCT考察人员中有一部分来自中国的教育机构，这些人熟悉中国的法律、法规和社会环境，有利于他们在考察中去关注认证标准中规范管理的内容。（5）认证程序在规范在华国际学校的办学行为方面尤为明显。在NCCT在华国际学校认证实践中形成的资格考察程序，考察的内容是学校是否为中国教育部审批的学校，其办学手续是否齐全，学校是否处于正常的运行状态。NCCT把在华国际学校的办学是否合法作为受理其申请的前提。在过去的10年中，先后有3所在华国际学校、多所属地方越权审批的"在华国际学校"因不具备NCCT的认证资格，没有进入其认证程序，NCCT建议这些学校经过改进，具备资格后再重新申请。未进入程序的3所学校中，有1所还没有完成从外交人员子女学校向国际学校的转制，2所学校存在与中国法律相悖的宗教问题。NCCT考察人员在考察过程中，如果发现在华国际学校有违背中国法律、法规的情况，从同行的角度依照认证标准向学校做解释工作。NCCT对认证结果的授予对规范在华国际学校的办学行为也起到了很大的推动作用。在NCCT认证的在华国际学校中，曾经有 7 所学校主要因为办学不规范而被NCCT授予认证的第二档——有条件通过认证，即利用一年时间对考察团所提出的改进意见进行改进，经过考察后再决定是否授予认证。这些改进意见主要涉及：（1）基本办学规范。例如，某些证书的更新；使用新校名要依法履行变更手续。（2）财务问题。例如，财务要进行年审；学校不应该设立海外账户；要加强对财务的管理。（3）安全隐患。例如，要求学校立即消除安全和健康隐患。（4）遵守中国的法律、法规。例如，建议学校聘请熟悉中国教育法律、法规和其他相关法律、法规的律师，为学校提供服务；要认真审议雇佣员工的程序，使其符合中国的各项法规；建议学校在签署每一份合作协议之前，请律师审查，确保不出现资金损失情况，确保这些协议符合中国的法律、法规。（5）宗教问题。例如，要求学校遵守中国法律关于教育与宗教相分离的有关规定，使学校对办学理念与办学目标的陈述，学校的课程及教学活动符合中国的法律、法规。（6）管理机制。例如，建议学校建立有效的运行机制，在董事会、管理团队和教师之间形成和谐的关系，等等。NCCT还要求每一所经过其认证的学校都要按考察团报告的建议，持续改进，并且每年向其递交进展报告。2007年 1 月 19 日，在NCCT在华国际学校认证委员会和认证咨询委员会会议上，徐永吉谈到：

NCCT在华国际学校认证客观上起到了帮助政府进一步加强对外籍人员子女学校规范管理的作用。我们的教育行政部门对于外籍人员子女学校进入的门槛把关比较多，但是对于学校办起来之后，在规范管理、提高质量方面，我觉得我们的政府部门有点缺位。NCCT对于政府部门的这种缺位做了很好的补充。

从 2010 年开始，NCCT在华国际学校认证协助政府部门加强对在华国际学校管理的范围开始扩展。NCCT开始受政府部门委托对审批前的办学资质进行考察。2010 年 5 月 24—25 日，受江苏省教育厅的委托，NCCT派出了三位考察人员对申请办学的南京英国国际学校的办学资质进行了考察。2010 年 5 月 31 日，NCCT向江苏省教育厅转送了《南京英国国际学校办学资质考察报告》。这为江苏省教育厅对该校的审核提供了参考。同年 11 月，江苏省教育厅再次委托NCCT对无锡伊顿国际学校进行了资质考察。这标志着NCCT在华国际学校认证对政府部门的服务功能开始由"审批后"向"审批前"扩展。

二、为决策服务

NCCT在华国际学校认证还为政府部门制定政策发挥了服务功能。自20 世纪 80 年代中期国际学校在中国出现以来，从来还没有一种工作机制可以使人们对在华国际学校了解得如此详细。2002 年，NCCT在华国际学校认证开始运行之时，正是教育部国际合作与交流司酝酿修订《关于开办外籍人员子女学校暂行管理办法》之时。教育部国际合作与交流司主管处室充分利用了NCCT考察人员了解在华国际学校的优势，发挥了NCCT考察人员的作用。例如，2002 年 4 月，教育部国际合作与交流司委托NCCT先后组织 11 位考察人员组成三个调研组，分赴上海、青岛、大连、广州和深圳，就修改《关于开办外籍人员子女学校暂行管理办法》进行调研。调研结束后，NCCT向教育部国际合作与交流司转交了 3 个调研报告。5 月，教育部国际合作与交流司主管处室又委托NCCT召开考察人员座谈会，听取了考察人员对《关于开办外籍人员子女学校暂行管理办法》的修改意见。6 月，教育部国际合作与交流司委托NCCT召开《关于开办外籍人员子女学校暂行管理办法》修订会议。会后，形成了《外籍人员子女学校管理办法（草稿）》以及《关于修改〈关于开办外籍人员子女学校暂行管理办法〉的说明》。2008 年 6 月，教育部国际合作与交流司委托NCCT就《外籍人员子女学校审批和管理办法（修改稿）》征求了 4 位专家的意见。2010 年 3 月，教育部国际合作与交流司再次利用NCCT召开认证委员会会议的机会就《外籍人员子女学校审批和管理办法》征求认证委员会各位委员的意见。2007 年 1 月 19 日，在NCCT在华国际学校认证委员会和认证咨询委员会会议上，徐永吉谈到：

NCCT在华国际学校认证对于我们完善法规的建设提供了第一手案例和可以研究的问题。目前，我们正在对《外籍人员子女学校管理办法》进行修订。前两年，我们曾委托NCCT组织专家到外籍人员子女学校比较多的城市进行调研，专家们在调研之后给我们提出了许多热点问题以及外籍人员子女学校关注的问题，我们在修订文件时，对上述问题都给予了高度重视，这对于我们修订文件起了很大作用。

上述活动表明，NCCT在华国际学校认证以及NCCT在华国际学校认证的专业团队对中国教育部在华国际学校主管部门的决策起到了参谋作用。

三、成为沟通桥梁

NCCT在华国际学校认证还成为了在华国际学校与中国教育体系沟通的桥梁。在NCCT在华国际学校认证产生之前，在华国际学校与中国教育体系处于相对隔绝的状态。在华国际学校在中国的办学相对封闭，中国的教育体系没有给予在华国际学校以应有的地位，对于这类学校的性质一直没有一个明确定位。在这种情况下，NCCT在华国际学校认证在在华国际学校与中国教育体系之间架起了一座桥梁。

NCCT在华国际学校认证促进了在华国际学校与中国教育行政主管部门的沟通，起到了"下情上达，上情下达"的作用。首先，NCCT建立了协助政府部门了解在华国际学校办学情况的机制，这些机制包括：（1）考察团报告抄送制度。NCCT每认证完一所学校，就将对学校的考察团报告抄送教育部国际合作与交流司以及学校所属的省级教育行政主管部门。（2）咨询委员会制度。在2005年10月之前，NCCT通过邀请教育部国际合作与交流司政策规划处的负责人，北京、上海、广东等在华国际学校比较集中的省级教育行政主管部门负责人作为认证委员会委员参加会议，来了解所认证的在华国际学校的办学情况。2005年以后，NCCT又专门成立了认证咨询委员会，邀请教育部国际合作与交流司、政策法规司等部门领导及相关处室负责人以及北京、上海、天津、广东、江苏、山东等省级教育行政主管部门的负责人以咨询委员会委员的身份列席认证委员会会议，参与讨论并了解在华国际学校的办学情况。（3）认证考察人员或观察员制度。NCCT曾邀请教育部国际合作与交流司和省级教育行政主管部门负责在华国际学校工作的官员，以考察人员或以观察员身份参加了对学校的实地考察工作。（4）专题报告制度。NCCT针对考察团在在华国际学校实地考察过程中发现的问题向国际合作与交流司进行专题报告。例如，NCCT曾针对 XM 国际学校的办学情况、SX 国际学校和 GE 学校的宗教问题向教育部国际合作与交流司递交了报告。

　　在中国教育行政主管部门对在华国际学校的管理中，目前尚没有一种机制比得上NCCT认证对一所在华国际学校了解得如此全面和深入。考察团报告的内容涉及在华国际学校工作的方方面面。从 NCCT 与 CIS、NEASC 和 CIS／WASC 所使用的 CIS／NEASC 国际学校认证标准第七版加"中国背景标准"来看，对一所在华国际学校认证报告的内容涉及：（1）办学理念和办学目标；（2）课程；（3）机构与管理；（4）员工；（5）学生支持服务；（6）资源；（7）学生与社区生活；（8）中国背景标准等。特别是"中国背景标准"又包括：（1）以适当方式将当地文化整合到课程之中；（2）学校的决策者和管理者遵守所有适用的法令、法律和规章；（3）学校财务和财产管理要一直与中国现行的标准保持一致，应与国际学校最好的实践保持一致；（4）学校的决策者和管理者要熟悉与员工的权利和利益相关的法律和法规，并遵守它们；（5）学校积极地促进跨文化和国际理解教育。由于NCCT对每一所在华国际学校的认证报告都会抄送教育部国际合作与交流司以及学校所属的省级教育行政部门，教育行政主管部门可以随时了解和查阅学校各方面的情况。

　　NCCT在华国际学校认证还可以向学校宣传中国的有关法律、法规和政策。为了使在华国际学校和考察人员熟悉中国的有关法律和法规，NCCT专门编辑了《外籍人员子女学校应知中国法律法规汇编》，供在华国际学校和考察人员参考。NCCT在华国际学校认证标准的重要内容之一是要求学校遵守中国有关的法律和法规。NCCT与 CIS、NEASC 和 WASC

联合认证的标准中体现中国背景的部分，突出强调了学校要遵守中国的有关法律和法规。NCCT对其考察人员、在华国际学校管理者的培训以中国的有关法律和法规为主要内容。例如，2006 年 4 月，NCCT在北京召开在华国际学校认证研讨会，组织在京（含天津 1 所）的 12 所在华国际学校的代表及评估人员，研讨了在华国际学校在办学过程中的政策、法律和管理等问题。2010 年 9 月、11 月、12 月又分别在北京、上海和广州举办了同样内容的培训。在一定程度上讲，NCCT对在华国际学校的认证过程就是宣传中国有关法律、法规和政策的过程。

NCCT在华国际学校认证促进了中外基础教育的交流。国际学校的国际性特点，使它们能够最快发现和吸收世界最先进的办学理念、管理经验和教学方法。在一定程度上讲，国际学校是世界先进办学理念、管理经验和教学方法的风向标。NCCT的考察人员有一部分是来自中国教育机构的人员，他们通过参加对在华国际学校的考察，往往能够学到许多先进的东西。通过这种方式所了解的情况比起组织考察团到国外去考察要全面得多、深入得多。一些考察人员可以把在考察中学到的先进经验马上用于自己的工作之中。NCCT在华国际学校认证的管理者认识到在华国际学校中有着丰富的国际教育资源，为此，NCCT也曾积极地组织过中外基础教育的交流活动。例如，2005 年 4 月 14—15 日，NCCT与北京京西学校联合举办"中外基础教育论坛"，这次论坛的主题为"21 世纪的教与学"。与会代表分别就探究性学习、图书馆与学习、电脑技术与学习、领导与学习四个题目进行了研讨。来自中国学校和在华国际学校的校长、教师 100 多人参加了会议。这次会议是搭建中国学校和在华国际学校交流平台的一次有益的尝试。同时，NCCT还为在华国际学校编写了一套反映中国文化的读物。但是，由于人力和预算限制等原因，NCCT在华国际学校认证在促进中外基础教育交流方面所发挥的作用还比较小，这也反映了NCCT组织内部环境对国际学校移植过程的影响。

第三节　对中国社会的影响

一、提供质量保障经验

NCCT在华国际学校认证为中国其他教育领域建立质量保障机制提供了经验。20 世纪末以来，国外学校认证制度，特别是美国的学校认证制度对中国的教育领域产生了很大的影响。检索这一时期的相关文献，会发现有关这方面的学术研究空前活跃，国际交流日益频繁，一些地方开展了不同程度的认证实践探索。进入 21 世纪以来，中国教育领域更加重视教育质量保障机制的建立。NCCT在华国际学校认证作为教育质量保障的一种实践模式，可以说是生逢其时，先行一步。

2003 年以来，中国一些教育领域教育质量保障机制的探索不同程度地受到了NCCT在华国际学校认证的影响。例如，2003 年，教育部基础教育司为引导普通高中教育的改革和发展，促进普通高中教育质量的不断改进和提高，准备建立"政府指导、社会参与、学校自主发展"相结合的普通高中发展性评估制度。由于研究者本人在这一时期负责在华国际学校认证工作，对国际学校认证比较熟悉，被吸收到该课题组担任副组长，从而使国际学校认证的理念、标准和程序等对研究制订普通高中发展性评估方案、评估标准以及操作规范产生了较大影响。后来，研究者本人还执笔起草了普通高中发展性评估的《考察团工作手册》。NCCT在华国际学校认证通过张民选和江彦桥，对上海市教育评估院开展中外合作办学机构（项目）认证也产生了较大影响。张民选当时是NCCT在华国际学校认证的考察人员，NCCT在华国际学校认证委员会委员（2005 年后任NCCT认证咨询委员会主任），曾数次参加NCCT组织的对在华国际学校的考察活动，对NCCT在华国际学校认证比较熟悉。张民选从上海师范大学调任上海市教委副主任，主管上海市教育评估院的工作后，积极地推动上海市教育评估院开展中外合作办学机构（项目）的认证工作。江彦桥当时是上海市教委国际合作与交流处处长，主管中外合作办学工作，又是NCCT在华国际学校认证委员会委员（2002年起任认证委员会委员，2005年起任NCCT认证咨询委员会委员，2008年起任认证委员会委员），对NCCT在华国际学校认证比较熟悉，他对上海市教育评估院开展中外合作办学机构（项目）认证也是积极的推动者。2005—2006年，上海市教育评估院和上海市教育评估协会，借鉴NCCT在华国际学校认证的经验，成立了上海市中外合作办学认证委员会。委员会参照NCCT在华国际学校认证的相关文件，先后制订了《中外合作办学认证办法》《中外合作办学机构认证标准操作手册》《中外合作办学机构认证专家手册》《中外合作办学机构认证相关法规汇编》等文件。2006年7月6—9日，该院对上海悉尼工商学院进行认证试点。研究者本人受邀作为考察人员参加了这次试点。到2010年9月，他们已经认证了5所中外合作办学机构。①近几年来，本人多次受邀参加有关会议，介绍NCCT在华国际学校认证的基本做法。例如，2008年2月1日，应邀去中国教育国际交流协会，向有关领导介绍了NCCT开展国际学校认证的情况。2010年2月，受邀参加教育部学位与研究生教育发展中心会议，参与讨论中外合作办学试点评估实施方案（讨论）。2010年9月15日，再次受邀参加中国教育国际交流协会中外合作办学认证专家座谈会暨2010中国国际教育年会中外合作办学认证圆桌会议筹备会，参与讨论了中外合作办学认证机构的组织机构建设、工作办法和指标体系。2010年10月17日，本人受邀在中国教育国际交流协会主办的中外合作办学认证圆桌会议上做了题为"国际教育质量保障的中国实践"的演讲。2009年以来，又将在华国际学校认证的理念、方法和技术用于对中国民办中小学和幼儿园的认证。到2010年年底，NCCT已经认证通过和正在认证的学校已经有4所。

　　NCCT在华国际学校认证开始成为一些研究者的研究案例，具体表现

---

　　①　2010年9月15日，本人在参加中国教育国际交流协会召开的中外合作办学认证专家座谈会暨2010中国国际教育年会中外合作办学认证圆桌会议筹备会上获悉。

为两种方式：一是在期刊上发表学术论文。例如，北京大学教育学院的阎凤桥教授在《北京大学教育评论》2007 年第 5 卷第 1 期发表了题为《"铁笼"是如何建造的？——国际学校认证制度在中国建立过程的案例分析》；《教育发展研究》以"本刊记者"的名义在 2007 年第 17 期发表《国际教育质量保障的中国实践——NCCT外籍人员子女学校认证》。二是学术讲座。例如，NEASC 的侃爱华曾在哈佛大学肯尼迪政府学院和教育学院将NCCT在华国际学校认证作为国际认证向东道国移植的一种模式进行介绍。本人自 2004 年以来，曾几次在北京大学教育学院举办的中小学校长培训班上介绍NCCT在华国际学校认证。香港理工大学的孙建荣教授自 2005 年以来，在为北京大学教育学院博士班的学生开讲座时，也曾以NCCT在华国际学校认证作为案例。

二、提供质量保证

NCCT认证还为中国社会提供了教育质量保证。向社会提供关于学校教育质量的证明，是学校认证应有的内涵。NCCT在华国际学校认证也同样具有这种功能。首先，为家长选择学校提供了保证。随着在华国际学校数量的不断增加，一些学生家长产生了对学校教育质量保证的需求，即很希望知道哪些学校是中国权威教育部门认可的高质量的学校。在在华国际学校家长的圈子中，家长们对学校最关注的是教育质量，并以此作为为孩子选择学校的依据，这是一个不争的事实。在NCCT在华国际学校认证产生之前，家长们往往关注在华国际学校是否经过了国际认证；NCCT在华国际学校认证产生以后，一些家长也开始关注学校是否经过了NCCT认证。一个很明显的例子是时常会有学生家长向NCCT在华国际学校认证办公室询问NCCT对某个城市中在华国际学校认证的情况。甚至会有一些比较大的跨国公司电话询问NCCT对在华国际学校认证的情况，并以此作为为员工子女选择学校时的参考。NCCT向家长们提供在华国际学校教育质量保证的方式主要有以下两种：（1）NCCT在其认证网站上公布已经认证和正在认证的在华国际学校名单；（2）NCCT允许经过其认证的在华国际学校使用NCCT的标识，对外宣传该校是经过NCCT认证的学校。通过对一些经过NCCT认证的在华国际学校负责人的访谈也表明：NCCT认证的确促进了一些在华国际学校招生数量的增加。

NCCT在华国际学校认证的过程也促进了家长对学校管理的参与。国际学校家长有参与学校管理的传统，其对学校管理的参与度与中国的其他中小学相比是很高的。在华国际学校一般通过家长委员会参与学校的日常管理。NCCT联合认证和独立认证的标准中都有家长参与学校管理的要求。NCCT认证要求学校自评的各个小组都要有家长参与。NCCT考察团在考察过程中，要召开家长座谈会了解家长对学校各方面的评价。从这个意义上讲，NCCT认证进一步促进了家长对在华国际学校管理的参与。

NCCT在华国际学校认证的结果也成为一些政府部门确认在华国际学校身份的依据。如第二章所述，在华国际学校从 20 世纪出现以来一直身份不明确，有的注册为事业单位、有的注册为企业、有的注册为民办非企业单位，有的甚至没有登记注册。因此，这些学校不能享受中国税法所规定的税收优惠政策。2003 年 11 月 5 日，北京市教委根据NCCT对北京京西学校的认证结果，确认该校为学历教育的学校，该校的小学、初中和高中毕业生具有相应学历。随后，北京京西学校持北京市教委的批复，到北京市地方税务局依法办理免交营业税并获得批准。2003 年 12 月 30 日，北京顺义国际学校也以同样的方式办理了免交营业税。① 受北京市教委这种处理方式的影响，广东、江苏等地的教育行政主管部门和地税行政主管部门也以NCCT对其辖区内国际学校认证结果为依据，开始承认这类学校为学历教育学校，并免除了个别学校的营业税。本来NCCT在华国际学校认证没有确认在华国际学校是否为学历教育的功能，但是由于历史原因，个别地方教育行政主管部门为了解决其辖区内国际学校身份

---

① 北京市教委以NCCT的认证结果为依据来确认北京辖区内的国际学校为学历教育学校，只批复了北京京西学校和北京顺义国际学校。从此以后，北京市教委主管部门没有再以这种方式批复其他国际学校为学历教育学校。

不明确的问题，使用了NCCT的认证结果，使NCCT在华国际学校认证在客观上为政府部门提供了在华国际学校的教育质量保证。

第四节　对NCCT的影响

NCCT从2001年向教育部国际合作与交流司申请承担在华国际学校认证工作时就将保持国际视野作为一个重要的理由之一。

通过对在华国际学校学历的评估认证，使在华国际学校可以成为中外基础教育交流的一个重要窗口。例如，北京京西学校有来自40余个国家的学生，学校课程要兼顾所有这些学生的需求。通过学历评估认证活动，研究它的课程、教材和教学方法，可以把国际基础教育先进的教育理念、教育管理经验和教学方法介绍到国内，也可以扩大我国基础教育的对外宣传（NCCT，2001）。

在2001—2005年，教育部领导和NCCT的领导多次强调开展在华国际学校认证对于中国基础教育领域，特别是NCCT在中国基础教育课程、教材、教学等方面保持国际视野的重要性。2002年9月11日下午，时任教育部副部长的章新胜在听取NCCT关于在华国际学校认证工作准备情况的汇报时谈到：开展在华国际学校认证所了解的情况，比起组团到国外去考察学校要经济得多和深入得多。时任NCCT主任的李连宁和常务副主任徐岩都曾经谈到通过开展在华国际学校认证了解和研究国外的基础教育课程、教材和教学方法对于我国基础教育课程改革的借鉴意义。可以说，在这一时期，从教育部领导到NCCT领导都很敏锐地认识到NCCT在华国际学校认证对NCCT的课程、教材和教学工作的窗口作用。从这个意义上讲，NCCT在华国际学校认证不但不与其所从事的主业相矛盾，反而起到辅助作用，如同为NCCT增加了一双观察世界的眼睛，这是千载难逢的好机遇。

但是后来所发生的情况，并不像领导们所认识的那样。NCCT在华国际学校认证的窗口作用没有得到充分发挥，但却使参与NCCT在华国际学校认证的管理和考察人员的视野得以拓宽。2002—2005 年，NCCT 只在 2005 年 4 月主办过一次中外基础教育论坛。在联合认证时期，虽然 NCCT 在华国际学校认证办公室于 2009 年再次提出要举办这样的活动，但终因预算紧缩而未能如愿。虽然 NCCT 在华国际学校认证没有像原来领导们所预期的那样在面上对中国的基础教育和 NCCT 所从事的课程、教材和教学工作起到窗口作用，但拓展了参与这项工作的人员的视野。这一点通过 NCCT 考察人员的谈话可以得到充分证明。2007 年 1 月 19 日，在 NCCT 召开的认证委员会和认证咨询委员会会议上，NCCT 在华国际学校认证委员会委员、上海中学校长唐盛昌谈到：

> 认证工作对我们个人的帮助是非常重要的。首先，认证工作对我们个人的帮助，或者说，对于我们整个国家教育界视野的开阔是非常重要的，因为 NCCT 现在所做的认证与我们国家的督导是不同的，它完全是按照国际标准，也包括 NCCT 自己提出的东西来进行认证的。从这一点来说，对于教育部门来说，是一个具有重大意义的事件。而对于参加这项工作的人员、专家、认证委员会的人员来说，有一个很大的任务就是学习，要对 CIS、NEASC 和 WASC 等标准、认证程序进行反复的研究和学习；要学习在联合认证时，如何与外国专家相互协调，取得共识等。参加这项工作，对于自身的提高是有重大价值的……

中国人民大学附属中学国际部主任杨金平谈到：

> 我是 2002 年开始参加认证工作的，以前根本不了解认证。几年的实践使我一步步对认证有了了解。我对认证工作的体会是，认证有它的魅力所在，是一种发自内心的自我提高的过程，这与我们国内的评估、检查有着本质的区别。我们在国际学校看到的是老师们很自然的表情，学校、老师、家长、学生提供的信息是不带掩饰的，也没有发现学校在哪些方面是经过预演和排练的。认证工作很辛苦，考察期间有时一天只能睡 2~3 个小时，但我觉得很值，为什么呢？因为，我从中学到了很多东

西。这种工作方式、工作精神以及完成工作后的喜悦是很让人振奋的。更重要的是，通过认证，我对学校办学以及学校核心的东西，有了一个深刻的理解。我们看问题不是看问题本身怎样，而是与别人对比，取别人的长处，补自己的短处，同时也拿我们自己的长处对别人提供一些建议，让别人也从中受益。我觉得这是认证的意义所在。当我们认证的时候，我们完全是从学校自身提高的角度讲，为学校提供一些非常有意义的建议，这样的过程就避免了你在检查人家，也避免了你在不了解人家的基础上提一些很外行的问题。

这些考察人员之所以热心参与这项工作，是因为通过这项工作，他们能够学到许多前沿的东西。当他们回顾自己参加这项工作的前后变化时，他们认为自己通过这个平台提高了很多。2009 年 10 月 28 日，当研究者本人对杨金平进行访谈，问及他为什么积极参与NCCT在华国际学校认证时，他再次谈到：

我对于认证的方式、模式非常认可。认证工作是完全建立在平等自愿基础上的一项工作。每人的出发点不一样。对于我个人来讲，是自我学习提高的过程。这个过程也是一个痛苦的过程，面临时间紧、工作量大的挑战，自评报告只看一遍不行。每次都上一个台阶，与人交流，对学校的作用、自身提高都是一个历练的过程。也有与外国同行交往的机会……

如果谈及个人受益的话，恐怕研究者本人是这个群体当中受益最大的一个人。从 2000—2010 年，本人一直是NCCT在华国际学校认证项目的负责人。这 10 年的工作，不仅使本人具有了一定的国际视野，并且熟悉了国际学校的基本理念、学校管理、课程设置和教学方法等，甚至提高了跨文化交际和理解能力。

NCCT在华国际学校认证的窗口作用没有充分发挥，主要是受到了2005—2010 年NCCT组织内部变化的影响。这恰恰反映了国际学校认证制度向中国移植过程的复杂性和微妙性。

　　社会环境的影响导致了国际学校认证制度向中国移植，被移植的国际学校认证制度也对社会环境产生着影响。国际学校认证制度向中国移植仅有 10 年时间，只是获得了初步成功，目前正处于发展过程之中，其对国际社会以及中国社会的影响还只是初步的。NCCT在华国际学校认证对社会环境的影响，只是促成了对较少制度环境要素的调整。从长远来看，NCCT在华国际学校认证制度通过影响社会环境，并促使社会环境中某些制度要素的调整，这对于自己的发展具有重要意义。其影响的走向和程度将取决于政府部门的制度逻辑、事业部门的制度逻辑、学校认证领域的制度逻辑和国际学校领域的制度逻辑相互作用的状态。这还有待进一步观察。

第八章 制度移植的结果

国际学校认证制度向中国移植的过程，是多重制度逻辑相互作用的过程。多重制度逻辑分别制约着组织场域中各利益相关主体对制度移植状态的评判。制度移植的结果表现为各利益相关主体及其代表对在华国际学校认证制度合法性评判的一致性程度。本章将从四类利益相关主体的合法性评判，对国际学校认证制度向中国移植的结果，即在华国际学校认证制度建构的程度进行检验。

第一节 行政合法性

NCCT在华国际学校认证的行政合法性具体表现在教育部授权、地方教育行政部门支持、教育行政部门委托工作、教育行政官员参与以及教育行政部门领导的话语等多个方面。

一、行政授权与认可

NCCT在华国际学校认证的合法性首先表现为教育部授权以及地方教育行政部门的支持。教育部的授权经历了两个阶段。第一个阶段是教育部国际合作与交流司同意。2001年5月31日，时任国际合作与交流司司长的李东翔对NCCT递交的《关于对在华外籍人员子女学校进行评估和学历认证的补充报告》批示：同意，认真论证，先作试点，总结经验。这标志着NCCT即将开展的在华国际学校认证工作得到了教育部在华国际学校主管部门的同意。教育部国际合作与交流司对NCCT开展在华国际学校认证制度的认可，实际上是对NCCT申请报告中开展在华国际学校认证理由的认可。梳理NCCT向教育部国际合作与交流司提交申请报告的内容以及该司内部签报的转述内容，可以发现该司同意NCCT开展在华国际学校认证的理由主要有以下几个方面：（1）可以协助政府部门加强对这些学校的管理；（2）可以促进中外基础教育课程、教材和教学方面的交流；（3）NCCT是具有独立法人资格的教育部直属事业单位；（4）NCCT具有对学校评价的职能；（5）NCCT能够组织全国的专业力量开展这项工作。教育部国际合作与交流司对NCCT开展在华国际学校认证工作的认可为教育部正式授权NCCT开展这项工作奠定了基础。第二个阶段是教育部的正式授权。教育部有关部门在就NCCT的"三定方案"（定职责、定任务、定人员），征求国际合作与交流司的意见时，国际合作与交流司同意将开展在华国际学校认证工作作为NCCT的一项职能。2002年2月10日，教育部印发的《关于印发〈教育部基础教育课程教材发展中心职责任务、管理体制、机构设置和人员编制方案〉的通知》（教人〔2002〕1号）明确规定："经政府部门批准，承担对在华外籍人员子女学校的评估认证工作。"这标志着在华国际学校认证工作正式成为NCCT的一项职能。

教育部对NCCT开展在华国际学校认证的授权，为地方教育行政主管部门认可NCCT在华国际学校认证起到了示范作用。NCCT获得教育部授权以后，有的地方教育行政部门甚至其他行政部门从机制上对NCCT在华国际学校认证给予了认可。例如，2003年11月5日，北京市教委下发《关于确认北京京西学校为学历教育学校的批复》（京教外〔2003〕88号）。该批复根据NCCT对北京京西学校的认证结果，确认该校为学历教育学校。北京京西学校持上述文件到北京市地方税务局依法申请办理了免除营业税。这种利用NCCT的认证结果，确认在华国际学校为学历教育学校，进而依法申请免除营业税的做法，得到了江苏、广东等地教育行政部门和税务部门的效仿。例如，广州市地方税务局的"外资办学政策规定"中规定对经NCCT认证的在华国际学校认定为"从事学历教育的学校"并免征营业税（广州市地方税务局，2010）。同时，NCCT在华国际学校认证工作还得到了地方教育行政部门的支持。例如，2005年3月9—11日，应上海市教委国际合作与交流处的邀请，NCCT委派北京京西学校校长莫约翰和该校人力资源部主任王燕在上海市教委召开的在沪国际学校会议上，介绍了NCCT开展在华国际学校认证的有关情况。

教育部的授权以及地方教育行政主管部门的认可为NCCT在华国际学校认证提供了行政合法性基础。

二、政府部门委托工作

NCCT在华国际学校认证的行政合作性还体现在教育行政主管部门对NCCT在华国际学校认证专业团队的利用。NCCT开展在华国际学校认证工作几乎与教育部国际合作与交流司对《外籍人员子女学校审批和管理办法》（以下简称《管理办法》）的修订同步。为此，教育部国际合作与交流司有效地利用了NCCT在华国际学校认证的专业队伍（见表8-1）。

表8-1 教育部国际合作与交流司委托工作情况

时 间	委托事项
2002年4月15—19日	组织考察人员就《管理办法》的修订进行调研
2002年5月17日	召开考察人员座谈会，听取对《管理办法》的修改意见
2002年6月1—2日	召开《管理办法》修订会议
2008年6月	就《管理办法》征求考察人员的意见
2010年3月9日	利用NCCT在华国际学校认证委员会和认证咨询委员会会议就《管理办法》征求与会委员的意见
2010年5月26日	在北京京西学校就《管理办法》征求考察人员的意见

　　除此之外，2002 年 10 月 9─25 日，教育部国际合作与交流司还吸收研究者本人随教育部考察团对韩国、泰国、马来西亚和新加坡四国的国际学校管理情况、中国高等学校境外办学情况进行了考察。NCCT在华国际学校认证的专业资源不仅得到了教育部国际合作与交流司的利用，还得到了其他教育行政部门的利用。2010 年，NCCT开始接受教育行政主管部门委托对国际学校的办学资质进行考察。当年 5 月和 11 月，江苏省教育厅委托NCCT先后对南京英国国际学校和无锡伊顿国际学校进行了办学资质考察。随后，NCCT向江苏省教育厅转送了关于这两所学校的办学资质考察报告。上述事实表明，NCCT开展在华国际学校认证的专业优势不仅得到了教育部有关部门的认可，也开始得到地方教育行政部门的认可。

三、行政官员的参与

　　虽然NCCT在华国际学校认证工作在教育部以及在华国际学校比较集中的地方教育行政部门具备了行政合法性基础，但其合法性还会受到更多教育行政部门和教育行政官员认可的影响。教育行政主管部门负责人是通过参加NCCT在华国际学校认证委员会和认证咨询委员会，参与NCCT在华国际学校认证工作的。2002─2005 年，他们主要以认证委员会委员的身份参加每年 1─2 次的认证委员会会议；2005 年以后，他们主要以认证咨询委员会委员的身份列席认证委员会会议。① 教育行政官员以认证委员会委员身份参加认证委员会会议，听取认证办公室的工作报告；听取考察团团长或代表报告对在华国际学校的考察情况；审议考察团报告和考察团关于认证结果的建议报告；并向NCCT提出授予学校认证结果的建议。他们以认证咨询委员会委员的身份列席认证委员会会议，参与所有认证委员会的活动，只是不参与对学校认证结果的表决。2002─2010 年 7 月，NCCT一共召开了 12 次认证委员会会议，参加会议的教育行政官员有

---

　　①　从第二届认证委员会开始，教育行政官员不再进入认证委员会，而是进入开始设立的认证咨询委员会。

40人次。教育行政部门负责人参与上述两个委员会的工作，一方面可以表达政府部门的意见；另一方面可以了解在华国际学校的办学情况，以及NCCT在华国际学校认证工作的情况。这种参与机制，有利于教育行政主管部门负责人对NCCT在华国际学校认证工作的了解和认可。

从认证委员会和认证咨询委员会的人员组成来看，来自教育行政主管部门的人数呈上升趋势，人员涉及的部门也得到了扩展。第一届认证委员会（2002—2004）中有5位教育行政官员；第一、第二、第三届认证咨询委员会中教育行政官员的人数分别为6位、9位和12位。而这些教育行政官员在第一届认证委员会中占到50%；在第一、第二、第三届认证咨询委员会中分别占到67%、75%、100%。第一届认证委员会中教育行政官员所属的部门涉及教育部国际合作与交流司、北京市教委、上海市教委、广东省教育厅4个部门；而第一届认证咨询委员会中教育行政官员所属部门增加了江苏省教委；第二届认证咨询委员会在教育部内部增加了政策法规司，在国际合作与交流司内部除了原来的政策规划处以外，又增加了涉外教育监管处；第三届认证咨询委员会中教育行政官员所属部门进一步扩大到天津市教委、山东省教委。教育行政部门及其教育行政官员参与NCCT在华国际学校工作数量的增加表明：NCCT在华国际学校认证影响到越来越多的教育行政部门及其教育行政官员。同时，NCCT在华国际学校认证工作也得到越来越多的教育行政部门和教育行政官员的认可。

四、领导的认知

政府部门领导的认知也是衡量NCCT开展在华国际学校认证行政合法性的重要指标。通过梳理相关笔记发现：当时分管NCCT的领导与分管国际合作与交流司的领导对于NCCT开展在华国际学校认证的态度上，经历了从存在差异到一致的过程。当时主管国际合作与交流司的领导对NCCT开展在华国际学校认证给予了很大支持。他曾于2002年9月11日下午，听取了NCCT关于在华国际学校认证工作准备情况的汇报。这位领导对

NCCT前一阶段的准备工作给予了充分肯定，并对这项工作做出重要指示，表示会大力支持这项工作。同年10月31日，这位领导又会见并宴请了参加四方会议的ECIS、NEASC和WASC三方的执行总裁，并在活动结束时鼓励徐岩说：看准了的事情（指在华国际学校认证）就要大胆地做下去。2004年9月24日，侃爱华转达这位领导的话说：（NCCT在华国际学校认证）看似小事，对中国非常有意义。但是，几乎是在同一时期，由于分管工作及看问题的角度不一样，主管NCCT的领导对于开展在华国际学校认证工作表示了一种"顾全大局"的认可。例如，2003年3月11日，主管NCCT的领导在视察NCCT时，当NCCT提出拟申请成立认证中心时，这位主管领导表示：国际合作与交流司委托的事先做，关于成立认证中心的问题没有想好。显然，这一表态对于NCCT的领导借开展在华国际学校认证工作成立认证中心的想法产生了影响。从此，成立认证中心的想法暂时搁置下来。从2003—2009年，继任的主管领导先后5次视察NCCT，前四次主要强调NCCT要突出主业（基础教育课程教材），没有提及在华国际学校认证工作。而这位领导在2009年8月20日视察NCCT时，充分肯定了在华国际学校认证工作，并鼓励积极探索开展民办学校认证工作。

　　梳理2001年以来教育部教育行政主管部门以及地方教育行政主管部门一些行政官员的话语，会发现这些行政官员对NCCT开展在华国际学校认证均表现出了肯定态度。他们认为通过NCCT在华国际学校认证，可以加强对在华国际学校的管理，促进其健康发展，可以促进中外基础教育交流，学习国外先进的教育理念、教育经验和教学方法，扩大中国基础教育的影响。而他们强调最多的是通过NCCT在华国际学校认证可以加强对在华国际学校的管理，规范其办学行为。徐永吉多次在认证委员会会议上强调开展这项工作对于加强在华国际学校管理的重要意义。他认为当前在华国际学校认证的主要矛盾是规范管理问题，其次才是保证质量的问题，学校办学不规范，就谈不上保证质量。徐永吉对NCCT在华国际学校认证意义的阐述最系统的一次是2007年1月19日在北京京伦饭店召开的认证委员会和认证咨询委员会会议上的讲话。

NCCT所做的认证工作确实是具有开拓性的工作，而且在我们看来，也是一个新生事物。我自己有几点体会，感觉认证对我们借鉴国际上的成功经验、有益的做法来探索建立具有中国特色的教育质量保障体系，是一种有益的尝试……认证是我国教育质量保障体系的一种有益补充，它有利于促进我国多元化教育质量保障体系的形成。

认证对于我们完善法规的建设提供了第一手的案例和可以研究的问题。目前，我们正在对《外籍人员子女学校管理办法》进行修订。前两年，我们曾委托NCCT组织专家到外籍人员子女学校比较多的城市进行调研，专家们在调研之后给我们提出了许多热点问题以及许多外籍人员子女学校关注的问题。我们在修订文件时对上述问题都给予了高度重视，这对于我们修订文件起了很大作用。

NCCT在华国际学校认证客观上起到了帮助政府进一步加强对外籍人员子女学校的规范管理作用。教育行政部门对于外籍人员子女学校进入的门槛把关比较多，但是对于学校办起来之后，在规范管理、提高质量方面，政府部门有点缺位。NCCT对于政府的这种缺位做了很好的补充。

NCCT在华国际学校认证为教育监管部门提供了一个非常好的参照系，比如中外合作办学，政府决定不仅要加强审批，还要加强过程的监管，那么监管的指标体系怎样建立呢？NCCT开发出了一套借鉴国际标准、又具有中国特色的体系文件，这对我们涉外教育的监管来说，都会起到很好的参考和借鉴作用。

相关领导对NCCT在华国际学校认证工作的表态和话语表明，NCCT在华国际学校认证工作开始得到相关领导的认可。

五、潜在行政合法性危机

通过上述四个方面的考察，我们会发现NCCT在华国际学校认证已经具备了比较强的行政合法性基础。但是，NCCT在华国际学校认证的行政合法性仍存在一些潜在危机。

在华国际学校认证工作起步时期，正是中国政府加强对认证工作管理的时期。2002 年 2 月 21 日，国务院办公厅下发了《国务院办公厅关于加强认证认可工作的通知》（国办发〔2002〕11 号）。根据这个文件的精神，认证工作需要纳入国务院认证认可监督管理部门统一管理，从事认证活动，应当经国务院认证认可监督管理部门批准。从 2001 年 NCCT 获得教育部国际合作与交流司同意开展在华国际学校认证工作以后，NCCT 的领导班子一直把成立认证中心作为一个重要目标。如前所述，2003 年 3 月 11 日，主管 NCCT 的领导在视察 NCCT 时，当 NCCT 提出拟申请成立认证中心时，这位主管领导表示：国际合作与交流司委托的事先做，关于成立认证中心的问题没有想好。这一表态，使 NCCT 成立认证中心的想法暂时搁浅。2003 年 9 月 3 日，国务院公布了《中华人民共和国认证认可条例》（国务院令第 390 号），并于 2003 年 11 月 1 日开始实施。这一文件的公布，使 NCCT 申请成立认证中心的想法再度升温。2004 年，研究者本人几次与国家认证认可监督管理委员会有关部门接触和沟通。2005 年 3 月和 11 月，NCCT 先后向国家认证认可监督管理委员会报送了《关于申请成立认证中心的报告》和《关于成立教育认证机构的可行性报告》。2005 年 4 月，NCCT 的领导还专门去认证认可监督管理委员会与有关部门负责人进行了沟通。此后，NCCT 又与国家认证认可监督管理委员会有关部门进行了多次沟通，该部门对 NCCT 成立一个学校评估认证中心开展在华国际学校认证工作表示赞成和支持，并建议教育部向国家认证认可监督管理委员会正式发一个"关于同意教育部基础教育课程教材发展中心成立学校评估认证中心的函"。但是，当 NCCT 在华国际学校认证办公室起草了上述相关文件后，该文件却没有被报出，这可能是由于当时 NCCT 职能结构的变化以及经济方面的原因（按规定一个认证机构的注册资金需要 300 万元）。成立认证机构的事就此搁浅。目前，虽然在华国际学校认证工作已经开展了 10 年，但按《中华人民共和国认证认可条例》的规定，NCCT 开展在华国际学校认证工作仍面临着加强行政合法性问题。

2007 年以后，教育部教育行政主管部门负责人在非正式场合与研究者本人的交流中，开始对NCCT在华国际学校认证有些微词。这些微词主要包括两个方面：（1）NCCT在华国际学校认证委员会在对在华国际学校的认证结果进行审议时，对学校办学规范方面把关不严；（2）NCCT在华国际学校认证委员会的一些委员对在华国际学校应知的法律、法规不熟悉。NCCT给相关部门负责人留下这一印象可能有两个方面的原因：（1）政府部门的视角与NCCT的视角存在差异。政府部门比较关注监管，而NCCT作为一个"认证机构"，关注从促进学校发展的角度提出建议，促其改进。（2）NCCT对认证委员会委员和考察人员培训不够。2005年以后，由于预算紧张，NCCT针对相关法律、法规对认证委员会委员和考察人员培训不够，导致一些认证委员会委员和考察人员对相关法律、法规不熟悉或理解不深。但无论如何，上述教育行政主管部门负责人的话语，表现出了对NCCT目前认证工作状况的不满意，主要感到对规范管理的内容坚持得不够。NCCT在华国际学校认证的行政认可度开始下降。他们的这些信息主要是通过参加认证委员会会议，从有关委员的发言中获得的。

由于CIS、NEASC和WASC、在华国际学校对中国的国情以及法律、法规不熟悉，NCCT在与上述组织合作的过程中偶尔会遇到一些政治问题。对这些政治问题的处理直接影响到NCCT在华国际学校认证的行政合法性。正如第六章第四节所述，一场因签证引起的"台湾问题"风波，对NCCT开展在华国际学校认证的行政合法性险些产生致命影响。NCCT在今后的在华国际学校认证工作中，有可能还会遇到类似的问题。

正如第七章所述，NCCT在华国际学校认证对中国其他教育领域质量保障机制的探索提供了经验。NCCT在提供经验的同时，也引发了个别部门的思考：从双方职能的比较来看，在华国际学校认证放到某个部门可能比放到NCCT更合适。这种舆论始于2006年，到2010年开始强烈起来，甚至出现在了教育部教育行政主管部门的个别官员以及地方教育部门个别人员的言谈中。出现这种舆论主要有两方面的原因：一是个别部门的动员；二是NCCT在华国际学校认证的行政合法性开始下降。而更重要的是NCCT在华国际学校认证行政合法性的下降，使教育行政主管部门的个别官员对这项职能的归属产生了动摇。在在华国际学校认证工作开展 10 年的后期，NCCT又面临着个别机构对在华国际学校认证工作职能的争夺。

第二节　专业合法性

在NCCT在华国际学校认证实践中，NCCT在华国际学校认证的专业合法性主要表现为《合作框架协议》的签署，CIS、NEASC 和 WASC 对该协议遵守的程度，以及上述组织对NCCT在华国际学校认证的认知。

一、《合作框架协议》的签署

如第四章所述，经过近 3 年的互动，NCCT、CIS、NEASC 和 WASC 于 2003 年 7—8 月，通过快递方式正式签署《合作框架协议》。从 CIS、NEASC 和 WASC 对NCCT在华国际学校认证认可的角度来看，这个《合作框架协议》实际上是 CIS、NEASC 和 WASC 对NCCT在华国际学校认证的认可，以及他们今后在行为上对这种认可的承诺。

《合作框架协议》的第一部分体现了 CIS、NEASC 和 WASC 对NCCT在华国际学校认证的认可。其认可的内容包括：（1）承认NCCT是从事国际学校认证的机构；（2）承认NCCT与他们是平等的合作和伙伴关系；（3）NEASC、CIS 和 WASC 理解、接受、支持NCCT当时的在华国际学校认证标准；（4）承认NCCT不以营利为目的的原则。而《合作框架协议》的第二部分、第三部分、第四部分则勾勒出了四方开展合作认证的基本策略。这些策略包括：（1）建立沟通机制，四方每年开会一次；（2）人员交流；（3）培训；（4）发展双方或多方联合访问的程序；（5）发展在国际学校认证领域的合作。

四方签署的《合作框架协议》为NCCT在华国际学校认证获得专业合法性奠定了法律基础，为 CIS、NEASC 和 WASC 在今后与NCCT的合作中承认NCCT在华国际学校认证进行了"约束"，但这仅仅是停留在法律层面，NCCT在华国际学校认证的专业合法性还需要在实践中进一步考察。

二、《合作框架协议》的实施

《合作框架协议》是四方合作的一个纲领性文件，四方的合作实践都是在该协议的框架之内实施的。同样，NCCT在华国际学校认证的专业合法性也体现在《合作框架协议》的实施过程中。

CIS、NEASC、WASC 对NCCT在华国际学校认证标准的认可。2003年，四方签署的《合作框架协议》中明确规定：NEASC、CIS、WASC 理解、接受和支持NCCT的《外籍人员子女学校认证办法（试行）》、《外籍人员子女学校认证标准（试行）》和《外籍人员子女学校认证申请表（试行）》；2004—2005 年，NCCT研发了用于联合认证的"中国背景标准"，由于 CIS、NEASC 和 WASC 的代表参与了该标准的研发过程，该标准一经定稿，就得到了上述三家机构的认可。随后，CIS/NEASC 将"中国背景标准"纳入其国际学校认证标准第七版，并作为该标准的 H 部分；WASC 将"中国背景标准"纳入其国际学校认证标准"聚集学习"，并作为该标准的 E 部分。在简捷认证时期，NCCT在借鉴 CIS/NEASC 认证标准的同时，突出强调了规范管理的内容；在联合认证时期，NCCT在使用CIS/NEASC 和 WASC 认证标准的同时，其"中国背景标准"进一步聚焦和细化了规范管理的内容。CIS、NEASC 和 WASC 对NCCT在华国际学校认证标准的认可，实际上是对NCCT在华国际学校认证"规范管理、保证质量"特色的认可。

对NCCT资格考察程序的理解和认可。从简捷认证时期开始，NCCT就增加了资格考察程序。尽管在 2008 年以前的联合认证中，资格考察程序有时被忽略，但 CIS、NEASC 和 WASC 的代表对NCCT的资格考察程序是理解和认可的。四方在制订联合认证程序时，CIS、NEASC 和 WASC 都认可在联合初访之前，NCCT要单独对学校进行资格考察。有时，CIS、NEASC 和 WASC 的代表在牵头协调与NCCT的联合认证时，还会询问NCCT是否需要资格考察以及资格考察的时间。

NCCT作为独立一方的联合培训和四方会议的制度化。从 2007 年开始，NCCT与CIS、NEASC和WASC利用每年3月召开的ACAMIS年会的机会，对准备申请四方联合认证或志愿成为四方联合认证考察团成员的国际学校校长、管理人员和教师进行培训。在联合培训中，四方的代表使用同一个PPT分别介绍各自认证机构的情况，共同介绍四方联合认证的程序、标准、自评和考察团考察。从2007—2010年，这种联合培训每年一次，已经成为一项制度。

从2002年开始，四方每年11月召开一次四方会议。会议的主要议题是四方分别通报一年来合作认证工作的情况，讨论在合作认证中面临的问题和解决办法。从2002—2010年，四方共召开了10次四方会议（见表8-2）。

表8-2 2000—2010年历届四方会议的情况

时间	地点	NCCT参加人员
2002 年 10 月	北京	徐岩、莫景祺、陈旭芬
2003 年 11 月	吉隆坡	委派莫约翰
2004 年 10 月	胡志明市	莫景祺、高兰生
2005 年 4 月	上海中学	徐岩、莫景祺、高兰生
2005 年 11 月	三亚	曹志祥、莫景祺、高兰生
2006 年 11 月	尼斯	委派王燕、莫约翰
2007 年 11 月	苏州	曹志祥、莫景祺、高兰生、韩江萍
2008 年 11 月	昆明	莫景祺、高兰生、韩江萍
2009 年 11 月	桂林	莫景祺、高兰生、韩江萍
2010 年 11 月	成都	莫景祺、高兰生、王燕

NCCT作为独立一方的联合培训和四方会议的制度化，实际上是CIS、NEASC和WASC对NCCT在合作认证中的主体地位，以及对彼此的合作和伙伴关系认可的制度化。CIS、NEASC和WASC对NCCT主体地位与彼此合作和伙伴关系的认可非常重要，它是NCCT在华国际学校认证获得专业

合法性的基本前提。

三、联合认证的实施

2005—2010 年，NCCT共认证了 18 所在华国际学校，其中与 CIS、NEASC 和 WASC 采取不同组合联合认证的学校达 16 所，联合认证的学校占认证学校总数的 89%；NCCT正在认证中的在华国际学校为 11 所，对这些学校使用的全部是联合认证方式。那么，为什么在 2005 年以后NCCT的在华国际学校认证要以联合认证方式为主呢？这主要有两方面原因：（1）联合认证对学校有很大的吸引力。由于学校申请NCCT与一方或多方的联合认证，可以同时得到多个机构认证，会节省学校的时间和精力，减轻学校的经济负担，因此，联合认证一经实施就得到了许多在华国际学校的响应。联合认证的实施，吸引了更多的国际学校申请NCCT与 CIS、NEASC 和 WASC 中的一家或多家的联合认证。（2）联合认证是四方积极倡导的合作认证方式。联合认证能够发挥NCCT与 CIS、NEASC 和 WASC的优势，促进学校的发展。"每一个学校认证机构都有不为其他学校认证机构所取代的特殊价值，外国学校认证机构比较熟悉国际学校的教学内容、质量标准和校内管理，可以在教学和管理业务工作上对国际学校提供帮助，而NCCT更了解中国的法律和社会规范，能够帮助其解决在中国境内办学中遇到的一些问题。几个机构之间的合作，能更有效地促进国际学校的全面发展。"（阎凤桥，2007）这已经成为四方的共识。NCCT对在华国际学校认证使用的联合认证方式的增长表明：NCCT认证促进在华国际学校发展的独特作用已经得到 CIS、NEASC 和 WASC 的认可。

四、CIS、NEASC 和 WASC 的认知

从四方会议纪要，CIS、NEASC 和 WASC 代表的谈话，以及对 CIS、NEASC 和 WASC 代表的访谈来看，CIS、NEASC 和 WASC 对NCCT在华国际学校认证的认知主要表现在以下两个方面：（1）看重NCCT在华国际学校认证的行政权威。当提及他们为什么与NCCT合作开展对在华国际学校

认证时，他们认为，与具有官方背景的NCCT合作，更有利于他们理解中国的相关法律、法规和中国文化，有利于发挥各自的优势，促进学校的发展。2006 年 5 月 26—27 日，在NCCT 与 WASC 在北京京西学校召开的"中国背景标准 B"和"联合认证程序"研讨会上，WASC 的代表马丽玲认为，WASC 与 NCCT 开展联合认证能够发挥各自的优势，促进学校的发展。CIS 的代表马格瑞在给研究者本人回复的电子邮件中认为，"与NCCT这样一个国家机构合作，加强了对这个国家的理解。我们从NCCT的同事那里了解了中国的文化和法规，可以从不同的视角理解质量控制问题。这样一种合作对于学校的发展是更富有成效的"。（2）对NCCT考察人员的专业水平给予了较高评价。例如，CIS 的马格瑞在给研究者本人的电子邮件中还认为，"对NCCT成员的职业水准和英语水平很满意，这使彼此产生了很好的讨论"。CIS、NEASC 和 WASC 的代表之所以对NCCT考察人员的专业水平感到比较满意，这跟NCCT在合作认证中选派考察人员的策略有直接关系。NCCT在华国际学校认证管理者非常重视联合考察工作的质量，每次选派考察人员时，都坚持做到"万无一失"，往往是选派那些专业水平比较高的考察人员。因此，马格瑞对NCCT考察人员的评价是基于NCCT少数骨干考察人员的。而从NCCT考察人员的整体来看，其专业水平的确有待提高。

五、潜在专业合法性危机

CIS、NEASC 和 WASC 对NCCT在华国际学校认证的行政权威，以及对NCCT部分考察人员的认可，同时也意味着NCCT在国际学校认证专业水准方面的不足。主要表现在如下几个方面。

（一）英语语言能力的欠缺

英语语言能力的欠缺主要表现在NCCT在华国际学校认证管理者英语语言能力的欠缺。正如本文中多次提到的，NCCT在华国际学校认证办公室的管理人员无论是英语的口头沟通能力，还是英语写作水平目前尚不能满足工作的需要。日常与 CIS、NEASC 和 WASC 的沟通、重要的会议以及重要英文文件的起草都是在NCCT兼职专业人员的协助下完成的。NCCT在华国际学校认证办公室管理人员在谈及这方面的情况时，时常会流露出潜在的忧虑：当这些兼职的专业人员因年龄和其他原因离开时，工作该怎么办。NCCT在华国际学校认证办公室管理人员英语语言能力的欠缺，在一定程度上影响了NCCT在华国际学校认证管理制度的完善，特别是微观机制的建立。例如，一些在华国际学校在认证周期内每年向NCCT提供的英文进展报告需要NCCT及时地回复。但由于英语语言能力的原因，这项工作一直没有持续，一些在华国际学校对此提出了意见。NCCT在华国际学校认证办公室开始探索组织专业人员审读其年度进展报告，并撰写回复意见的机制。但同一时期，NCCT在华国际学校认证办公室对于认证周期内民办学校提交的进展报告由于没有语言方面的障碍，则能够及时回复。NCCT在华国际学校认证办公室管理人员英语语言能力的欠缺，或多或少使这些管理人员在与 CIS、NEASC 和 WASC 以及在华国际学校的沟通过程中，显得不够主动。据王燕的观察（2010 年 11 月 23 日对王燕的访谈），NCCT在华国际学校认证办公室的管理人员收到 CIS、NEASC 和 WASC 的邮件时，有时不能及时回复；有时能不写就不写，能不回复就不回复。但是，CIS、NEASC 和 WASC 之间的沟通比起与NCCT的沟通要频繁得多。其思维方式、做事情的方式和方法与 CIS、NEASC 和 WASC 的人员还有较大差异。王燕认为其中一个很重要的原因是英语语言能力问题。王燕所观察到的这些现象，更多地发生在在华国际学校认证工作的早期，近几年这些现象得到了明显改观，但英语语言能力问题仍然是NCCT在华国际学校认证办公室所面临的一个主要问题。如在本文其他部分所提到的，这一问题长期存在主要是由NCCT事业单位的体制机制造成的。由于NCCT是结构工资制，其各方面待遇相对较低，一些既精通英语，又懂管理，并有较扎实专业背景的复合型人才比较难招到。虽然参与在华国际学校认证的个别考察人员在工作过程中也出现过语言方面的障碍，但NCCT在华国际学校认证办公室通过选择是可以避免的。

（二）专业水平的欠缺

一个国际学校认证机构的专业水平直接影响到认证工作的可持续发展以及认证工作的专业合法性。国际学校认证机构的专业化水平集中体现在要有一支专业团队，包括管理团队、研究团队、考察团队和咨询团队。而要保持国际学校认证机构专业团队的专业水平，需要建立专业团队建设的机制。但是，10年来，NCCT在华国际学校认证工作的专业支撑主要靠少数专业人员，除了对考察团队进行持续培训以外，总体上既没有形成一支专业团队，更谈不上专业团队有效的工作机制。例如，如何组建一支研究团队（专业与兼职相结合）去持续跟踪国际上国际学校认证的发展，如何不断地研究在华国际学校的发展实际，并在此基础上不断更新NCCT在华国际学校的认证管理体系文件。从国际认证机构来看，其认证标准大概5年左右就更新一次。CIS和NEASC的国际学校认证标准于2003年由第六版过渡到第七版，于2010年又从第七版过渡到第八版，并开始试点。而NCCT的国际学校认证标准除了2006年经过修订由试用版过渡到2006版外，目前还没有修订计划。关键是NCCT目前还没有形成可持续的研究、更新机制。而随着在华国际学校认证制度向纵深发展，NCCT需要不断地完善微观机制建设，这就更需要一支专业团队及有效的工作机制。从目前NCCT在华国际学校认证工作的现状来看，NCCT在华国际学校认证的专业能力建设面临着巨大挑战。

第三节　社会合法性

在华国际学校申请NCCT认证是自愿行为。因此，在NCCT在华国际学校认证实践中，社会合法性主要表现为申请NCCT认证的在华国际学校的变化，以及这些在华国际学校对NCCT认证的认知。

一、申请认证学校的变化

考察2002—2010年在华国际学校申请NCCT认证数量的变化，我们会发现在这 9 年中，申请NCCT认证的在华国际学校的数量呈持续增长态势（见图 8–1）。

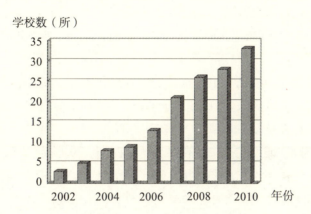

学校数（所）

图 8–1　2002—2010 年申请NCCT认证的
在华国际学校数量变化情况

从 2002—2010 年，申请NCCT认证的在华国际学校的数量以平均每年4 所的速度增长；2010 年，申请NCCT认证的在华国际学校的数量累计达到 33 所，占在华国际学校总数的 1/3。从地域分布来看，申请NCCT认证的在华国际学校所在的城市从 2002 年的 2 个增加到 2010 年的 12 个，呈现从北京、天津和上海等国际学校比较集中的城市向其他城市扩展的趋势（见表 8–3）。

表 8–3　2002—2010 年申请NCCT认证的在华国际
学校所在城市增加情况

年份	2002	2003	2004	2005	2006	2007	2008	2009	2010
所在城市数（所）	2	3	4	4	6	8	9	11	12

上述情况表明，NCCT在华国际学校认证正在得到越来越多的、更大范围的在华国际学校的认可。出现这一现象的直接原因主要有两个方面。

（1）一些社会声望比较高的在华国际学校在早期对NCCT认证的申请对其他学校起到了示范作用。在华国际学校的圈子比较小，信息传递得非常快。一些先期申请NCCT认证的学校校长通过"口口相传"起到了宣传作用。例如，在NCCT在华国际学校认证的早期，北京京西学校校长、NCCT在华国际学校认证工作顾问莫约翰对其他在华国际学校进行了介绍和游说，在北京京西学校之后申请认证的一些在华国际学校跟莫约翰的介绍有很大关系。（2）CIS、NEASC 和 WASC 的影响。这种影响表现在两个方面：一是在简捷认证时期，NCCT对 ECIS/NEASC、WASC 认证过的学校采取了简捷认证方式；二是在联合认证时期，NCCT与 CIS、NEASC 和 WASC 采取了联合认证方式。由于 CIS、NEASC 和 WASC 在国际学校中有很高的专业声望，NCCT通过采取这两种方式，借助了 CIS、NEASC 和 WASC 的影响。特别是进入联合认证时期，申请NCCT与 CIS、NEASC 和 WASC 中的一方或多方联合认证的在华国际学校的数量迅速增长。例如，2007 年，申请NCCT与一方或多方联合认证的在华国际学校达到 8 所。这说明早期申请NCCT认证的在华国际学校，以及 CIS、NEASC 和 WASC 对NCCT在华国际学校认证的认可影响了后来的在华国际学校对NCCT认证的认可。而促成申请NCCT认证的在华国际学校的数量持续增长的根本原因是这些在华国际学校对NCCT认证认知的不断深化。

二、学校的认知

很多接受访谈的在华国际学校负责人几乎都认为，在华国际学校之所以申请NCCT认证，是因为NCCT在华国际学校认证能够使学校获得国家教育权威部门的认可，给学校带来行政合法性。在华国际学校很看重NCCT是教育部具有独立法人资格的直属事业单位，是中国基础教育的权威部门。这也可以在NCCT与在华国际学校签订的《认证协议》中得到证实。《认证协议》的开头就明确"教育部基础教育课程教材发展中心（以下简称课程教材中心）是具有独立法人资格的教育部直属事业单位。受教育部国际合作与交流司的委托，对在华外籍人员子女学校进行认证，并有权依法认定认证结果"。这是早期应个别在华国际学校的要求加进去的。但事实上，申请NCCT认证的在华国际学校对NCCT认证的认知是有差异的。这种差异大体上可以分为两个层次。第一个层次，看重NCCT认证给他们所带来的行政合法性，但会把NCCT认证的功能与 CIS、NEASC 和 WASC 认证的功能割裂开来。这些在华国际学校对联合认证功能的认知表现为在结构上的分化，认为NCCT认证就是解决行政合法性。例如，他们认为NCCT认证就是为了免除营业税；CIS、NEASC 和 WASC 认证是解决质量保证。最突出的表现是：一些在华国际学校往往只关注NCCT授予的认证结果，而不太关注达到这一结果的过程以及应达到的标准。当基于联合认证的同一考察团报告，NCCT对学校授予的认证结果与 CIS 或 NEASC 或 WASC 授予的认证结果不一致时，少数在华国际学校往往会以 CIS 或 NEASC 或 WASC 授予的认证结果作参照来评判NCCT授予的认证结果，甚至会认为NCCT的标准太严了。第二个层次，把NCCT认证与 CIS、NEASC 和 WASC 认证看作一个整体。认为只有将 NCCT 认证与 CIS、NEASC 和 WASC 认证结合起来，才能真正促进在华国际学校的发展；缺少了NCCT认证或缺少了 CIS、NEASC 和 WASC 认证，对学校的发展来讲是有缺陷的（2009 年 12 月 22 日对前北京京西学校校长莫约翰的访谈）。NCCT认证与 CIS、NEASC 和 WASC 认证相结合，能够很好地促进学校中西方文化的融合，促使学校建立更具包容性的教育体系，帮助学校实现其办学理念，使师生更多地了解中国［2010 年 11 月 19 日对耀中教育机构中国区学监欧文韬（Tom Ulmet）的访谈]。在 2010 年 4 月 6 日对北京大韩学校校长蒂姆·麦克唐纳和在 2009 年 11 月 4 日对北京顺义国际学校政府事务部主任池铮铮访谈中，他们建议，在联合认证中，NCCT的考察人员或 CIS、NEASC 和 WASC 的考察人员不能将"中国背景标准"与合作方的认证标准割裂开来，用于联合认证的标准对于学校的发展来讲是一个整体。这从另外一方面反映了在华国际学校对NCCT认证的认知。

无论是第一个层次的认知，还是第二个层次的认知，在华国际学校都认为NCCT认证能够给其带来行政合法性。这是由在华国际学校所面临的国际环境和中国国内环境决定的。为了求得生存和发展，学校除了获得专业合法性以外，还要获得在中国的行政合法性，以提高学校在中国的地位，解决学校在发展过程中所遇到的一些困难和问题。

三、潜在社会合法性危机

通过对在华国际学校负责人的访谈，可以发现：在华国际学校在看重 NCCT 认证给其带来行政合法性的同时，对NCCT认证也提出了许多建设性意见，这些意见往往是以 CIS、NEASC 和 WASC 的专业水准作为参照的，其集中表现在对NCCT认证的专业水平方面。这些意见归纳起来主要包括以下方面。（1）管理水平有待提高。例如：有的在华国际学校不了解NCCT以及NCCT认证，希望NCCT加强对在华国际学校的宣传；NCCT对于认证过的在华国际学校在认证周期内提交的年度报告没有回音；NCCT对考察人员的选择要非常谨慎，否则会影响团队水平；NCCT应该向国际学校和NCCT考察人员提供相关的法律和法规；NCCT的网站长期得不到更新；等等。（2）专业积累不够。例如：NCCT随着国外国际学校认证标准的发展以及在华国际学校的发展，如何进行持续的跟踪和研究，尚缺乏有效机制；NCCT还需要对已有的标准进行不断地修订和丰富，使其进一步中国化。有的在华国际学校负责人特别强调，要修改NCCT的中国背景标准，使其更有特色，使认证过的学校更有NCCT特色。（3）后续服务需要加强。NCCT对于通过认证的在华国际学校的后续服务，应该说是有意识的。例如：曾经为在华国际学校编写了介绍中国文化的读本；2005 年，召开了中外基础教育论坛，期望为中外中小学搭建一个交流平台；曾经为在华国际学校在办学过程中遇到的一些困难和问题进行了许多咨询和帮助。但总的来讲，这些还是不够的。NCCT需要进一步明确对通过认证的在华国际学校后续服务的内容及服务机制。例如，有的在华国际学校负责人建议，NCCT应该发挥自身优势对在华国际学校的中文教师开展一些教学培训，应该对在华国际学校提供更多的相关法律、法规和政策方面的咨询等。（4）考察人员的专业水平有待进一步提高。例如：

通过培训，要进一步转变NCCT考察人员的思维方式；帮助NCCT考察人员熟悉在华国际学校的管理模式、课程设置以及学校文化等；熟悉与在华国际学校相关的法律、法规和相关政策；熟悉认证标准；学会如何去问问题，知道从哪些方面对所考察的问题进行验证，知道如何去写报告；等等。

在华国际学校对NCCT认证的上述意见，从相关政府部门的官员、NCCT的考察人员和NCCT在华国际学校认证管理人员中，也得到了进一步印证。造成在华国际学校对NCCT认证上述认知的主要原因，是NCCT开展在华国际学校认证工作起步晚，时间短。而增强NCCT认证在在华国际学校中的认可程度则需要长时间艰苦的努力。

第四节　组织合法性

从简捷认证时期到联合认证时期的发展来看，来自NCCT的组织合法性表现出了从强到弱的变化。在简捷认证时期，NCCT对于行政合法性和内部正当性的追求，以及对项目实施的支持，表现出了很强的组织合法性；在联合认证时期，由于NCCT内部的变化，来自NCCT的组织合法性明显减弱。

一、对行政合法性的追求

虽然开展在华国际学校认证工作已被教育部确定为NCCT的一项职能，但在实际工作中与教育部国际学校主管部门——国际合作与交流司和地方教育行政主管部门保持良好的关系尤其重要。为此，在接下来的几年中，NCCT的管理者与教育部国际合作与交流司保持着正式和非正式的频繁沟通和联系。表8-4记录了在简捷认证时期，NCCT的管理者与在华国际学校的教育行政主管部门的正式沟通和联系。

表8-4　NCCT与教育行政主管部门的沟通情况

时间	事件	参加人员	结果
2002年4月15—19日	受教育部国际合作与交流司（以下简称国际司）委托，就在华国际学校管理办法（以下简称管理办法）的修订进行调研	NCCT：莫景祺、部分考察人员	向国际司提交了四份调研报告
2002年5月17日	受国际司委托召开考察人员座谈会，听取对管理办法的修改意见	NCCT：莫景祺、部分考察人员	考察人员对管理办法的修订提出了许多建设性意见
2002年6月1—2日	受国际司委托召开管理办法修订会议	国际司：徐永吉、田立新；法规司：王大泉；NCCT：莫景祺；上海市教委：周勤健；上海中学：唐盛昌	形成管理办法草案和修改说明
2002年6月18日	NCCT成立第一届认证委员会	聘请国际司徐永吉、田立新，北京市教委丁红宇，上海市教委江彦桥，广东省教委梁永洪为委员	加强了教育行政主管部门负责人对认证过程的了解
2002年9月11日	向章新胜副部长汇报认证工作开展情况	国际司：田立新；NCCT：王晓芜、莫景祺	章新胜充分肯定前一段工作，并对今后的工作提出了意见
2002年10月9日—25日	莫景祺随国际司考察团出访韩国、马来西亚、泰国和新加坡	国际司、政策法规司的部分官员	考察了这些国家国际学校的管理情况
2002年10月31日	章新胜接见参加四方会议的ECIS、NEASC和WASC的总裁	国际司：徐永吉、田立新；NCCT：徐岩、莫景祺、陈旭芬	章新胜对NCCT的工作又给予了充分肯定

续表

时间	事件	参加人员	结果
2003 年 11 月 5 日	北京市教委根据 NCCT 的认证结果，为北京京西学校出具实施学历教育的证明		NCCT 在华国际学校认证得到了地方教育行政主管部门的认可
2005 年 3 月 9—11 日	上海市教委通过 NCCT 邀请莫约翰和王燕向在沪国际学校介绍 NCCT 在华国际学校认证	上海市教委：江彦桥、蔡盛泽	NCCT 在华国际学校认证得到了地方教育行政主管部门的支持

从表 8-4 来看，NCCT 与教育行政主管部门的沟通方式主要有三种：一是向其沟通和汇报在华国际学校认证工作开展的情况；二是发挥自身优势，主动承担相关业务工作，为政府部门服务；三是为教育行政主管部门负责人提供深入了解在华国际学校办学情况和 NCCT 在华国际学校认证工作的机会。这些努力使 NCCT 在华国际学校认证工作得到了教育行政主管部门的认可和支持。

正如本章之前所述，NCCT 除保持和巩固在教育行政主管部门的合法性以外，还积极争取教育系统外部的行政合法性。NCCT 积极地与国家认证认可监督管理委员会沟通，希望获得批准成立学校认证中心。NCCT 希望在华国际学校认证工作，除了获得教育部认可，还希望获得国家认证认可行政主管部门的认可。

二、对项目实施的支持

虽然教育行政主管部门对在华国际学校认证工作给予了大力支持，起步工作也取得了成功，但在西方国家环境中生成的国际学校认证制度在 NCCT 内部面临着体制机制上的潜在障碍。

NCCT 现行的体制机制对在华国际学校认证制度的实施存在某些方面的不适应。（1）用人机制上的不适应。国际学校认证是一项专业性很强的工作，要求管理者不仅要有较高的英语交往能力，还要懂教育、会管理。而NCCT实行的是结构工资制，工资水平相对较低，从而造成了高水平的人聘不来，低水平的人又不能胜任的尴尬局面。研究者本人作为项目负责人，不止一次跟NCCT的领导及同事讲：从这项工作的长远发展来看，从事这项工作的人要形成一个梯队。研究者本人一直希望有一到两个人能够承担这项工作，甚至能够完全代替自己。但是，NCCT在不到三年的时间里先后换了三位有英语背景的管理人员，其中两位是因为不太胜任此项工作，另一位是因为NCCT暂时解决不了其户口和住房问题。因此，管理人员数量不足和专业水平不高，一直是NCCT开展在华国际学校认证工作所面临的问题。（2）财务管理制度的不适应。NCCT的财务管理制度是参照中央国家机关的财务管理制度制定的，缺乏经营性项目的财务管理制度。在华国际学校认证属于经营性项目，是通过收取认证管理费来维持其运行的。自工作开展以来，NCCT没有建立对在华国际学校认证项目的独立核算制度，而是采取一种大锅饭的管理方式，收入放到"大锅"，支出时再从"大锅"里取。如果年终有经费结余就会充为单位收入。在这种状况下，工作经费的支出受人为因素的影响比较大，领导对项目的重视程度和对项目效益的不同理解，以及单位经济条件的变化会直接影响到工作的开展。这易使在华国际学校认证工作经费保障表现出随意性和不确定性。NCCT现行的财务管理制度不仅制约着在华国际学校认证工作当前的开展，更影响着其长远发展。（3）外事管理制度上的不适应。NCCT的涉外工作是由教育部统一管理的。按照教育部的要求，NCCT的工作人员到境外考察和参加会议，都要提前一年报送计划；临时出访或参加会议要经过单位主管部长和外事主管部长的审批，其手续相对比较繁琐，运转也需要一定时间。跟 CIS、NEASC 和 WASC 相比，NCCT在开展在华国际学校认证工作的国际交往中面临着制度上的某些制约。

　　在简捷认证时期，在华国际学校认证职能在NCCT的边缘性、财务管理制度和外事管理制度的不适应性没有对在华国际学校认证产生明显不利影响，其主要原因是NCCT的领导班子对这个项目的重视和支持规避了潜在的制度性障碍。主要表现在：（1）在华国际学校认证工作在NCCT具有较高的话语地位。通过对这一时期NCCT会议记录和工作简报的分析，在NCCT领导的话语和NCCT的工作简报中，在华国际学校认证工作与其他工作处于平行地位。NCCT的领导在谈到这项工作时，持非常肯定的态度，并指出这个项目有创新，导向很好。甚至在一次会议上将在华国际学校认证工作作为NCCT的重点工作之一。同时，对在华国际学校认证工作也提出了较高要求，希望在华国际学校认证工作要加快速度，他们在NCCT的会议上数次提出要尽快成立"学校认证中心"。（2）对在华国际学校认证工作进行了深度参与。2002—2005年，NCCT的领导参加在华国际学校认证工作的重要活动达18次。当时的主管领导每次参加在华国际学校认证活动，无论是对外交流、认证委员会会议，还是对NCCT考察人员的培训，都能坐下来认真记笔记，并参与讨论。（3）在经费投入上保证了工作需要。2002—2005年，NCCT根据协议共向申请认证的在华国际学校收取认证管理费55万多元。根据这一时期历次工作的预算统计，本时期用于此项工作的支出达到70多万元。也就是说，自2002年开始有认证管理费收入以来的四年期间，NCCT在这个项目上不仅没有盈余，反而额外投入了十几万元资金，这还没有计入2000—2001年项目筹划阶段的资金投入。（4）在人员招聘上给予了倾斜。在华国际学校认证工作专业性强，要求管理人员要具备较高的英语交往能力，要懂教育、会管理。为了适应工作的需要，2002—2005年，NCCT先后聘用了3位具有英语背景的管理人员，因用人机制上的障碍，最后这些人没有留下来。（5）对于出国开会和学习考察，在经费上给予了支持和保障。回顾开展在华国际学校认证工作过去的10年，NCCT在华国际学校认证管理人员和认证专家出国开会和学习考察活动均是在简捷认证时期发生的。

三、对内部正当性的追求

在华国际学校认证工作在NCCT职能中的地位先天不足。2001年，

NCCT在申请开展在华国际学校认证工作的报告中，从其职能的角度阐述开展这项工作的理由时写道：

> 基础教育课程教材发展中心作为教育部直属事业单位，是我国专门从事基础教育课程研究和开发、教学评估的单位。……从其职能来看，在国际合作与交流司的指导下，从事对在华外籍人员子女学校的评估和学历认证工作，是较为合适和较有权威性的部门。

严格来讲，此前在华国际学校认证不是NCCT职责范围内的事。教育部国际合作与交流司的有关领导在审阅了NCCT的申请报告后，曾经对NCCT开展此项工作提出了质疑，并要求NCCT就其评价职能等做出说明。NCCT在给该司的补充报告中对NCCT的职能与在华国际学校认证的相关性作了进一步解释，并认为NCCT承担此项工作是比较合适的。虽然从职能上看，NCCT开展在华国际学校认证工作有些牵强，但从教育部直属事业单位来看，其评价职能与开展在华国际学校认证可能是最接近的。这可能是NCCT最后得到批准的主要原因。

2002年2月20日，教育部印发了《教育部基础教育课程教材发展中心职责任务、管理体制、机构设置和人员编制方案》（教人〔2002〕1号），其总体职能表述为："主要承担组织基础教育课程教材的研究、开发、评估工作及其他相关业务工作。"国际学校认证工作未被列在其8项总体职能中，而被列在评价处具体职能中的第6位，表述为"经政府部门批准，承担对在华外籍人员子女学校的评估认证工作"。这表明，在华国际学校认证工作在NCCT的职能中处于边缘地位。

NCCT领导对内强化这项工作正当性的话语和行为，在一定程度上讲，暂时抑制了在华国际学校认证工作职能上的边缘性影响。在华国际学校认证工作启动之时，正是中国基础教育课程改革启动之时。NCCT作为"主要承担组织基础教育课程教材的研究、开发、评估工作及其他相关业务工作"的教育部直属事业单位本来应该有干不完的事情，但由于体制和观念上的原因，NCCT没有真正发挥其应有的作用。当NCCT在无奈之下，启动了一些类似在华国际学校认证的"边缘性"项目时，也时常遭到周边"不做主业"的指责。也许是迫于这些舆论的压力，NCCT的某位领导在一次全体会议上谈到：开展评估认证，可增强中心的权威和地位，也是一个新的增长点。但马上又强调NCCT的工作都是在课改的范围之内的。此后，NCCT的领导多次谈到NCCT通过开展这项工作可以了解国外基础教育课程改革的相关信息，借鉴国际上基础教育课程改革先进的理念、经验和做法，可以作为NCCT了解国外基础课程改革的一个窗口，甚至后来将这一想法付诸实践。2005年，NCCT召开了一次由国际学校和中国公办和民办中小学校长和教师参加的中外基础教育论坛。

四、NCCT内部变化及其影响

在联合认证时期，NCCT内部发生的两个重大事件对NCCT在华国际学校认证工作产生了重要影响。2004年7月到2005年4月，NCCT调整了领导班子，先后有两位领导更换。同时，NCCT的整体职能和评价处的职能发生了重大变化。

NCCT职能的重大调整，使NCCT在华国际学校认证面临的潜在障碍，如NCCT在华国际学校认证与主业的矛盾以及体制机制障碍等日益显露出来。2004年12月22日，教育部成立教育部基础教育资源中心，将NCCT"组织开发基础教育有关教学资源；组织和管理国外基础教育课程和教材相关资料库；组织基础教育各类教学软件开发和国家基础教育资源库等有关工程项目的实施工作"划转到教育部基础教育资源中心。NCCT的处室由原来的6个调整到5个（撤销了教学资源处和信息处，增设了教材处），评价处的排位降至最后。因NCCT内部处室调整，从评价处的职能中调走了4项职能，其中"拟订基础教育教材评价标准，组织并承担基础教育教材的评价工作"和"承担全国中小学教材审定委员会秘书处工作"被划到教材处；"拟订基础教育教学的评价标准"和"组织基础教育教学质量评价工作"被划到教学处；"中小学图书馆推荐书目评审工作"和教育部"十五"重点课题"小学生语文能力评价项目"被划到教材处。

评价处实际上只剩下在华国际学校认证工作和英语教学评价试验项目（NCCT，2005）。在机构调整之前，虽然在华国际学校认证工作在职能上处于边缘地位，并面临着体制机制障碍，但由于当时的境况以及领导的重视，这些潜在矛盾在一定程度上得到了规避，表现得不是太明显。但随着2004年NCCT部分职能划拨教育部基础教育资源中心，其生存受到了一定威胁。这时，NCCT为了激励各个处室增加收入，下达了经济指标，各个处室每年除去工作成本外，要完成每人每年15万元人民币的指标。评价处当时有三个人，除去工作成本外，每年还要净剩45万元人民币。2005年NCCT内部处室的调整到位，评价处职能减少了，而实际只剩下了在华国际学校认证项目和基础教育英语教学评价试验项目。基础教育英语教学评价试验项目由于受到"一费制"政策和金融危机等因素的影响，在2005—2010年，外部已向NCCT累计欠费达180多万元。虽然在华国际学校认证工作在NCCT处于边缘地位，但却成了评价处的"主业"，成为"主劳力"。这种境况使人无法顾及这个项目为"课程、教材、教学"这个主业潜在的辅助功能，如以这个项目为窗口，了解国际基础教育课程、教材和教学的发展趋势，通过国际学校的资源加强中外课程、教材和教学的交流等。在2005年4月的先进性教育中，班子成员向NCCT在华国际学校认证项目负责人莫景祺提出建议，希望其积极关心NCCT的"中心工作"，这反映了NCCT国际学校认证工作在领导班子成员心目中已经处于边缘地位。这项工作与NCCT主业的潜在矛盾开始浮现出来。

在联合认证时期，在华国际学校认证工作在NCCT领导话语中的地位明显减弱，领导出席这项活动的次数也明显减少。分析2004年以来，领导在NCCT一些重要会议上的话语会发现，国际学校认证工作要么不提，要提也往往是在其他工作总结和布置完之后，用"另外"一词一带而过。甚至在个别时候还会听到一些微词：这个项目的工作成本太高了。同时，仪式性的支持也明显减少。2006—2010年，NCCT领导参加NCCT在华国际学校认证工作的次数仅有7次，比前5年的18次减少了11次，参与的深度也明显减弱，往往是到一下场很快就离开了。更重要的是这项工作受到了预算紧缩的严重制约。在简捷认证时期，NCCT在华国际学校认证的收入呈现负增长状态，NCCT不仅没有从该项目中获得收益，反而补贴了十几万元。而在2006年以后，随着申请NCCT认证的在华国际学校数量增加而收入增加的情况下，NCCT用于在华国际学校认证工作的经费支出比例反而减少了（见表8-5）。减少的主要原因是"量入为出"，即在确保评价处完成经济指标的前提下，在华国际学校认证工作的日常支出才能发生。

有些常规性开支，包括考察人员的劳务由于预算紧缩往往要拖好长一段时间才能发放。例如，考察人员的劳务费拖欠时限最长达半年之久。在联合认证后期，根据财务规定，对于考察人员劳务支出的审批，不是根据在华国际学校认证项目账户有没有经费，而是根据所考察的在华国际学校应付的认证管理费是否到账。有时对某在华国际学校的考察已经实施了，如果其认证管理费暂时没有到账，即使在华国际学校认证项目账户有经费，考察人员的劳务费也不能支付。

表 8-5　2000—2010 年在华国际学校
认证工作经费收支情况①

年份	收入（元）	支出（元）	支出/收入（%）
2006	378550	155 958.29	41.20
2007	221100	112 629.22	50.94
2008	427240	235 326.07	55.08
2009	340200	120 483.95	35.44
2010	409700	201 883.42	49.28

上述情况对NCCT在华国际学校认证工作的开展产生了重要影响。从2006—2010 年，NCCT在华国际学校认证管理者和考察人员因在华国际学

---

① 该数据由NCCT财务室提供。

校认证工作，再没有到国外去开会或考察。NCCT 与 CIS、NEASC 和 WASC 每年一度的四方会议，考虑到NCCT在华国际学校认证管理者出境的不便，基本上都是在中国境内召开的（见表 8－6）。

表 8－6　2000—2010 年历届四方会议情况

时　　间	地　　点	NCCT参加人员
2002 年 10 月	北京	徐岩、莫景祺、陈旭芬
2003 年 11 月	吉隆坡	委派莫约翰
2004 年 10 月	胡志明市	莫景祺、高兰生
2005 年 4 月	上海	徐岩、莫景祺、高兰生
2005 年 11 月	三亚	曹志祥、莫景祺、高兰生
2006 年 11 月	尼斯	委派王燕、莫约翰
2007 年 11 月	苏州	曹志祥、莫景祺、高兰生、韩江萍
2008 年 11 月	昆明	莫景祺、高兰生、韩江萍
2009 年 11 月	桂林	莫景祺、高兰生、韩江萍
2010 年 11 月	成都	莫景祺、高兰生、王燕

　　从表 8－6 可以看出，四方会议的地点从 2005 年以后，已经移至中国境内，一般是其他三方人员在东南亚地区参加完 EARCOS 年会后来到中国境内与NCCT一起开会。2006 年在法国尼斯召开的四方会议，是由 NCCT委派莫约翰和王燕分别以NCCT在华国际学校认证工作顾问和海外协调员的身份代为参加。在 2008 年四方会议之前，在马来西亚召开的 EAR-COS 年会拟邀请NCCT的代表在会上介绍中国的在华国际学校认证。由于不能派人前往，NCCT委派王燕代表NCCT在会上发言。

　　NCCT的境况也一度制约了NCCT在华国际学校认证委员会会议的按时召开和开会方式。2009 年的认证委员会会议由于受预算限制，采取了"一会两开"的方式。NCCT在华国际学校认证管理者就同一讨论内容先于 5 月在北京召开在京认证委员会委员会议，然后于 6 月在上海召开在沪及周边地区认证委员会委员会议。应该于 2009 年年底召开的认证委员会会议曾因预算紧缩两度推迟，至 2010 年 3 月才召开。

由于预算方面的限制，在培训方面，自 2006 年以来，NCCT 只开展了 1 次独立培训，其余培训均是与 CIS、NEASC 和 WASC 举办的联合培训；2006 年 9 月，与 WASC 的联合培训，其培训方式与前一时期相比开始发生明显变化，过去是将全国各地的认证候选考察人员集中到一个地方培训，这一次是根据认证候选考察人员居住地的分布，将培训点分成三片，由培训人员到培训点去培训。

NCCT 内部境况导致了 NCCT 在华国际学校认证工作在 NCCT 的地位明显下降；影响了 NCCT 在华国际学校认证管理者和考察人员的持续学习以及专业水平的提高；影响了 NCCT 在联合认证中合作能力的提升；部分导致了 NCCT 考察人员在联合认证中专业技术的失范；影响了 NCCT 在华国际学校认证管理工作的到位。

考察在华国际学校认证的合法性，我们会发现：从简捷认证时期到联合认证时期，中国有关政府部门，CIS、NEASC 和 WASC 等国外学校认证机构，以及在华国际学校对 NCCT 在华国际学校认证制度的遵守程度表现出增强的态势；并且它们对 NCCT 在华国际学校认证的独特价值基本形成共识，即 NCCT 在华国际学校认证是在华国际学校发展不可或缺的，它能够给学校在中国办学带来行政合法性。虽然来自上述利益相关主体的评判也存在一些潜在的合法性危机，但比起其增强的态势，这是发展过程中的危机。相比之下，从简捷认证时期到联合认证时期，NCCT 对在华国际学校认证的认知，以及在行为上的遵守程度则呈现出减弱态势，并且这种减弱态势开始影响到在华国际学校认证的行政合法性、专业合法性和社会合法性。但是，当前申请 NCCT 认证的在华国际学校的数量却呈加速增长的趋势。这表明，来自 NCCT 的组织合法性的减弱对制度的实施状况尚未造成根本性影响。从目前来看，国际学校认证制度向中国的移植是比较成功的。

来自 NCCT 的组织合法性的减弱与申请 NCCT 认证的在华国际学校数量

的加速增长所形成的反差表明：在某一时点，国际学校认证制度向中国移植的轨迹，不是由单一制度逻辑决定的，而是由多重制度逻辑的相互作用决定的。但是，如果来自NCCT内部的组织合法性继续减弱，并继续影响其行政合法性、专业合法性和社会合法性，将会减低制度移植的有效性。因此，NCCT在华国际学校认证的危机主要不是来自外部，而是来自NCCT组织内部。这预示着今后来自NCCT组织内部的组织合法性将影响NCCT在华国际学校认证制度的走向。

各个利益相关主体通过行为和认知对在华国际学校认证制度评判的标准主要受到了政府部门的制度逻辑和学校认证领域的制度逻辑的影响。各个利益相关主体对NCCT在华国际学校认证普遍认可的方面主要集中在NCCT在华国际学校认证所带来的行政合法性；各个利益相关主体对NCCT在华国际学校认证不太认可的方面主要集中在NCCT在华国际学校认证的专业合法性。国际学校领域的制度逻辑主要影响在华国际学校去争取国际社会和中国社会的认可；事业部门的制度逻辑主要影响NCCT如何去平衡各利益相关主体的利益。

结 束 语

本书通过研究国际学校认证制度向中国移植的互动机制，揭示了国际学校认证制度向中国移植的背景、起源、过程和当前的结果。研究的着眼点是多重制度逻辑的相互作用对制度移植过程的影响，研究的目的是探究制度移植的内在机制。现将本书研究的主要发现总结如下。

一、研究结论

考察国际学校认证制度向中国的移植过程，我们会发现这样一个事实：国际学校认证制度向中国的移植过程，是各个利益相关主体互动的过程。进一步探究各个利益相关主体的互动机制，我们会发现：国际学校认证制度向中国移植不是源自利益相关主体的理性设计，而是源自不同领域相对独立的各个利益相关主体所背负的制度逻辑的相互作用。具体表现如下。

（一）利益相关主体互动的根源，是其分别受到国际学校领域的制度逻辑与政府部门的制度逻辑、事业部门的制度逻辑与政府部门的制度逻辑、学校认证领域的制度逻辑与政府部门的制度逻辑之间的张力所产生的利益诉求，以及学校认证领域的制度逻辑与各利益相关主体所背负的制度逻辑之间的张力对其利益诉求的影响。

各个利益相关主体参与国际学校认证制度向中国移植的源动力，可以追溯到各个利益相关主体在成为利益相关主体之前，所受到的各自制度环境的影响。各个利益相关主体在原来的制度环境中，均面临着多种制度逻辑，这些制度逻辑之间存在矛盾。制度矛盾的存在，使各个利益相关主体的利益产生不确定性，并由此使其产生了不同的利益诉求。第三章中对参与国际学校认证制度向中国移植的各个利益相关主体所面临的社会背景对他们影响的分析充分地表明了这一点。例如，国际学校认证制度向中国移植之前，北京京西学校面临着中国教育行政主管部门对其定位不明确与在华国际学校希望得到中国教育行政主管部门承认其地位的矛盾，他们希望得到中国教育行政主管部门的认可，以提升其在中国教育系统中的地位；NCCT面临着职能不落实与提供公共服务之间的矛盾，希望进一步扩展职能和增长点；教育部国际合作与交流司面临着对在华国际学校定位不明确与国际学校希望得到承认之间的矛盾，希望进行管理方式的创新；CIS、NEASC 和 WASC 面临着认证范围向中国拓展与中国政府准入之间的矛盾，希望得到中国政府部门的认可。但是，在各个利益相关主体发现制度环境中存在能够帮助他们实现其利益诉求的制度之前，他们的利益诉求是潜在的。

当个别利益相关主体发现制度环境中存在能够帮助他们实现其利益诉求的制度并进行动员时，该制度的制度逻辑就会与各个利益相关主体背负的制度逻辑相互作用，促使各个利益相关主体开始就制度移植的方向、策略以及未来制度的形式进行互动。例如，国际学校认证制度向中国移植最早是由北京京西学校提出并进行动员的。学校认证领域的制度逻辑就是学校认证要代表各利益相关主体的利益。国际学校领域的制度逻辑——争取社会认可，促使在华国际学校通过推动实施国际学校认证制度得到中国教育行政主管部门的认可；事业部门的制度逻辑——定位模糊，促使NCCT通过实施国际学校认证制度，扩展职能；政府部门的制度逻辑——规制，促使政府部门通过实施国际学校认证制度创新管理方式，加强对在华国际学校的管理；学校认证领域的制度逻辑——代表各利益相关者的利益，促使 CIS、NEASC 和 WASC 通过在华实施国际学校认证制度，获得中国政府部门的认可。学校认证领域的制度逻辑与国际学校领域的制度逻辑、政府部门的制度逻辑、事业部门的制度逻辑之间的相互作用，会促使上述各利益相关主体走向互动。

（二）**各个利益相关主体为移植国际学校认证制度所形成的功能性组织场域——每个利益相关主体对实施制度移植都有其独特作用，是政府部门的制度逻辑、事业部门的制度逻辑、学校认证领域的制度逻辑、国际学校领域的制度逻辑相辅相成和相互制约的结果。**

上述四种制度逻辑对于国际学校认证制度移植的功能性组织场域的形成发挥了以下几方面的作用。（1）各个制度逻辑对于国际学校认证制度移植相辅相成。政府部门的制度逻辑、事业部门的制度逻辑、学校认证领域的制度逻辑和国际学校领域的制度逻辑的作用在国际学校认证制度移植过程中缺一不可，否则该制度将无法移植。（2）各个制度逻辑相互制约。例如，中国政府部门想通过实施在华国际学校认证制度加强对在华国际学校的管理，但是，这一目标的实现受到了学校认证专业规范的影响。NCCT想通过实施在华国际学校认证制度扩展其职能和增长点，但NCCT作为事业单位和"认证机构"，又受到政府部门规制、学校认证专业规范以及在华国际学校认可的影响，需要在各个利益相关主体之间维持一种平衡。在华国际学校想通过实施在华国际学校认证制度获得中国社会的认可，但受到了中国政府部门规制和学校认证专业规范的制约。因此，各个利益相关主体所背负的不同制度逻辑的相互作用，使得各个利益相关主体在互动过程中的作用具有了互补性和层次性。但是，需要指出的是利益相关主体之间相互作用的结构会随着时间的推移而不断发生变化。

在国际学校认证制度移植的功能性组织场域中，各个利益相关主体的作用表现在如下几个方面。（1）各利益相关主体对于移植国际学校认证制度具有互补性。例如：教育部国际合作与交流司能够使国际学校认证制度的移植获得合法性；CIS、NEASC 和 WASC 能够使国际学校认证制度的移植获得专业合法性；在华国际学校能够使国际学校认证制度移植获得社会合法性；NCCT能够在国际学校认证制度移植过程中，平衡各利益相关主体之间的利益。（2）各利益相关主体在国际学校认证制度移植过程中的作用具有层次性。例如，各个利益相关主体对制度移植过程的影响是不一样的。制度移入地政府部门和提供制度的专业组织是影响国际学校认证制度向中国移植的最重要因素；在华国际学校对认证的申请，使国际学校认证制度移植得以发生；NCCT对各利益相关主体利益的平衡，使国际学校认证制度移植得以继续。

（三）国际学校认证制度移植的合作策略以及"规范管理，保证质量"的方向，是在制度移植起源时期上述四种制度逻辑相互作用的结果。

国际学校认证制度移植的合作策略以及"规范管理，保证质量"的方向，是在制度移植起源时期形成的。国际学校认证制度向中国移植的合作策略，体现了政府部门的制度逻辑、事业部门的制度逻辑、学校认证领域的制度逻辑和国际学校领域的制度逻辑之间的相辅相成。政府部门的制度逻辑促使中国政府部门对NCCT授权以及对四方合作框架协议的认可，从而使国际学校认证制度向中国移植获得合法性；学校认证领域的制度逻辑促使 CIS、NEASC 和 WASC 提供专业规范，从而使国际学校认证制度向中国移植获得专业合法性；国际学校领域的制度逻辑促使在华国际学校申请NCCT认证，从而使国际学校认证制度向中国移植获得社会合法性；事业部门的制度逻辑促使NCCT来平衡各利益相关主体之间的利益，从而使国际学校认证制度移植得以继续。四种制度逻辑对于国际学校认证制度向中国移植的互补性促使各个利益相关主体采取合作策略。合作，国际学校认证制度向中国移植就有可能实施，各方的利益就有可能实现；不合作，国际学校认证制度向中国移植则不可能实施，各方的利益就不可能实现。

国际学校认证制度向中国移植的"规范管理，保证质量"的方向，既保持了西方学校认证保证质量的传统，又体现了中国政府部门规制的要求。这一移植方向是政府部门的制度逻辑与学校认证领域的制度逻辑相互制约的结果。政府部门的制度逻辑使政府部门希望通过开展在华国际学校认证加强对在华国际学校的管理；学校认证领域的制度逻辑使CIS、NEASC 和 WASC 希望通过开展在华国际学校认证以保持"保证质量"的传统。国际学校认证制度移植的方向如果偏离上述某一种制度逻辑，受该制度逻辑制约的利益相关主体就不会参与，国际学校认证制度移植就不会进行，甚至不会获得成功，各方的利益就不可能实现。同时，政府部门的制度逻辑和学校认证领域的制度逻辑在国际学校认证制度移植方向上的张力，也受到了事业部门的制度逻辑和国际学校领域的制度逻辑的影响。这主要表现在：NCCT对政府部门的要求与国外学校认证机构的要求进行了整合，将国际学校认证制度向中国移植的方向定位为"规范管理，保证质量"；在华国际学校既需要国际认可，也需要中国政府部门的认可，因而对国际学校认证制度向中国移植的方向给予了支持。

制度移植的蓝图不是在制度移植的过程中绘制的，而是在制度移植的起源时期形成的；制度移植的蓝图不是个别有智慧的理性设计者绘制的，而是相关主体在各自制度逻辑的影响下，成为利益相关主体的过程中互动生成的。

（四）各个利益相关主体通过互动对制度进行的持续调整，源自各个利益相关主体为实现各自的利益，应对上述四种制度逻辑之间张力影响的结果。

各个利益相关主体之所以走到一起参与国际学校认证制度移植，是为了实现各自的利益。由于各个利益相关主体的利益诉求以及背后的制度逻辑不同，其对制度形态的评判标准会存在差异。例如，在国际学校认证制度向中国移植过程中，政府部门更强调规范管理；国外学校认证机构更强调专业规范；在华国际学校更关注认可；NCCT更关注各方利益之间的平衡。不同的评判标准会在利益相关主体之间产生张力、矛盾和冲突。利益相关主体为了实现各自不同的利益，必须协调彼此的张力、矛盾和冲突，使利益相关主体对制度形态的理解不断融合，并采取各方共同认可的策略和措施对制度要素进行调整。各个利益相关主体对移入制度和制度环境要素的调整，会使各个利益相关主体的意见得到充分表达和吸收，会使其所掌握的资源得到有效整合，会逐渐形成各方共同认可的制度形态。

在国际学校认证制度向中国移植过程中，制度调整不是一蹴而就的，而是一个持续的过程。随着时间的推移，政府部门的制度逻辑、事业部门的制度逻辑、学校认证领域的制度逻辑、国际学校领域的制度逻辑相互作用的结构会发生变化。例如，在简捷认证时期，各个利益相关主体对制度要素的调整，主要受到了政府部门的制度逻辑的影响。但在简捷认证后期以及联合认证时期，各个利益相关主体对制度要素的调整，受到学校认证领域的制度逻辑的影响明显增强。由于四种制度逻辑相互作用结构的变化，各个利益相关主体之间还会产生新的张力、矛盾和冲突。各个利益相关主体为了实现各自的利益，需要通过互动对制度进行持续调整，来解决这些张力、矛盾和冲突。

（五）在某一时点，国际学校认证制度移植的状态，不是由单一制度逻辑决定的，而是由上述四种制度逻辑相互作用的状况决定的，其中，政府部门的制度逻辑和学校认证领域的制度逻辑起着重要作用。

国际学校认证制度向中国移植的具体状态，不是由单一制度逻辑决定的，而是在四种制度逻辑的相互作用下演变的。主要表现在：（1）在某一时点，某一制度逻辑对国际学校认证制度向中国移植具体状态的影响，是在与其他制度逻辑的相互作用中实现的。例如，在联合认证时期，随着来自NCCT组织内部合法性的减弱，申请NCCT认证的在华国际学校的数量不仅没有减少，反而呈加速增长的态势。这一现象表明，虽然来自NCCT组织内部的合法性在减弱，在一定程度上开始影响NCCT在华国际学校认证的行政合法性和专业合法性，但并没有从总体上减弱其社会合法性。其主要原因是NCCT内部合法性的减弱受到了政府部门、在华国际学校以及 CIS、NEASC 和 WASC 等利益相关主体背后制度逻辑的抑制。（2）国际学校认证制度移植的具体状态，还会受到四种制度逻辑相互作用结构变化的影响。如前所述，随着时间的推移，四种制度逻辑相互作用的结构会发生变化。四种制度逻辑相互作用结构的变化会直接影响国际学校认证制度向中国移植的具体状态。例如，在简捷认证时期，政府部门的制度逻辑和事业部门的制度逻辑对制度调整影响较大，各个利益相关主体主要是围绕政府部门的制度逻辑的影响对相关制度要素进行调整的；在联合认证时期，学校认证领域的制度逻辑和国际学校领域的制度逻辑对制度调整的影响增强，各个利益相关主体主要是围绕学校认证领域的制度逻辑的影响对相关制度要素进行调整的，并且申请认证的在华国际学校的数量迅速增加。

考察简捷认证时期和联合认证时期制度调整的情况，我们会发现，各个利益相关主体对制度要素的调整主要是围绕政府部门的制度逻辑和学校认证领域制度逻辑的影响进行的。这说明政府部门的制度逻辑和学校认证领域的制度逻辑对制度移植的具体状态起着重要作用。事业部门的制度逻辑和国际学校领域的制度逻辑起着不可或缺的辅助作用。

二、关于研究结论的讨论

本书研究发现，国际学校认证制度向中国移植不是源自利益相关主体的理性设计，而是源自不同领域相对独立的各个利益相关主体所背负的制度逻辑的相互作用。那么，上述结论的意义是什么？基于国际学校认证制度向中国移植的互动模式，在多大程度上对于中国社会乃至国际社会的其他制度移植具有指导意义呢？

（一）研究结论的意义

已有关于制度移植的研究认为，制度移植的动因来自外部环境与路径依赖的张力（社会学视角）或者成本收益的改变（经济学视角）；制度移植的过程是移入制度与移入环境相互适合的过程或利益相关主体学习和博弈的过程；制度移植的结果取决于移入制度与移入环境相互适合的程度。本书研究认为，国际学校认证制度向中国移植不是源自利益相关主体的理性设计，而是源自不同领域相对独立的各个利益相关主体所背负的制度逻辑的相互作用。与已有的研究结论相比，本书的研究结论强调多个过程对制度移植的影响；强调微观层面利益相关主体的活动或行动（虽然个别研究强调制度移植的过程是利益相关主体学习和博弈的过程，但没有揭示其内在机制）；强调制度移植的过程是一个内生性的过程。本书的研究结论对影响制度移植的多个过程的强调，揭示了制度移植的内在机制，从而反映了制度移植的复杂性和微妙性。

（二）互动模式的重要性

　　CIS、NEASC 和 WASC 的代表在谈话中不止一次将泰国和中国实施国际学校认证的情况进行了比较。泰国政府部门先于NCCT引入国际学校认证制度，并对在泰国际学校进行认证，但由于是由政府部门自上而下地推行，后来没有成功；中国的NCCT引入国际学校认证制度，是自下而上互动推动，因而获得了初步成功。王燕是NCCT在华国际学校认证工作的海外协调员，她是 CIS、NEASC 和 WASC 上述谈话内容的当事人。2009年7月21日，研究者本人在访谈王燕时对上述比较做了进一步概括。

　　我们在泰国访问时（2001 年），他们（泰国教育部）就开始做，后来没做成。北京京西学校给了另一个角度，就是自下而上地互动，后来就成功了。这种草根式的拱，代表了一种积极性。泰国拿过去向下做，没有成功。如果这件事很官方，把学校发展的事向下压，学校会很反感。我在马来西亚开会时，他们（泰国教育部）又专门派了一位博士来听我讲。

　　王燕的概括暗含了两个互为印证的假设：制度移植，如果由单一主体，特别是政府部门自上而下进行，可能不容易成功；如果像NCCT实施在华国际学校认证制度那样，由利益相关主体自下而上互动进行，可能更容易成功。因为前者不容易调动利益相关主体的积极性，而后者容易调动利益相关主体的积极性。

　　2005 年7月5日下午，NCCT在华国际学校认证工作顾问、前北京京西学校校长莫约翰在回顾NCCT在华国际学校认证时，也谈到了利益相关主体互动对于在华国际学校认证成功的重要性。

NCCT要真正将认证工作做大、做强，取决于三个因素：合作伙伴、政府支持和学校数量。目前，前两方面已经没有问题，下一步必须扩大认证范围，除了国际学校外，一定要认证公办学校的国际部、民办学校甚至公办学校。

阎凤桥（2007）则从研究的角度概括了来自政府部门、在华国际学校和 CIS、NEASC 和 WASC 的认可对在华国际学校认证制度建立的重要性。这实际上是对上述利益相关主体互动的必要性的阐述。

第一，接受认证的国际学校群体具有一定的特殊性。国际学校具有较大的办学自主权，在政府与国际学校之间存在着较大的活动空间，国际学校对于专业认证具有较强的认同感。这是NCCT开展认证工作的社会合法性基础。第二，由于国际学校认证是中介组织对政府管理职能的一种补充，它在没有使用公用经费的前提下，通过整合社会资源的方式发挥协调和服务功能，为政府部门提供了有关国际学校办学的基本情况，协助政府部门开展管理工作，避免了国际学校办学过程中可能出现的一些问题，因此得到了各级政府的大力支持。如北京市为通过认证的国际学校颁发学历教育确认批复，税收部门据此对国际学校实行免营业税优惠。这是NCCT开展认证工作的行政合法性基础。第三，NCCT与外国权威学校认证机构之间的合作，使得工作的专业水平提高，NCCT在学习和借鉴国外经验基础上，形成了自己的特色。这是NCCT开展认证工作的专业合法性基础。

无论是参与国际学校认证制度向中国移植的利益相关主体的代表，还是该事件的研究者，他们的认识有一个共同点，就是强调利益相关主体的互动对于有效制度移植的重要性。制度移植的互动模式对于有效制度移植的重要性说明了该模式在其他领域推广的价值。

也许正是认识到了NCCT移植国际学校认证制度的经验对于有效制度移植的重要性，正如第七章中所述，CIS、NEASC 和 WASC 又开始将NCCT开展在华国际学校认证的互动模式继续向泰国推介。特别是在 2010 年 12 月，已经到印度尼西亚工作的NCCT在华国际学校认证工作顾问、前北京京西学校校长莫约翰正在积极地推动将NCCT开展在华国际学校认证的互动模式推广到印度尼西亚，由印度尼西亚有关部门与 CIS、NEASC 和 WASC 互动在该国开展国际学校认证工作。他准备邀请NCCT的代表和参与NCCT在华国际学校认证工作的专家到印度尼西亚介绍利益相关主体互动开展在华国际学校认证的情况。上述事实表明：基于国际学校认证制度向中国移植的互动模式开始成为其他国家仿效的模式。

既然制度移植互动模式对于有效制度移植非常重要，并开始成为其他国家仿效的模式，那么进一步讨论制度移植互动模式的特点可能更有助于我们深入理解这种模式的推广意义。

（三）互动模式的特点

考察国际学校认证制度向中国移植的过程，制度移植互动模式具有以下特点。

1. 自主性。在互动模式下，各个利益相关主体参与制度移植是为了实现他们各自的制度性利益，是自愿的。这种模式能够调动各个利益相关主体的积极性，充分利用各方的资源优势；利益相关主体会主动协调彼此的矛盾，考虑各方的意见，平衡各方的利益，对制度进行调整。因此，经过各个利益相关主体互动调整的制度，很容易被各个利益相关主体认可。

2. 共存性。由于所移植的制度承载着各个利益相关主体的制度性利益，进行制度移植成为各个利益相关主体共同的任务。同时，各个利益相关主体有制度移植所需要的各种不同资源。因此，利益相关主体为了借助所移植的制度实现各自的利益，会形成相互需要、相互依靠的关系。

3. 互动性。在互动模式下，利益相关主体通过沟通与互动，可以相互学习；可以就制度移植的方向、策略和未来制度的形态达成共识；可以研讨制度移植过程中所遇到的困难和问题，共同制定解决办法，并对制度进行调整。没有沟通与互动，制度移植不可能实施和完成。沟通与互动是利益相关主体参与制度移植的机制。

4. 融合性。互动模式下制度移植的目标是走向融合。首先，表现为利益相关主体要就制度移植的方向、策略和未来制度的形态达成共识；其次，表现为在制度调整过程中，利益相关主体会就制度调整的不同观点、彼此的张力进行协调，形成共识，并共同采取行动；最后，表现为调整后的制度是利益相关主体意志融合的结果。

三、主要建议

任何一项研究都应该对社会有明确的价值指向。研究者因其研究对社会有价值才去进行研究。本书研究制度移植问题的重要原因，在于笔者观察到我国一些领域在移植国外制度的过程中还存在诸多问题，从而影响着制度移植的有效性。究其原因，正如导言中所说的，我们对于制度移植的起源、过程和内在机制尚缺乏深入的实证研究。国际学校认证制度向中国的移植过程表明：制度移植会受到多个过程相互作用的影响，其影响是通过相应的利益相关主体的互动来实现的。基于研究结论，本书研究建议，进行制度移植应将利益相关主体之间的互动作为基本策略。

（一）在制度移植之前，需要确认制度移植所涉及的利益相关主体。利益相关主体要就彼此之间的关系、未来制度的功能定位和形态以及制度移植的策略等达成共识。这将对以后的制度移植过程产生重要影响。

（二）在制度移植过程中，特别需要注意发挥制度移入地政府部门和提供制度的专业组织的作用。以政府部门为主导的制度移植，在充分调动利益相关主体积极性和主动性的同时，特别要注意发挥提供制度的专业组织的作用；以非政府部门为主导的制度移植，在积极争取利益相关主体参与的同时，特别要注意争取政府部门和专业组织的支持。

（三）在制度移植过程中，利益相关主体在效仿的同时，必须对移入制度及其制度环境进行持续调整。在制度移植过程中，利益相关主体的中心任务是对所移入的制度及其制度环境进行调整。利益相关主体要进行有效的制度调整，需要建立沟通和互动机制。

（四）定期就制度移植的结果进行评估。要定期从不同利益相关主体的合法性评判对制度移植的有效性进行评估，并利用评估结果调整制度移植的策略和行动，继续对制度进行调整。

（五）政府部门要对制度移植活动释放更大空间。在中国相对集权的行政管理体制之下，中国所进行的制度移植活动大多数属于政府主导型。对于政府主导型的制度移植活动，政府部门应该充分听取利益相关主体的意见，充分考虑利益相关主体的利益，调动利益相关主体参与和支持制度移植活动的积极性；对于由非政府部门主导的制度移植活动，政府部门要通过建立有效的管理机制，给予积极的指导和支持，但不要进行过多干预。

四、研究中存在的不足

（一）本书研究结论基于的国际学校认证制度向中国移植的案例，其时间跨度仅有10年，目前在华国际学校认证还处于发展过程中。由于制度移植过程的复杂性和微妙性，本书的研究结论，随着时间的推移还有待后来者做进一步检验和修正。

（二）作为本案例的当事人，笔者对一些事件的判断难免会有主观色彩，为了避免主观色彩，研究者本人尽量采用多种证据来源；论文初稿已请其他当事人进行审读并请其验证证据的真实性、是否还有其他证据以及是否有竞争性的结论等，并在听取他们意见的基础上对论文进行了修改。尽管如此，由于对这个案例介入得太深，笔者如何更好地从该案例中"走出"和"走入"，这是一个很大的挑战，可能会影响分析推理的客观性。

（三）对某些涉及当事人利益的敏感问题访谈得不够充分或没有进行

访谈，使笔者对某些问题的分析缺少了访谈的证据来源。例如，围绕利益相关主体之间张力、利益相关主体对在华国际学校认证认知等问题，对中国政府有关部门以及 CIS、NEASC 和 WASC 的代表访谈得不够充分，对NCCT的领导则没有进行访谈。这在一定程度上，可能会影响对某些问题分析的内在效度。

结
束
语

参 考 文 献

中文部分

1. 鲍威尔．2008．拓展制度分析的范围［M］//迪马吉奥，鲍威尔．组织分析的新制度主义．姚伟，译．上海：上海人民出版社．

2. 鲍威尔，迪马吉奥．2008．中文版序言［M］//迪马吉奥，鲍威尔．组织分析的新制度主义．姚伟，译．上海：上海人民出版社．

3. 北京京西学校．2001．北京京西学校背景情况．

4. 北京市教委．2003．关于确认北京京西学校为学历教育学校的批复．京教外［2003］88号．

5. 北京市教委．2010．接收外国学生学校［EB/OL］．［2010 - 05 - 13］．http：www.bjedu.gov.cn．

6. 布林特，卡拉贝尔．2008．制度的起源与转型：以美国社区学院为例［M］//迪马吉奥，鲍威尔．组织分析的新制度主义．姚伟，译．上海：上海人民出版社．

7. D. 埃莉诺·韦斯特尼．2007．模仿与创新——明治日本对西方组织模式的移植［M］．李萌，译．北京：清华大学出版社．

8. 迪马吉奥．2008．作为专业工程的组织场域的建构：20世纪20—40年代的美国艺术博物馆［M］//迪马吉奥，鲍威尔．组织分析的新制度主义．姚伟，译．上海：上海人民出版社．

9. 迪马吉奥，鲍威尔．2008．第1章 导言［M］//迪马吉奥，鲍威尔．组织分析的新制度主义．姚伟，译．上海：上海人民出版社．

10. 迪马吉奥，鲍威尔．2008．关于"铁笼"的再思考：组织场域中的制度性同形与集体理性［M］//迪马吉奥，鲍威尔．组织分析的新制度主义．姚伟，译．上海：上海人民出版社．

11. 迪马久．2007．制度理论中的利益与行动者［M］//张永宏．组织社会学的新制度主义学派．上海：世纪出版集团，上海人民出版社．

12. 邓锁．2005．双重制度逻辑与非营利组织的运行——一个新制度主义视角的解释［J］．华东理工大学学报：社会科学版（4）．

13. 弗雷格斯坦．2008．美国产业结构转型：1919—1979年大公司多部门化的制度解释［M］//迪马吉奥，鲍威尔．组织分析的新制度主义．姚伟，译．上海：上海人民出版社．

14. 弗利南德，阿尔弗德．2008．把社会因素纳入研究之中：符号、实践与制度矛盾［M］//迪马吉奥，鲍威尔．组织分析的新制度主义．姚伟，译．上海：上海人民出版社．

15. 高丙中．2000．社会团体的合法性问题［J］．中国社会科学（2）．

16. 格拉斯契维茨．2008．使法人行动者（公司）负责任：明尼阿波利斯—圣保罗市的制度建立过程［M］//迪马吉奥，鲍威尔．组织分析的新制度主义．姚伟，译．上海：上海人民出版社．

17. 广州市地方税务局．2010．教育劳务营业税政策工作指引——第六章 外资办学的政策规定［EB/OL］．［2010 – 08 – 13］．http：//www.gzds.gov.cn/ssfg/hyzy/jylw/200704/t20070419_448213.htm.

18. 郭朝红，王彬．2005．国际学校教育质量的外部监控——欧洲国际学校委员会的"学校评价与鉴定计划"［C］//教育评估理论与实践——上海市教育评估院2000—2005 论文集．上海：上海教育评估院．

19. 郭建如．2008．社会学组织分析中的新老制度主义与教育研究［J］．北京大学教育评论（7）．

20. 国际学校协会、教育部基础教育课程教材发展中心、北美新英格兰院校协会、美国西部院校协会．2003．合作框架协议．

21. 国家教育委员会．1995．关于开办外籍人员子女学校的暂行管理办法．教外综［1995］130 号．

22. 国务院办公厅．2002．国务院办公厅关于加强认证认可工作的通知．国办发［2002］11 号．

23. 海因兹 – 戴特·迈尔．2006．高等教育制度变迁中的创立者、机遇和预见［J］．北京大学教育评论（1）．

24. 郜晖．2003．美国私立中小学校认证制度浅析［J］．教育科学（4）．

25. 侯立华．2006．俄罗斯普通学校鉴定与国家认证制度述评［J］．外国教育研究（10）．

26. 黄武双．2006．制度移植与功能回归——新中国专利制度的孕育与发展历程［D］．上海：华东政法学院．

27. 蒋燕玲．2005．近代中国公司法律制度移植及效果分析［D］．北京：中国人民大学．

28. 教育部．2002．关于印发《教育部基础教育课程教材发展中心职责任务、管理体制、机构设置和人员编制方案》的通知．教人［2002］1 号．

29. 教育部．2010．教育部公布经批准设立的外籍人员子女学校名单［EB/OL］．［2010 – 09 – 17］．http：//www.jsj.edu.cn.

30. 教育部国际合作与交流司. 1995a. 关于《外籍人员子女学校管理暂行办法》（送审稿）的说明. 教育部档案, 98—1995—Y—394. 0003.

31. 教育部国际合作与交流司. 1995b. 有关"国际学校"的资料. 教育部档案, 98—1995—Y—394. 0004.

32. 教育部国际合作与交流司政策规划处. 2001. 关于基础教育课程教材发展中心申请承接在华外籍人员子女学校评估认证事.

33. 教育部基础教育课程教材发展中心. 2001. 关于承接在华国际学校基础教育阶段学历评估认证工作的请示.

34. 教育部基础教育课程教材发展中心. 2002. 外籍人员子女学校认证办法（试行）.

35. 教育部基础教育课程教材发展中心. 1999—2002 发文记录.

36. 教育部基础教育课程教材发展中心评价处. 2006. 关于在京召开外籍人员子女学校认证工作研讨会的请示.

37. 教育部基础教育课程教材发展中心. 2008. 外籍人员子女学校认证章程.

38. 本刊记者. 2007. 国际教育质量保障的中国实践——NCCT外籍人员子女学校认证 [J]. 教育发展研究（9A）.

39. 杰普森. 2008. 制度、制度影响与制度主义 [M] //迪马吉奥, 鲍威尔. 组织分析的新制度主义. 姚伟, 译. 上海：上海人民出版社.

40. 杰普森, 迈耶. 2008. 公共秩序与正式组织的建构 [M] //迪马吉奥, 鲍威尔. 组织分析的新制度主义. 姚伟, 译. 上海：上海人民出版社.

41. 阚阅. 2003. 试析美国中小学的学校认证—— 以美国西部学校和学院协会（WASC）学校认证委员会（ACS）为例 [J]. 比较教育研究（10）.

42. 康锐. 2008. 我国信托法律制度移植研究 [M]. 上海：上海财经大学出版社.

43. 李俊清. 2006. 移植与嬗变——论现代文官制度在中国的创建 [J]. 政治学研究（4）.

44. 李明华. 2010. 美国高等教育认证制度的变革趋势研究（上）[J]. 复旦教育论坛（4）.

45. 李明华. 2010. 美国高等教育认证制度的变革趋势研究（下）[J]. 复旦教育论坛（5）.

46. 李明辉. 2009. 从独立董事制度在大陆法系国家地区的移植看公司治理的国际趋同问题 [J]. 当代会计评论（6）.

47. 刘秀平. 2009. 迟滞与成长——近代中国专利制度的历史考察 [D]. 武汉：华中师范大学（5）.

48. 卢晖临, 李雪. 2007. 如何走出个案——从个案研究到扩展个案研究 [J]. 中国社会科学（1）.

49. 卢现祥. 2003. 论制度变迁中的四大问题 [J]. 湖北经济学院学报（4）.

50. 卢现祥, 朱巧玲. 2004. 论发展中国家的制度移植及其绩效问题 [J]. 福建论坛：

人文社会科学版（4）.

51. 罗伯特·K. 殷. 2004. 案例研究设计与方法［M］. 重庆：重庆大学出版社.

52. 马格瑞. 2010. 在2010年度四方会议上的发言.

53. 迈耶，罗恩. 2008. 制度化的组织：作为神话与仪式的正式结构［M］//迪马吉奥，鲍威尔. 组织分析的新制度主义. 姚伟，译. 上海：上海人民出版社.

54. 莫景祺. 2001a. 北京市教委国际合作与交流处处长丁红宇介绍北京市外籍人员子女学校的有关情况［R］.

55. 莫景祺. 2001b. 关于 ECIS/NEASC 对泰国国际学校学历认证的考察报告［R］.

56. 莫景祺. 2002. 关于访问美国 WASC 和 NEASC 的情况报告［R］.

57. 莫景祺，张民选，董正璟，张浩良，等. 2002. 修订《关于开办外籍人员子女学校暂行管理办法》赴上海调研报告［R］.

58. 瑞夫，斯科特. 2007. 组织合法性的多维模型：制度环境变迁中的医院生存［M］//张永宏. 组织社会学的新制度主义学派. 上海：世纪出版集团，上海人民出版社.

59. 上海市教育评估考察团. 2005. 国外教育评估机构运行机制分析与借鉴——美国、加拿大教育评估考察报告［J］. 教育发展研究（8）.

60. 申香华. 2008. 论会计准则国际趋同的文化适应性——基于制度移植理论视角［J］. 郑州大学学报：哲学社会科学版（9）.

61. 史静寰，郭歆. 2005. 院校与研究生教育的制度创新——工程硕士专业学位的生成及制度化过程研究［J］. 教育研究（6）.

62. 斯科特. 2007a. 制度理论的青春期［M］//张永宏. 组织社会学的新制度主义学派. 上海：世纪出版集团，上海人民出版社.

63. 斯科特. 2007b. 比较制度分析的若干要素［J］. 北京大学教育评论（1）.

64. 斯科特. 2008. 制度理论剖析［M］//迪马吉奥，鲍威尔. 组织分析的新制度主义. 姚伟，译. 上海：上海人民出版社.

65. 斯廷施凯姆. 2007. 老制度主义的优点［M］//张永宏. 组织社会学的新制度主义学派. 上海：世纪出版集团，上海人民出版社.

66. 苏力. 2007. 制度是如何形成的？——关于马伯利诉麦迪逊的故事［M］//制度是如何形成的（增订版）. 北京：北京大学出版社.

67. 唐盛昌，程方平，廖文祺，等. 2002. 修订《关于开办外籍人员子女学校暂行管理办法》赴青岛、大连调研报告［R］.

68. 田立新，陈旭芬，禹明，吴琦，等. 2002. 修订《关于开办外籍人员子女学校的暂行管理办法》赴广州、深圳调研报告［R］.

69. 托尔波特，朱克. 2007. 正式组织结构变革的制度根源：1880—1935年公务员改革的扩散［M］//张永宏. 组织社会学的新制度主义学派. 上海：世纪出版集团，上海人民出版社.

70. 王淑娟．2005．美国私立教育质量的社会规范机制——认证制度［J］．复旦教育论坛（2）．

71. 王媛媛，吴钢．2008．美国区域性中小学认证制度的探索——以美国西部学校和学院认证协会为例［J］．外国中小学教育（3）．

72. 阎凤桥．2007．"铁笼"是如何建造的？——国际学校认证制度在中国建立过程的案例分析［J］．北京大学教育评论（1）．

73. 杨金平．2008．就厦门国际学校的考察情况给莫景祺的电子邮件．

74. 杨晓江．2001．美国基础教育鉴定制度浅析［J］．比较教育研究（9）．

75. 杨雪冬．2005．制度移植与本土实践：以立法听证为个案的研究［J］．华中师范大学学报：人文社会科学版（6）．

76. 张兵．2008．近代中国公司制度的移植性制度变迁研究［D］．沈阳：辽宁大学．

77. 张东娇．2002．美国学校质量评估制度的审视与启示——认证制度和蓝丝带学校［J］．比较教育研究（3）．

78. 章兴鸣．2003．近代中国政治制度移植的必然性分析［J］．云南社会科学（5）．

79. 赵立波，宫肖愿．2009．事业单位概念梳理及其界定［J］．山东行政学院山东省经济管理干部学院学报（3）．

80. 中国劳动和社会保障部．2010．中国劳动和社会保障部 2010 年年鉴（工作卷）［M］．北京：中国劳动和社会保障出版社，中国人事出版社．

81. 中华人民共和国国务院．2003．中华人民共和国认证认可条例．中华人民共和国国务院令第 390 号．

82. 中央机构编制委员会办公室．1998．关于教育部所属部分事业单位更名的批复．中编办字［1998］42 号．

83. 周雪光．2001．制度是如何思维的？［J］．读书（4）．

84. 周雪光．2003．组织社会学十讲［M］．北京：社会科学文献出版社．

85. 周雪光．2009．一叶知秋：从一个乡镇的村庄选举看中国社会的制度变迁［J］．社会（3）．

86. 周雪光，艾云．2010．多重逻辑下的制度变迁：一个分析框架［J］．中国社会科学（4）．

87. 朱克尔．2008．制度化在文化延续中的作用［M］//迪马吉奥，鲍威尔．组织分析的新制度主义．姚伟，译．上海：上海人民出版社．

英文部分

1. Annelien de Dijn. 2005. Balancing the Constitution: Bicameralism in Post-revolutionary France, 1814—1831 [J]. European Review of History—Revue europe'enne d' Histoire, 12 (2).

2. Anton Oleinik. 2008. Lessons of Russian in Afghanistan [J]. Global Society.

3. CIS. 2008. Information for 7ᵗ Protocol. Kunming, Four Parties' Meeting.

4. CIS. 2010. The Main Guide to School Evaluation & Accreditation 8th Edition [M].

5. CIS, NCCT, NEASC, WASC. 2004. Minutes of Four Parties Meeting in Ho Chi Minh City of Vietnam [C].

6. CIS, NCCT, NEASC, WASC. 2005a. Minutes of Four Parties Meeting in Shanghai of China [C].

7. CIS, NCCT, NEASC, WASC. 2005b. Minutes of Four Parties Meeting in Sanya of China [C].

8. CIS, NCCT, NEASC, WASC. 2007. Minutes of Four Parties Meeting in Suzhou of China [C].

9. CIS, NCCT, NEASC, WASC. 2008. Minutes of Four Parties Meeting in Kunming of China [C].

10. CIS, NCCT, NEASC, WASC. 2009. Minutes of Four Parties Meeting in Guilin of China [C].

11. CIS/NEASC/IBO/NCCT. 2008. Accreditation Visiting Team Report to Western Academy of Beijing [R].

12. DiMaggio, Paul J. 1983. State Expansion and Organizational Fields. In Organizational Theory and Public Policy, ed. R. H. Hall. And R. E. Quinn, 147 – 161. Beverly Hills, Calif. : Sage.

13. Fail H, Thompson J, Walker H. 2004. Belonging Identity and Third Culture Kids: Life histories of former international school students [J]. Journal of Research in International Education, 3.

14. Hayden M. 2006. International Education [M]. London: Sage.

15. Hill Ian. 2001. Early Stirrings: The Beginnings of the International Education Movement [J]. International Schools Journal, 20 (2) .

16. Hill I. 2006, Student Types, School Types and their Combined Influence on the Development of Intercultural Understanding [J]. Journal of Research in International Education, 5.

17. Lyle E. Siverson. 1987. Accrediting Commission for Schools [R] // History of the

Western Association of Schools and Colleges (1962—1987). Oakland: Western Association of Schools and Colleges, 48.

18. Jacob Ludes, Ⅲ. 2002. Memorandum—NEASC's Concerns Related to CITA (A Letter to Middle States Association Commission on Secondary Schools).

19. Joachim Zweynert, Nils Goldschmidt. 2006. The Two Transitions in Central and Eastern Europe as Processes of Institutional Transplantation [J]. Journal of Economic Issues, 40 (4).

20. Jong, Willem Martin De. 1999. Institutional transplantation: How to adopt good transport infrastructure decision-making ideas from other countries? [D]. Technische Universiteit Delft (The Netherlands), 327.

21. Kay M. J. 2006. The effect of the New England association of schools and colleges accreditation process, including self-study, on teacher work activity. MA Dissertation, University of Bath.

22. Langton M, Pearce R, Rader D, Sears C. 2002. The Essential Guide for Teachers in International Schools [M]. Saxmundham: John Catt, 17.

23. Marilyn George, Don Haught. 1996. Focus on Learning: A Schoolwide Renewal Process of Analysis & Action [M].

24. Martin de Jong, Konstantinos Lalenis & Virginie Mamadouh (Eds). 2002. The Theory and Practice of Institutional Transplantation: Experiences with the Transfer of Policy Institutions [M]. Dordrecht: Kluwer Academic Publishers.

25. Martin De Jong. 2004. The Pitfalls of Family Resemblance: Why Transferring Planning Institutions Between "Similar Countries" is Delicate Business [J]. European Planning Studies, 12 (7).

26. Martin de Jong and Xi Bao. 2007. Transferring the Technology, Policy, and Management Concept from the Netherlands to China [J]. Knowledge, Technology & Policy, 19 (4).

27. McBryde & Kampits. 2004. The NCCT Accreditation Initiative-Expanding Horizons, A Briefing For NCCT Use Only [R].

28. Michael Fertig. 2009. International School Accreditation: Some Thoughts. Newsletter of the Centre for the study of Education in an International Context Department of Education.

29. Michael Fertig. 2007. International school accreditation: Between a rock and a hard place? [J]. Journal of Research in International Education, 6 (3).

30. Miller M. 2003. Marketing an International School: A Study of the Factors Influencing Parent Choice and Satisfaction Levels [D]. Unpublished M Ed dissertation, University of Sheffield.

31. Miller M. 2007. Fieldnotes Governance Training Workshop. Bangkok.

32. Murphy, E. 1998. International school accreditation: Who needs it? [M] //M. Hayden and J. Thompson (eds). International Education: Principles and Practice.

33. Nadine Dolby, Aliya Rahman. 2008. Research in International Education [J]. Review of Educational Research, 78 (3).

34. NEASC/ECIS. 1997. School Improvement Through Accreditation, the Institutional Evaluation Guide for American/International Schools, 6th Edition [M].

35. NEASC/CIS. 2003. Guide to School Evaluation and Accreditation, seven edition [M].

36. NEASC. 2002. New England Association of Schools and Colleges Membership Roster [M].

37. NEASC. 1986. The First Hundred Years 1885—1985 [M].

38. NEASC. 2009. New England Association of School & College Membership Roster [M].

39. Pitman, T. H. 1997. The development, implementation and results of a set of instruments intended to fulfil the school survey requirements of ECIS accreditation in an international school [D]. MA Dissertation, University of Bath.

40. Pollock D, Van Reken R. E. 1999. The Third Culture Kid Experience: Growing Up Among Worlds [M]. Yarmouth MA: Intercultural Press, 19.

41. Powell W, Bowley N, Schoppert G. 2001. School Board Governance Training. A Sourcebook of Case Studies. Effective International Schools Series [M]. Saxmundham: John Catt, 11.

42. Robertson E. 2003. Teacher's Perceptions of Accountability at an International School [J]. Journal of Research in International Education, 2.

43. Salamon, Laster M. 1993. America's Nonprofit Sector. New York: The Foundation Center.

44. Salamon, Laster M. 1994. The Emerging Sector, U. S. A. The Johns Hopkins University

Maryland.

45. Sylvester R. 2002. Mapping International Education: A Historical Survey 1893—1944 [J]. Journal of Research in International Education, 1.

46. WASC. 2008. WASC Words 2008 [J]. 20 (1).

47. WASC. 2010. WASC Words 2010 [J]. 22 (1).

48. WASC. 2008. Focus on Learning, the Accreditation Manual, overseas edition, 2006 WASC Edition [M].

49. WASC Accrediting Commission for Schools. 2008. WASC International Accreditation.

50. WASC. 2001. Handbook on Accreditation for Schools in the East Asia Regional Council of Overseas Schools [M].

51. Zilber E. 2005. International School Educators and their children: Implications for Educator-Parents, Colleagues and Schools [J]. Journal of Research in International Education, 4.

52. [2009 – 02 – 25]. http://www. sacscasi. org/region/history/.

53. [2009 – 07 – 07]. http://www. cois. org/directory/isd. aspx.

54. [2009 – 06 – 30]. http://www. ncacasi. org/history/.

55. [2009 – 07 – 08]. http://www. ces-msa. org.

56. [2009 – 07 – 08]. http://www. css-msa. org.

57. [2009 – 07 – 08]. http://oracle. advanc-ed. org.

58. [2009 – 07 – 08]. http://www. neasc. org/about_us/history/.

59. [2008 – 06 – 06]. http://www. acswasc. org/pdf_general/WASC_Directory Accredited Schools.

60. [2008 – 06 – 06]. http://www. caisa. neasc. org/caisa_directory_of_schools/#China.

61. [2008 – 06 – 06]. http://www. members. cois. org/directory/isd_accred. aspx.

62. [2008 – 06 – 06]. http://www. earcos. org/about_history. html.

63. [2008 – 06 – 06]. http://www. earcos. org/about. html.

64. [2008 – 06 – 06]. http://www. earcos. org/list_members. html.

65. [2008 – 08 – 31]. http://www. meaea. org/Html/news/50117364025. html.

66. [2010 – 11 – 11]. http://www. neasc. org.

67. [2010 – 11 – 11]. http://www. acswasc. org.

附　　录

在华国际学校认证工作大事记①

2000 年

◆ 8 月，北京京西学校人力资源部主任王燕拜访NCCT常务副主任徐岩，探讨对该校进行认证的可能性。

◆ 8 月 4 日，徐岩责成莫景祺起草关于开展外籍人员子女学校认证工作的申请报告，由NCCT报送教育部国际合作与交流司和基础教育司。

2001 年

◆ 1 月 2 日，NCCT向教育部国际合作与交流司递交《关于承接在华国际学校基础教育阶段学历评估认证工作的请示》。该司政策规划处建议NCCT就此事进行调研并提交可行性报告。

◆ 2 月 16 日，NCCT评价处莫景祺就开展在华外籍人员子女学校认证

---

① 《在华国际学校认证工作大事记》由莫景祺、高兰生、韩江萍整理，莫景祺审校；"在华国际学校"在《在华国际学校认证工作大事记》中使用中国教育行政主管部门的称谓——"在华外籍人员子女学校"。

的可行性到北京京西学校调研。

◆ 2 月 19 日，NCCT 评价处莫景祺与陈旭芬就开展在华外籍人员子女学校认证的可行性，到北京市教委国际合作与交流处调研。他们听取了该处处长丁红宇关于北京市外籍人员子女学校办学情况的介绍，以及他对开展在华外籍人员子女学校认证工作的意见。

◆ 3 月 1 日，莫景祺与陈旭芬就开展在华外籍人员子女学校认证的可行性到北京耀中国际学校调研。

◆ 3 月 20 日，NCCT 向教育部国际合作与交流司递交了《关于对在华外籍人员子女学校评估认证的请示》。该《请示》包括《对外籍人员子女学校评估认证的可行性报告》《有关国际评估认证机构的资料》《调研的有关情况》三个附件。5 月 17 日，教育部国际合作与交流司有关负责人批示："建议就 NCCT 承接任务的法律地位进行研究。"

◆ 4 月 24—27 日，北京京西学校邀请澳大利亚英语教育专家举办英语阅读课程培训班，NCCT 派部分认证候选考察人员和教师参加了培训。

◆ 5 月 24 日，NCCT 向教育部国际合作与交流司递交了《关于对在华外籍人员子女学校进行评估和学历认证的补充报告》，就 NCCT 的法律地位、相关职能和认证结果的国际认可等问题做了说明。5 月 31 日，该司司长李东翔批示："同意，认真论证，先作试点，总结经验。"

◆ 5 月 30 日，北京京西学校校长莫约翰、理事会理事柯马凯、理事会理事白斯南和人力资源部主任王燕陪同 NEASC 的院校关系部主任侃爱华博士以及理查·曼德维尔博士访问 NCCT。双方相互介绍了各自的工作，并探讨了在华外籍人员子女学校认证问题。徐岩和莫景祺参加了会议。

◆ 8 月 14 日，NCCT 召开在华外籍人员子女学校认证研讨会，研讨《外籍人员子女学校认证办法（讨论稿）》《外籍人员子女学校认证标准（讨论稿）》《外籍人员子女学校认证申请表（讨论稿）》三个文件。戴汝潜、恽昭示、莫景祺和陈旭芬参加了会议。

◆ 8 月 14 日，NEASC 的侃爱华代表 NEASC/ECIS 致函 NCCT 常务副主任徐岩，同意 NCCT 使用 NEASC/ECIS 的指标体系，并准许 NCCT 在中国境内翻印其提供的资料。

◆ 8 月 29 日，NCCT 向北京京西学校、北京耀中国际学校和北京 BISS 国际学校下发了《关于向有关外籍人员子女学校征求意见的函》（教材中心函〔2001〕36 号），就《外籍人员子女学校认证办法（征求意见稿）》《外籍人员子女学校认证标准（征求意见稿）》《外籍人员子女学校认证申请表（征求意见稿）》三个文件征求意见。

◆ 10 月 8 日，NCCT 向教育部国际合作与交流司递交了《关于对在华外籍人员子女学校学历认证准备工作情况的报告》，汇报了认证试点准备工作的情况，并请求教育部国际合作与交流司给予批复，授权 NCCT 开展在华外籍人员子女学校认证工作。

◆ 10 月 13—19 日，应 NEASC 的邀请，莫景祺以观察员身份和王燕一起参加了 NEASC/ECIS 对泰国 the Bangkok Patana School 的联合考察团考察。莫约翰是该考察团的成员。

◆ 11 月 12—14 日，NEASC 的侃爱华再次访问了 NCCT。徐岩、莫景祺等人听取了她对《外籍人员子女学校认证办法（征求意见稿）》《外籍人员子女学校认证标准（征求意见稿）》《外籍人员子女学校认证申请表（征求意见稿）》三个文件的意见，并与她讨论了双方的合作事宜。NCCT 还聘请侃爱华担任 NCCT 在华外籍人员子女学校认证工作顾问。13 日上午，莫景祺和王燕陪同侃爱华参观了北京第二实验小学和北京师范大学附属实验中学。14 日上午，莫景祺、王燕和柯马凯陪同侃爱华游览了北京的胡同。

2002 年

◆ 1 月，NCCT 接到北京京西学校的认证申请。

◆ 1 月 30 日—2 月 1 日，莫景祺、唐盛昌和李静纯代表 NCCT 对北京京西学校进行了初步考察。

◆ 2 月 10 日，教育部印发《关于印发〈教育部基础教育课程教材发展中心职责任务、管理体制、机构设置和人员编制方案〉的通知》（教人

[2002] 1号）。该《方案》规定："经政府部门批准，承担对在华外籍人员子女学校的评估认证工作。"

◆ 3月底，NCCT完成对《外籍人员子女学校认证办法》《外籍人员子女学校认证申请表》《外籍人员子女学校认证标准》三个文件的编写。

◆ 3月25日，WASC的执行副主任马丽玲博士在莫约翰和王燕的陪同下访问了NCCT。徐岩和莫景祺参加了会见。双方互相介绍了各自开展国际学校认证的情况，并准备就合作问题进一步协商。

◆ 4月3—4日，NCCT邀请莫约翰对准备到该校考察的莫景祺、高兰生、程方平、张民选、董正璟、张浩良、陈伟骏、吴琦、李静纯、田立新、王桂珍和禹明12位认证候选考察人员进行了培训。莫约翰讲解了国际学校认证的程序、办法、标准及工作规则。同时，NCCT还邀请教育部国际合作与交流司政策规划处副处长田立新介绍了在华外籍人员子女学校的发展现状及相关政策。莫景祺介绍了在华外籍人员子女学校认证工作的准备情况。徐岩参加了会议。

◆ 4月15—19日，受教育部国际合作与交流司的委托，NCCT先后组织三个调研组分赴上海、青岛、大连、广州和深圳，就修改《关于开办外籍人员子女学校暂行管理办法》进行调研。参加调研的有：莫景祺、张民选、董正璟、张浩良、田立新、陈旭芬、禹明、吴琦、唐盛昌、程方平和廖文祺。调研结束后，NCCT向教育部国际合作与交流司转交了各调研组的调研报告。

◆ 5月13—17日，NCCT对北京京西学校进行了考察团考察。参加考察的有：莫景祺（团长）、布赖恩·威尔克斯（Brian Wilks）（副团长）、唐盛昌、高兰生、程方平、张民选、张浩良、陈伟骏、吴琦、李静纯、董正璟、王桂珍和禹明。

◆ 5月17日，NCCT在海逸酒店组织召开考察人员座谈会。唐盛昌、王桂珍、张浩良、张民选、李静纯、程方平、禹明、吴琦、高兰生、田立新、莫景祺、陈旭芬和廖文祺参加了会议。教育部国际合作与交流司政策规划处副处长田立新听取了考察人员对《关于开办外籍人员子女学校暂行管理办法》的修改意见。

◆ 6月1—2日，受教育部国际合作与交流司的委托，NCCT组织召开《关于开办外籍人员子女学校暂行管理办法》修订会议。参加会议的有：徐永吉、田立新、王大泉、周勤健、唐盛昌和莫景祺等。本次会议形成了《外籍人员子女学校管理办法（草稿)》《关于修改〈关于开办外籍人员子女学校暂行管理办法〉的说明》。

◆ 6月3日，天津 MTI 国际学校向NCCT提出认证申请。

◆ 6月18日，NCCT第一届在华外籍人员子女学校认证委员会（以下简称NCCT认证委员会）成立暨NCCT认证委员会2002年度第一次会议在北京金台饭店召开。徐岩任认证委员会主任，认证委员会委员有：徐永吉、田立新、丁红宇、江彦桥、梁永洪、王桂珍、高兰生、唐盛昌、张民选和莫景祺。出席本次会议的委员有：徐岩、徐永吉、田立新、江彦桥、梁永洪、王桂珍、张民选和莫景祺。本次会议审议了考察团对北京京西学校的考察报告以及对该校认证结果的建议报告。NCCT认证委员会建议NCCT给予该校"通过认证"。

◆ 6月22—29日，应 NEASC 的邀请，莫景祺、王燕和莫约翰参加了在美国波士顿召开的 NEASC/ECIS 联合年会，并访问了位于美国旧金山的 WASC。莫景祺与莫约翰在 NEASC/ECIS 联合年会上，做了题为《国际学校认证在中国》的联合发言（王燕担任翻译）。NCCT 与 NEASC、ECIS、WASC 达成了签署《合作框架协议》的意向。

◆ 8月29—30日，高兰生和王燕代表NCCT对天津 MTI 国际学校进行了初步考察。

◆ 9月11日下午，章新胜副部长听取了NCCT关于开展在华外籍人员子女学校认证准备工作的汇报。章新胜副部长对NCCT的准备工作给予了充分肯定，他表示将大力支持这项工作，并对这项工作做出了重要指示。王晓芜和莫景祺参加了会议。

◆ 9月，NCCT授予北京京西学校"通过认证"证书，并向其授牌。同时，聘请莫约翰担任NCCT在华外籍人员子女学校认证工作顾问。

◆ 10 月 9—25 日，莫景祺随教育部考察团对韩国、泰国、马来西亚和新加坡四国的国际学校管理情况和中国高等学校境外办学情况进行了考察。

◆ 10 月 29—30 日，NCCT邀请 NEASC、ECIS 和 WASC 的认证专家在北京金台饭店对NCCT的 15 位认证候选考察人员进行了培训。参加培训的有：毕家驹、张浩良、王燕、董正璟、高兰生、吴琦、唐盛昌、禹明、阎凤桥、沈玉顺、陈伟骏、张民选、柯马凯和莫景祺。徐岩和隋慧成参加了会议。WASC 的执行副主任马丽玲博士介绍了 WASC 的认证；ECIS 的认证顾问施大伟与 NEASC 的院校关系部主任侃爱华博士联合介绍了 NEASC/ECIS 的认证。

◆ 10 月 31 日，NCCT与 NEASC、ECIS、WASC 的首次四方会议在北京饭店召开。会议讨论了四方合作协议草案。莫景祺、莫约翰、王燕、侃爱华、施大伟和马丽玲参加了会议。中午，章新胜副部长会见并宴请了 NEASC、ECIS 和 WASC 的执行总裁。NEASC 的代表陆建国、侃爱华和黄伯勋（Bak Fun Wong），ECIS 的代表梅克（TM Maybury）和施大伟，WASC 的代表薄大卫和马丽玲，NCCT的代表徐岩、莫景祺和陈旭芬，北京京西学校的莫约翰和王燕参加了会见。

◆ 11 月 12 日，NCCT接到北京顺义国际学校的认证申请。

◆ 11 月 16—20 日，NCCT对天津 MTI 国际学校进行了考察团考察。参加考察的有：高兰生（团长）、杨金平、陈伟骏、柯马凯和陈旭芬。

◆ 12 月 27 日，NCCT认证委员会 2002 年度第二次会议在北京金台饭店召开。会议审议了考察团对天津 MTI 国际学校的考察报告以及对该校认证结果的建议报告。NCCT认证委员会建议NCCT给予该校"有条件通过"。徐岩、徐永吉、高兰生、张民选和莫景祺等人参加了会议，江彦桥发来了书面意见。

2003 年

◆ 1 月 21—22 日，高兰生和杨金平代表NCCT对北京顺义国际学校进行了初步考察。

◆ 2月，NCCT以课题形式分别委托王燕、高兰生和张民选编写和研究《外籍人员子女学校考察团工作手册》《外籍人员子女学校自评手册》《中国中小学试行认证制度的可行性报告》。为此，NCCT向三位专家下发了委托函，与他们签订了委托协议，并提供了研究经费。

◆ 6月9日，NCCT接到上海长宁国际学校的认证申请。

◆ 7月23日—8月18日，NCCT、CIS、NEASC和WASC通过邮寄方式正式签署《合作框架协议》。

◆ 7月，NCCT组织完成《外籍人员子女学校自评手册（初稿)》《外籍人员子女学校考察团手册（初稿)》的编写。

◆ 8月，NCCT组织完成《外籍人员子女学校应知中国法律法规汇编》的编写。

◆ 8月，NCCT接到北京BISS国际学校和上海中学国际部的认证申请。根据国家教委《关于开办外籍人员子女学校暂行管理办法》的规定和教育部对NCCT开展外籍人员子女学校认证的授权，上海中学国际部尚不属于NCCT的认证范围，因此，NCCT暂时未予受理。

◆ 9月24日，NCCT在北京金台饭店召开在华外籍人员子女学校认证研讨会，研讨《外籍人员子女学校考察团工作手册》《外籍人员子女学校自评手册》，并对部分认证候选考察人员进行了培训，为北京顺义国际学校的考察团考察做准备。参加会议的人员有：安蔚、毕家驹、张浩良、王燕、董正璟、高兰生、李静纯、王桂珍、吴琦、唐盛昌、禹明、阎凤桥、沈玉顺、陈伟骏、杨金平、叶义芸、张民选、赵学勤、杨亲德、刘世平、倪敏学和莫景祺。莫景祺介绍了对北京顺义国际学校进行考察团考察的准备情况；高兰生介绍了考察团工作手册的编写情况；王燕介绍了学校自评手册的编写情况。参加会议的还有莫约翰、北京顺义国际学校校长约翰·约翰逊（John Johnson）、北京顺义国际学校校务部主任池铮铮、NEASC的侃爱华和在NCCT实习的梁丽娟。

◆ 10月12—16日，NCCT对北京顺义国际学校进行了考察团考察。

参加考察的人员有：张民选（团长）、施大伟（副团长）、安蔚、陈伟骏、董正璟、高兰生、王桂珍、王燕、吴琦、阎凤桥、杨亲德和赵学勤。

◆ 10 月 21 日，高兰生、莫景祺和陈向明代表NCCT对上海长宁国际学校进行了资格考察。

◆ 11 月，NCCT在华外籍人员子女学校认证工作顾问莫约翰受NCCT委派，利用到吉隆坡参加 EARCOS 年会之机，代表NCCT出席了 2003 年度四方会议。

◆ 11 月 5 日，北京市教委下发《关于确认北京京西学校为学历教育学校的批复》（京教外［2003］88 号）。该批复根据NCCT对北京京西学校的认证结果确认该校为学历教育学校。

◆ 11 月 5—8 日，NCCT委派陈向明作为观察员参加 NEASC/CIS 对北京京西学校的中期考察。

◆ 11 月 17—18 日，高兰生、柯马凯和陈伟骏代表NCCT对天津 MTI 国际学校进行了复核考察。

◆ 12 月 20 日，NCCT认证委员会2003 年度第一次会议在北京金台饭店召开。会议审议了考察团对北京顺义国际学校的考察报告以及对该校认证结果的建议报告，审议了考察团对天津 MTI 国际学校的复核报告。NCCT认证委员会建议NCCT给予北京顺义国际学校和天津 MTI 国际学校"通过认证"。徐岩、徐永吉、江彦桥、梁永洪、张民选、唐盛昌、王桂珍、高兰生和莫景祺参加了会议。

◆ 12 月 23 日，NCCT给予北京顺义国际学校和天津 MTI 国际学校"通过认证"，并向两所学校颁发了证书和挂牌。

2004 年

◆ 1 月，NCCT接到上海耀中国际学校和上海美国学校的认证申请。

◆ 2 月 18 日，莫景祺、陈伟骏和王燕代表NCCT对上海美国学校进行了资格考察。考察团发现该校尚未由外交人员子女学校转为外籍人员子女学校，故NCCT未予受理。

◆3月，莫景祺和高兰生完成了世行项目《中国外籍人员子女学校认证系统》的研究报告。

◆3月8—10日，NCCT、CIS和NEASC对上海耀中国际学校进行了联合初步考察。王桂珍代表NCCT参加了考察。

◆3月29日，唐盛昌、高兰生和阎凤桥代表NCCT对北京BISS国际学校进行了资格考察。

◆3月29日，WASC的执行副主任马丽玲访问了NCCT。马丽玲对高兰生和董正璟进行了培训。此次培训是为WASC吸收NCCT认证候选考察人员参加该组织对学校的考察团考察做准备。莫景祺和梁丽娟参加了会议。

◆4月5—8日，应WASC的邀请，NCCT派董正璟参加该组织对天津MTI国际学校的考察团考察。

◆4月12—13日，应WASC的邀请，NCCT派高兰生参加该组织对北京BISS国际学校的中期考察。

◆5月11—12日，高兰生、陈向明、沈玉顺和安蔚代表NCCT对上海长宁国际学校进行了初步考察。

◆5月19—20日，唐盛昌、高兰生和阎凤桥代表NCCT对北京BISS国际学校进行了初步考察。

◆5月28—29日，NCCT对新挑选的11名认证候选考察人员进行了为期两天的培训。莫景祺介绍了在华外籍人员子女学校认证工作；高兰生做了关于考察团考察的报告；莫约翰做了关于国际学校认证的理论与实践的报告。参加培训的有：李晓君、唐锡玲、李西亭、邹正、苏关凯玲、耿明、刘碧露、刘世平、杨金平、尚小鹏和王文槿。

◆9月24日，莫景祺、王燕、莫约翰和侃爱华在北京京西学校研讨NCCT在华外籍人员子女学校认证发展计划。会后，莫约翰和侃爱华以NCCT在华外籍人员子女学校认证工作顾问的身份向NCCT提交了一份建议报告。

◆10月30日至11月2日，2004年度四方会议在越南胡志明市召开。莫景祺和高兰生代表NCCT参加了会议，并以非会员身份参加了美国东亚地区海外学校协会（EARCOS）第36届年会的部分活动。在会议期间，四方就如何使用CIS/NEASC国际学校认证标准第七版进行了激烈争论。莫景祺和高兰生提出在NCCT分别与WASC和CIS/NEASC进行联合认证时，分别使用WASC和CIS/NEASC的国际学校认证标准加上NCCT的补充标准（后相继称"中国特色标准"和"中国背景标准"）。这一建议得到了其他三方的认可。

◆ 11月2日，NCCT接到南京国际学校（通过电子邮件）的认证申请。

◆ 11月16—17日，莫景祺和高兰生就修订《在华外籍人员子女学校认证标准》到上海和南京调研。

◆ 12月2—3日，莫景祺和高兰生代表NCCT对南京国际学校进行了资格考察，并与校长商议了该校正式申请NCCT认证的相关事宜。

◆ 12月16—17日，NCCT组织召开在华外籍人员子女学校认证标准研讨会，研讨用于NCCT与CIS/NEASC联合认证的"中国特色标准"。经过两天研讨，初步形成了"中国特色标准框架"。莫景祺、高兰生、王燕和安蔚等人参加了会议。

2005 年

◆ 3月6—10日，NCCT对北京BISS国际学校进行了考察团考察。参加考察的人员有：唐盛昌（团长）、约翰·帕特里克（John. F. Fitzpatrick）（副团长）、董正璟、高兰生、王桂珍、阎凤桥和李酉亭。

◆ 3月10日，NCCT向国家认证认可监督管理委员会提交了《关于成立教育认证机构的报告》。

◆ 3月9—11日，应上海市教委国际合作与交流处的邀请，NCCT委派莫约翰和王燕在上海市教委召开的在沪外籍人员子女学校会议上，介绍了NCCT开展在华外籍人员子女学校认证的情况。

◆ 3月13—17日，NCCT对上海长宁国际学校进行了考察团考察。参加考察的人员有：高兰生（团长）、陈向明（副团长）、陈伟骏、柯马凯和杨金平。

◆ 3 月 30—31 日，NCCT 组织 10 位认证候选考察人员参加 CIS 在北京顺义国际学校举办的 CIS/NEASC 国际学校认证标准第七版的培训。参加本次培训的人员有：耿明、陈伟骏、高兰生、唐盛昌、杨金平、邹正、袁益民、吴琦、王文静和叶义芸。NCCT 的陈萍参加了会议。

◆ 4 月 4—5 日，2005 年度第一次四方会议在上海中学召开。CIS 的代表施大伟，NEASC 的代表侃爱华，WASC 的代表马丽玲，NCCT 的代表徐岩、莫景祺和高兰生，NCCT 在华外籍人员子女学校认证工作顾问莫约翰，NCCT 在华外籍人员子女学校认证海外协调员王燕参加了会议。这次会议的主要内容包括：（1）研讨 NCCT 如何使用 CIS/NEASC 国际学校认证标准第七版；（2）研讨用于 NCCT 与 CIS、NEASC、WASC 联合认证的"补充标准"；（3）研讨四方联合认证指南的基本框架。在与会代表的共同努力下，本次会议取得了突破性进展：（1）会议提出，NCCT 将发展针对"中国背景"的补充标准，作为 NCCT/CIS/NEASC，NCCT/CIS/WASC，NCCT/CIS/NEASC/WASC 等联合认证时使用 CIS/NEASC 国际学校认证标准第七版的补充，以及 NCCT/WASC 联合认证时使用"WASC 聚焦学习"国际学校认证标准的补充，并责成高兰生和施大伟负责起草。（2）产生了四方联合认证指南的基本框架。在此基础上，与会人员在文件的起草方面进行了明确分工。（3）四方商定于 2005 年 11 月 3—4 日，在海南省三亚市再召开一次四方会议，讨论上一次四方会议纪要，通报各方工作进展情况，确定四方联合认证的有关文件。三亚会议由 CIS 主持。

◆ 4 月 11—13 日，NCCT 与 CIS、NEASC 对南京国际学校进行了联合初步考察。高兰生代表 NCCT 参加了考察。

◆ 4 月 14—15 日，NCCT 与北京京西学校联合举办中外基础教育论坛。这次论坛的主题为"21 世纪的教与学"。与会代表分别就探究性学习、图书馆与学习、电脑技术与学习、领导与学习四个题目进行了研讨。

来自公办学校、民办学校和在华外籍人员子女学校的校长、教师100多人参加了会议。这次会议是为公办学校、民办学校和在华外籍人员子女学校提供交流平台的一次尝试，也是为NCCT认证过的在华外籍人员子女学校提供服务的一次尝试。会议的组织、内容和效果受到了与会代表的好评。徐岩、莫景祺和陈萍参加了会议。

◆ 4月16—17日，NCCT认证委员会2005年度第一次会议在上海静畅大酒店召开。会议审议了考察团对北京BISS国际学校和上海长宁国际学校的考察报告以及认证结果的建议报告。NCCT认证委员会建议NCCT给予北京BISS国际学校"通过认证"；给予上海长宁国际学校"有条件通过认证"。徐岩、徐永吉、江彦桥、梁永洪、张民选、王桂珍、高兰生和莫景祺参加了会议。

◆ 4月，NCCT为北京BISS国际学校颁发"通过认证"证书和挂牌。

◆ 5月，NCCT接到上海瑞金国际学校的认证申请。

◆ 6月9—10日，莫景祺和王燕代表NCCT对上海瑞金国际学校进行了资格考察。

◆ 6月22—28日，应NEASC和WASC的邀请，NCCT考察组（曹志祥、莫景祺和高兰生）对NEASC和WASC进行了访问。6月22—24日，考察组在波士顿观摩了NEASC的海外美国及国际学校委员会会议。在考察期间，考察组进一步了解了NEASC国际学校认证的标准、指南以及机构的使命与理念等，并听取了部分国际学校校长的发言。6月25—28日，考察组在旧金山观摩了WASC的学校认证委员会会议，了解了WASC认证委员会分组阅读和讨论考察团报告等活动。曹志祥还应邀发言，介绍了NCCT开展在华外籍人员子女学校认证的情况，并回答了有关问题。

◆ 7—8月，NCCT开始筹备"在华外籍人员子女学校认证网"。

◆ 9月24—26日，高兰生和王燕代表NCCT对上海瑞金国际学校进行了初步考察。

◆ 9月27—28日，高兰生代表NCCT为上海长宁国际学校颁发"通过认证"证书及挂牌。

◆ 10 月 18 日，NCCT第二届认证委员会及第一届在华外籍人员子女学校认证咨询委员会（以下简称NCCT认证咨询委员会）成立会议在北京燕翔饭店召开。会上，NCCT领导为各位委员颁发了聘书。曹志祥担任NCCT认证委员会主任，NCCT认证委员会委员包括：徐岩、高兰生、唐盛昌、王桂珍、周俊业、莫约翰、海德（Gez Hayden）和莫景祺（兼秘书）。张民选担任NCCT认证咨询委员会主任，徐永吉担任NCCT认证咨询委员会副主任，NCCT认证咨询委员会委员包括：宋立军、江彦桥、佴永锦、梁永洪、周俊业、高兰生和孙建荣。在会议期间，曹志祥介绍了NCCT开展在华外籍人员子女学校认证的基本情况，并听取了各位委员对NCCT在华外籍人员子女学校认证工作的意见和建议。新成立的第一届NCCT认证咨询委员会的主要职责是为NCCT在华外籍人员子女学校认证工作提供法律、政策和专业咨询。出席会议的两委会委员有：曹志祥、徐岩、高兰生、唐盛昌、王桂珍、周俊业、莫约翰、海德、张民选、徐永吉、宋立军、梁永洪、佴永锦和莫景祺。王燕、任峥嵘和陈萍列席了会议。

◆ 10 月 23—27 日，NCCT与 NEASC、CIS 对上海耀中国际学校进行了联合考察团考察。王桂珍（副团长）、高兰生和王燕代表NCCT参加了考察。这是NCCT与 NEASC、CIS 对在华外籍人员子女学校的首次联合考察团考察。此次考察使用的标准是 CIS/NEASC 国际学校认证标准第六版加NCCT强调的内容。

◆ 11 月 4—5 日，2005 年度第二次四方会议在三亚召开。本次会议的议题是：（1）讨论和批准上海四方会议纪要；（2）四方分别报告各自的工作进展情况；（3）讨论修订"中国背景标准 A"；（4）讨论四方联合认证指南的一些变化；（5）讨论和批准四方联合认证的申请程序；（6）讨论培训问题；（7）准备草拟对在华外籍人员子女学校的公告。本次会议基本完成了"中国背景标准 A"和四方联合认证指南的修订。NCCT的曹志祥、莫景祺和高兰生，CIS 的施大伟，NEASC 的侃爱华，WASC 的马丽玲参加了会议；莫约翰以四方协调员、NCCT认证委员会委员和NCCT在华外籍人员子女学校认证工作顾问的身份参加了会议。

◆ 12 月 15 日，NCCT接到上海美丘第一幼儿园的认证申请。

2006 年

◆ 2 月 13 日，高兰生和吴琦代表NCCT访问广州裕达隆国际学校，与该校沟通认证申请事宜。

◆ 2 月 16—17 日，莫景祺和高兰生代表NCCT对上海美丘第一幼儿园进行了资格考察，并到上海瑞金国际学校对其自评工作进行了指导。

◆ 3 月 16 日，NCCT认证委员会 2006 年度第一次会议在北京京西学校召开。参加会议的人员有：曹志祥、莫景祺、高兰生、周俊业、莫约翰、王燕和韩江萍。会议审议了考察团对上海耀中国际学校的考察报告及认证结果的建议报告。会议请未能参加会议的委员徐岩、唐盛昌、王桂珍和海德采取了通信投票的方式投票。根据各位委员的投票结果，NCCT认证委员会建议NCCT给予上海耀中国际学校"通过认证"。

◆ 4 月 22 日，NCCT在北京竹园宾馆召开在华外籍人员子女学校认证研讨会，研讨在华外籍人员子女学校办学的政策、法律和管理等问题。来自北京和天津的 12 所在华外籍人员子女学校的代表（北京京西学校、北京 BISS 国际学校、北京顺义国际学校、北京依顿国际幼儿园、北京瑞金英国学校、北京耀中国际学校、北京协力国际学校、北京哈罗英国学校、北京蒙台梭利国际幼儿园、北京大韩学校、天津 MTI 国际学校）以及认证候选考察人员，共计 29 人参加了会议。参加会议的认证候选考察人员有：阎凤桥、高兰生、杨金平、安蔚和王文才。曹志祥、莫景祺、韩江萍、陈启德和梁丽娟参加了会议。会上，NCCT副主任曹志祥介绍了NCCT的情况；北京市教委国际合作与交流处处长宋立军做了关于在华外籍人员子女学校政策的报告；NCCT评价处处长莫景祺介绍了NCCT在华外籍人员子女学校认证工作；北京大学教授周俊业做了《依法促进外籍人员子女学校健康有序发展》的报告，并就在华外籍人员子女学校办学过程中遇到的相关法律问题，回答了与会代表的提问。北京京西学校理事会理事柯马凯和学校人力与资源部主任王燕介绍了北京京西学校的管理工作。

◆ 4 月 25—26 日，高兰生、琳恩·泰勒（Lynn Talor）和韩江萍代表NCCT对上海美丘第一幼儿园进行了初步考察。

◆ 5 月 26—27 日，NCCT与WASC在北京京西学校召开会议，制定用于NCCT与WASC联合认证的"中国背景标准B"和双方联合认证程序等文件。参加会议的有：莫景祺、高兰生、马丽玲、莫约翰和王燕。

◆ 5 月 30 日，NCCT接到北京大韩学校的认证申请。

◆ 6 月 1 日，高兰生代表NCCT对北京大韩学校进行了资格考察。

◆ 8 月，《外籍人员子女学校应知中国法律法规汇编》修订完成。

◆ 9 月 12—16 日，NCCT与WASC在北京、上海和广州三地举行了联合认证培训会。三地的培训由WASC的执行副主任马丽玲和NCCT认证委员会、NCCT认证咨询委员会委员高兰生共同主持。他们分别对北京、上海和广州的外籍人员子女学校代表，NCCT认证委员会和认证咨询委员会委员、认证候选考察人员近 50 人进行了学校自评和考察团考察的培训。莫景祺和韩江萍参加了本次培训。北京大韩学校、上海长宁国际学校和广州美国人学校对本次培训提供了场所，并给予了其他方面的支持。参加本次培训的人员有：周俊业、王文才、徐永吉、宋立军、王燕、高兰生、李静纯、安蔚、苏关凯玲、陈向明、李晓君、赵马冰如、桑澎、江彦桥、唐盛昌、李酉亭、邹正、沈玉顺、叶义芸、倪敏学、马岳年、袁益民、蔡盛泽、王桂珍、吴琦、禹明、唐锡玲和赖俊杰。

◆ 9 月 16—22 日，NEASC、CIS与NCCT对北京顺义国际学校进行了联合考察团考察。在这次考察中，三方首次使用了CIS/NEASC国际学校认证标准第七版加NCCT的"中国背景标准A"。本次考察为期 7 天，考察团由三方成员共计 19 人组成。高兰生（副团长）、陈伟俊和邹正代表NCCT参加了考察。

◆ 10 月 16 日，NCCT收到厦门国际学校的认证申请。

◆ 10 月 23—24 日，NCCT与WASC对北京大韩学校进行了联合初步考察。高兰生代表NCCT参加了考察。

◆ 10 月 26 日，CIS 在上海耀中国际学校浦东校区举行培训会。培训的内容为：如何使用 CIS/NEASC 国际学校认证手册第七版以及 CIS、NEASC 和NCCT联合认证指南。在培训会上，高兰生介绍了联合认证。NCCT派莫景祺、王燕、莫约翰、高兰生、杨金平、陈伟骏、倪敏学、马岳年 8 位认证候选考察人员参加了培训。

◆ 11 月 13—19 日，2006 年度四方会议在法国尼斯举行。NCCT委派王燕和莫约翰代表NCCT参加了会议。此次会议，形成了一个面向在华外籍人员子女学校的四方联合认证公告。

◆ 11 月 11—17 日，CIS、NCCT与 NEASC 对南京国际学校进行了联合考察团考察。在本次考察中，三方使用了 CIS/NEASC 国际学校认证标准第七版加NCCT的"中国背景标准 A"。杨金平（副团长）和王文静代表NCCT参加了考察。

◆ 12 月 6 日，NCCT接到苏州新加坡国际学校的认证申请。

2007 年

◆ 1 月 19 日，NCCT认证委员会和认证咨询委员会 2007 年度第一次会议在北京京伦饭店召开。会议审议了考察团对北京顺义国际学校和南京国际学校的考察报告以及认证结果的建议报告。NCCT认证委员会建议NCCT给予上述两所学校"通过认证"。参加会议的认证委员会委员有：曹志祥、莫景祺、周俊业、莫约翰、王桂珍、高兰生、唐盛昌和海德。海德（南京国际学校校长）只参加了对北京顺义国际学校认证结果的审议。在本次会议上，NCCT还召开了与会人员座谈会，听取他们对NCCT在华外籍人员子女学校认证的意见和建议。NCCT认证咨询委员会委员徐永吉和宋立军参加了会议。杨金平、王燕和韩江萍列席了会议。

◆ 3 月 15 日，NCCT、WASC 和 CIS 三方代表在北京京西学校召开预备会，为3 月 16 日召开的培训会做准备。同时，三方代表还商定了以下事项：（1）对天津 MTI 国际学校的中期考察依据 WASC 的"聚焦学习"

国际学校认证标准加"中国背景标准 B";（2）王燕和马丽玲分别代表 NCCT 与 WASC 对厦门国际学校进行联合初步考察；（3）由于苏州新加坡国际学校的新校长还没有到任，因此对该校的初步考察延期进行。莫景祺、高兰生和韩江萍代表 NCCT 参加了会议。

◆ 3 月 16 日，NCCT、CIS、NEASC 和 WASC 在北京京西学校举行联合培训会。高兰生、马丽玲和马格瑞分别代表 NCCT、WASC 和 CIS 对与会代表进行了培训。培训内容包括：NCCT、CIS、NEASC 和 WASC 四家机构介绍；四方联合认证程序；如何成为合格的考察团成员等。来自北京 BISS 国际学校、北京耀中国际学校、北京京西学校的 50 多位志愿者参加了培训。NCCT 的韩江萍及认证候选考察人员杨金平、阎凤桥、安蔚、苏关凯玲、王文静、王燕和柯马凯参加了培训。

◆ 3 月 17—18 日，ACAMIS 年会在北京京西学校召开。高兰生和韩江萍参加了会议。高兰生代表 NCCT 发言。ACAMIS 由 31 个国际学校组成，涉及 2 万多名学生。该协会致力于中蒙国际学校的交流与发展，旨在促进国际学校向优质教育目标发展。

◆ 3 月 22—23 日，NCCT 与 WASC 对厦门国际学校进行了联合初步考察。王燕代表 NCCT 参加了考察。

◆ 4 月 11—13 日，NCCT 与 WASC 对天津 MTI 国际学校进行了联合中期考察。董正璟代表 NCCT 参加了考察。

◆ 4 月，NCCT 接到北京京西学校的第二轮认证申请。

◆ 5 月 23—26 日，NCCT 与 CIS、NEASC 对北京京西学校进行了第二轮认证的联合初步考察。陈伟俊代表 NCCT 参加了考察。

◆ 5 月 14 日，上海新加坡国际学校向 NCCT 提出了认证申请。

◆ 6 月 6 日，广州恩慧学校向 NCCT 提出了认证申请。

◆ 6 月，NCCT 接到北京 BISS 国际学校的第二轮认证申请。

◆ 8 月，通过 CIS，NCCT 接到上海德威英国国际学校的认证申请。

◆ 8 月 17 日，王燕和韩江萍代表 NCCT 对上海新加坡国际学校进行了资格考察。

◆ 9 月 7 日，NCCT根据资格考察小组的考察报告，正式受理上海新加坡国际学校的认证申请。

◆ 9 月 20 日，高兰生代表NCCT对广州恩慧学校进行了资格考察。

◆ 9 月 21 日，高兰生和王桂珍代表NCCT赴上海瑞金国际学校，对该校自评报告的撰写进行指导。

◆ 9 月 25 日，王燕和高兰生代表NCCT对苏州新加坡国际学校进行了资格考察和初步考察。

◆ 9 月 25 日，北京耀中国际学校向NCCT提出了认证申请。

◆ 9 月 25 日，深圳蛇口国际学校向NCCT提出了认证申请。

◆ 10 月 16 日，NCCT与CIS对上海新加坡国际学校进行了联合初步考察。陈伟俊代表NCCT参加了考察。

◆ 10 月 23 日，NCCT根据资格考察小组的考察报告，正式受理苏州新加坡国际学校的认证申请。

◆ 10 月 23 日，陈向明和蔡盛泽代表NCCT对北京 BISS 国际学校进行了中期考察。

◆ 10 月 30 日，莫景祺和高兰生代表NCCT对深圳蛇口国际学校进行了资格考察。

◆ 11 月 8 日，高兰生代表NCCT到上海瑞金国际学校进行自评指导。这是NCCT对上海瑞金国际学校进行的第四次指导。

◆ 11 月 9—10 日，2007 年度四方会议在苏州召开。在本次会议上，四方分别通报了认证工作的进展情况；讨论了联合认证中的沟通机制。曹志祥、莫景祺、高兰生、韩江萍、马丽玲、侃爱华、马格瑞、莫约翰、王燕和陈伟俊参加了会议。会议决定 2008 年四方会议在昆明举行，主持方为 WASC。

◆ 11 月 11—15 日，NCCT与 WASC 对上海长宁国际学校进行了联合考察团考察。陈向明（副团长）和吴琦代表NCCT参加了考察。

◆ 11 月 12—13 日，NCCT、CIS 和 NEASC 对上海耀中国际学校进行联合特殊考察（follow-up visit）。高兰生代表NCCT参加了考察。

◆ 11 月 18—22 日，NCCT对上海美丘第一幼儿园进行了考察团考察。参加考察的人员有：高兰生（团长）、杨金平（副团长）、苏杭、苏关凯玲、倪敏学和琳恩·泰勒。

◆ 11 月 19 日，NCCT根据资格考察小组的考察报告，正式受理深圳蛇口国际学校的认证申请。

2008 年

◆ 1 月 22—24 日，CIS 和NCCT对上海德威英国国际学校进行了联合初步考察（NCCT同时进行资格考察）。高兰生代表NCCT参加了考察。

◆ 3 月 2—6 日，NCCT与 WASC 对厦门国际学校进行了联合考察团考察。杨金平（副团长）和阿曼达·克拉克（Amanda Clark）代表NCCT参加了考察。同时，国际文凭组织（IBO）也派人员对该校进行了考察。

◆ 3 月 9—14 日，NCCT对上海瑞金国际学校进行了考察团考察。参加考察的人员有：王桂珍（团长）、董正璟、赖俊杰、马岳年和苏关凯玲。本次考察首次使用了新修订的《NCCT外籍人员子女学校认证标准（2006 年版）》。该校是继上海美丘第一幼儿园之后，NCCT独立认证的第二所学校。

◆ 3 月 14—16 日，2008 年度 ACAMIS 年会在上海德威英国国际学校举行。在本次会议上，NCCT、CIS、NEASC 和 WASC 对国际学校的志愿者进行了认证培训，进一步宣传了NCCT在华外籍人员子女学校认证以及四方联合认证。高兰生和韩江萍、马丽玲、马格瑞和侃爱华分别代表NCCT、WASC、CIS 和 NEASC 参加了会议。截至 2008 年 3 月，ACAMIS已有 42 个成员校。

◆ 3 月 18—20 日，NCCT、CIS 和 NEASC 对北京耀中国际学校进行了联合初步考察。倪敏学代表NCCT参加了考察。

◆ 3 月 21 日，太湖国际学校向NCCT提出了认证申请。

◆ 3 月 31 日—4 月 3 日，NCCT与 WASC 对北京大韩学校进行了联合考察团考察。王桂珍（副团长）和李静纯代表NCCT参加了考察。

◆4月5—11日，CIS、NCCT和NEASC对苏州新加坡国际学校进行了联合考察团考察。王燕（副团长）和夏晶代表NCCT参加了考察。

◆4月16日，经过修订的NCCT在华外籍人员子女学校认证文件正式印发。这些文件包括：《工作章程》（2008年版）、The Working Protocol（2008 Edition）（《工作章程》2008年英文版）、Accreditation Standards（2008 Edition）（《认证标准》2008年英文版）、The Self-Study（2008 Edition）（《学校自评手册》2008年英文版）、Accreditation Visits（2008 Edition）（《考察团手册》2008年英文版）。

◆4月28—29日，NCCT第三届认证委员会和第二届认证咨询委员会成立暨NCCT认证委员会和认证咨询委员会2008年度第一次会议在北京展览馆宾馆召开。会议产生了NCCT新一届认证委员会和认证咨询委员会。认证委员会的成员有：曹志祥（主任）、高兰生（副主任）、周俊业、江彦桥、唐盛昌、王桂珍、杨金平、陈伟骏、莫约翰、海德、王燕和莫景祺（兼秘书）。认证咨询委员会的成员有：徐永吉（主任）、张民选（副主任）、徐岩、佴永锦、陶洪建、聂瑞麟、黄兴胜、梁永洪、邱晓平、蔡盛泽、周俊业和孙建荣。两委会审议了考察团对上海美丘第一幼儿园、上海长宁国际学校、上海瑞金国际学校、北京大韩学校和厦门国际学校的考察报告及认证结果的建议报告。NCCT认证委员会建议NCCT给予上海美丘第一幼儿园、上海长宁国际学校和上海瑞金国际学校"通过认证"；给予北京大韩学校"有条件通过认证"；对厦门国际学校的认证结果所涉及的相关法律问题请求有关政府部门解释之后，再做决定。曹志祥、高兰生、唐盛昌、王桂珍、杨金平、陈伟骏、王燕、莫景祺、韩江萍、徐永吉、张民选、徐岩、佴永锦、陶洪建、聂瑞麟、黄兴胜、梁永洪和周俊业参加了会议。

◆5月6日，广州裕达隆国际学校向NCCT提出了认证申请。

◆6月，受教育部国际合作与交流司委托，就《外籍人员子女学校审批和管理办法（征求意见稿）》征求了周俊业、高兰生、王燕和柯马凯的意见。

◆ 6 月 10 日，北京加拿大国际学校向 NCCT 提出了认证申请。

◆ 9 月 11 日，高兰生和韩江萍代表 NCCT 对太湖国际学校进行了资格考察。

◆ 9 月 12 日，北京德威英国国际学校向 NCCT 提出了认证申请。

◆ 9 月 17—19 日，CIS、NCCT 和 WASC 对太湖国际学校进行了联合初步考察。王燕代表 NCCT 参加了考察。

◆ 9 月 19 日，高兰生和韩江萍代表 NCCT 对北京加拿大国际学校进行了资格考察。

◆ 10 月 12—17 日，NCCT、CIS 和 WASC 对北京 BISS 国际学校进行了联合考察团考察。王桂珍（副团长）和阎凤桥代表 NCCT 参加了考察。同时，国际文凭组织（IBO）也派员对该校进行了考察。

◆ 10 月 19—23 日，NCCT 和 WASC 对深圳蛇口国际学校进行了联合考察团考察。苏杭（副团长）、苏关凯玲和邹正代表 NCCT 参加了考察。

◆ 10 月 20—24 日，NCCT、CIS 和 NEASC 对北京京西学校进行了联合考察团考察。王桂珍（副团长）、孙建荣和莫景祺（以观察员身份）代表 NCCT 参加了考察。同时，国际文凭组织（IBO）也派员对该校进行了考察。

◆ 10 月 21 日，上海协和国际学校向 NCCT 提出了认证申请。

◆ 10 月 31 日，高兰生和莫景祺代表 NCCT 对北京德威英国国际学校进行了资格考察。

◆ 11 月 7—8 日，2008 年度四方会议在昆明举行。会上，四方分别提交了认证工作进展报告，并分别介绍了认证工作的进展情况。会议讨论了 2007 年苏州四方会议纪要、联合认证中的人员安排、特殊考察、后续程序以及联合培训等问题。本次会议由 WASC 主持。会议决定，2009 年度四方会议将在桂林举行，主持方为 NEASC。马丽玲、侃爱华、马格瑞、莫约翰、莫景祺、高兰生和韩江萍参加了会议。

◆ 11 月 10 日，高兰生和韩江萍代表 NCCT 对上海协和国际学校进行了资格考察。

◆ 11 月 20 日，NCCT认证委员会和认证咨询委员会 2008 年度第二次会议在北京展览馆宾馆举行。会议审议了考察团对苏州新加坡国际学校、深圳蛇口国际学校、北京 BISS 国际学校和北京京西学校的考察报告及认证结果的建议报告。NCCT认证委员会建议NCCT给予苏州新加坡国际学校、深圳蛇口国际学校和北京京西学校"通过认证"；给予北京 BISS 国际学校"有条件通过认证"。参加会议的两委会委员有：曹志祥、高兰生、江彦桥、唐盛昌、王桂珍、杨金平、王燕、徐岩、佴永锦、陶洪建、聂瑞麟、任军、蔡盛泽、周俊业、孙建荣和莫景祺。苏杭作为考察团副团长参加会议。韩江萍和刘辰宇列席了会议。

◆ 12 月 8—10 日，NCCT、CIS、NEASC 和 WASC 对北京加拿大国际学校进行了联合初步考察。王文静代表NCCT 参加了考察。

◆ 12 月 8—9 日，王桂珍和柯马凯代表NCCT对上海协和国际学校进行了初步考察。

◆ 12 月 16 日，高兰生和莫景祺代表NCCT对广州裕达隆国际学校进行了资格考察。

◆ 12 月 30 日，大连美国国际学校向NCCT提交了认证申请。

2009 年

◆ 1 月 20 日，王燕和韩江萍代表NCCT对大连美国国际学校进行了资格考察。

◆ 2 月 23—25 日，NCCT、CIS 和 WASC 对北京德威英国国际学校进行了联合初步考察。陈伟骏代表NCCT参加了考察。

◆ 3 月 13—15 日，2009 年度 ACAMIS 年会在北京加拿大国际学校举行。14 日，NCCT利用茶歇时间向参加 ACAMIS 会议的代表介绍了NCCT和NCCT在华外籍人员子女学校认证。15 日，NCCT、CIS、NEASC 和 WASC 对来自国际学校的志愿者进行了认证培训，并介绍了四方联合认证。王燕、马格瑞、倪爱华、马丽玲分别代表 NCCT、CIS、NEASC 和 WASC 进行了讲解。莫景祺、韩江萍和刘辰宇参加了会议。

◆ 3 月 16—18 日，NCCT、CIS 和 WASC 对大连美国国际学校进行了联合初步考察。王燕代表NCCT参加了考察。

◆ 3 月 21—27 日，NCCT和 CIS 对上海新加坡国际学校进行了联合考察团考察。苏杭（副团长）和吴伟伦代表NCCT参加了考察。

◆ 5 月 18—19 日，王桂珍（团长）和吴敏代表NCCT对北京大韩学校进行了特殊考察。

◆ 5 月 20 日上午，NCCT认证委员会 2009 年度第一次会议在NCCT会议室召开。会议审议了考察团对上海新加坡国际学校的考察报告，对北京大韩学校的特殊考察报告，以及对两所学校认证结果的建议报告。参加会议的是在京的NCCT认证委员会委员。认证委员会委员曹志祥、莫景祺、王燕、王桂珍、周俊业、杨金平，以及赴上海新加坡国际学校的代表吴伟伦参加了会议。韩江萍和刘辰宇列席了会议。这是第一次就同一审议内容分片召开认证委员会会议。

◆ 6 月 17 日上午，NCCT认证委员会 2009 年度第一次会议继续在上海耀中国际学校继续举行。会议继续审议了考察团对上海新加坡国际学校的考察报告，对北京大韩学校的特殊考察报告，以及对两所学校认证结果的建议报告。参加会议的是在沪及周边地区的认证委员会委员。认证委员会委员高兰生、唐盛昌、江彦桥和海德参加了会议，韩江萍列席了会议。NCCT认证委员会建议NCCT给予上海新加坡国际学校"有条件通过认证"；给予北京大韩学校"通过认证"。

◆ 9 月 15—17 日，NCCT、CIS 和 WASC 对广州裕达隆国际学校进行了联合初步考察。高兰生代表NCCT参加了考察。

◆ 10 月 11—16 日，NCCT、CIS 和 NEASC 对北京耀中国际学校进行了联合考察团考察。王桂珍（副团长）、杨金平和韩江萍（以观察员身份）代表NCCT参加了考察。

◆ 10 月 24—30 日，NCCT、CIS 和 WASC 对上海德威英国国际学校进行了联合考察团考察。陈伟骏（副团长）、孙建荣和池铮铮代表NCCT参加了考察。

◆ 11 月 5—8 日，2009 年度四方会议在桂林举行。本次会议的议题是：（1）讨论 2008 年昆明四方会议纪要；（2）交流各方的认证工作进展状况；（3）讨论联合认证中的沟通与交流问题，包括资格考察结果要向合作方反馈、经常保持联系、考察人员背景介绍、考察人员信息的核实等；（4）特殊考察的条件；（5）2010 年 3 月在香港举行的 ACAMIS 会议上的联合培训；（6）讨论如何减轻学校在认证方面的经济负担。参加本次会议的人员有：侃爱华、马格瑞、马丽玲、莫约翰、莫景祺、高兰生、王燕和韩江萍。本次会议的主持方为 NEASC。会议决定，2010 年度四方会议将在成都举行，会议的主持方为 CIS。

◆ 12 月 8 日，成都爱思瑟国际学校向 NCCT 提交了认证申请。

◆ 12 月 10—11 日，高兰生和韩江萍代表 NCCT 对成都爱思瑟国际学校进行了资格考察和初步考察。此次考察是 NCCT "追补"的考察程序。至 12 月，该校即将完成 WASC 的自评程序。2010 年 3 月，学校即将接受 WASC 和 NCCT 的联合考察团考察。

2010 年

◆ 1 月 19 日，广州美国人国际学校向 NCCT 提出认证申请。

◆ 2 月 23 日，NCCT 向教育部国际合作与交流司递交了《关于邀请国际学校协会认证专员马格瑞来华访问出具签证证明的请示》。国际合作与交流司有关部门在审核过程中发现 CIS 有来自台湾地区的成员校。国际合作与交流司有关部门要求 CIS 的领导发一封电子邮件声明：虽然 CIS 有来自台湾的成员校，但坚持台湾属于中国、世界上只有一个中国的立场。NCCT 据此起草了给 CIS 联络人马格瑞的一封信，并请王燕翻译后于 3 月 4 日通过电子邮件发出。当日，马格瑞回信告知她将把此信转给 CIS 的执行主任唐纳德。随后，国际合作与交流司有关部门进一步发现：在 CIS 的 650 个会员校名单中，中国台湾地区与中国被并列为两个国家，在介绍 "Taipei European School" 时，将台湾地区写为 "Taiwan ROC"。该部门通过 NCCT 要求 CIS 对上述问题进行修改：将台湾地区列入中国一栏；将台湾地区表述为"Taiwan，China"；将台北表述为"Taibei，China"；并希望 CIS 通过NCCT向中国教育部有关部门发表一个声明：CIS 一贯坚持台湾属于中国、世界上只有一个中国的立场。3 月 26 日，NCCT在华外籍人员子女学校认证办公室（以下简称NCCT认证办公室）又通过王燕用电子邮件向 CIS 的马格瑞转达了国际合作与交流司有关部门的要求。4 月 12 日，马格瑞发来电子邮件告知他们的执行主任唐纳德将代替其参加NCCT在广东省佛山市南海区举办的教育国际化论坛，并借机与莫景祺就其网站所涉及的台湾问题进行沟通。4 月 27 日晚，莫景祺与唐纳德就上述问题进行了沟通，唐纳德对国际合作与交流司有关部门所关注的问题进行了回应：（1）撤掉 CIS 国际学校名录在线版本中所有带"ROC"的注解；（2）在 2010 年 9 月出版的印刷品中，这些注解将被删除；（3）在新版中，其成员校将按区域列出，不再按国家列出。4 月 29 日，唐纳德给莫景祺发了一封电子邮件，对上述回应做了书面声明。

◆ 3 月 5 日，青岛 MTI 国际学校向NCCT提出了认证申请。

◆ 3 月 9 日，NCCT第四届认证委员会和第三届认证咨询委员会成立暨两委会 2010 年度第一次会议在北京展览馆宾馆举行。在会上，NCCT领导向各位委员颁发了聘书；NCCT认证办公室向两个委员会报告了开展在华外籍人员子女学校认证工作的情况；两委会委员审议了考察团对北京耀中国际学校和上海德威英国国际学校的考察报告，以及对两所学校认证结果的建议报告，建议NCCT给予北京耀中国际学校"通过认证"，给予上海德威英国国际学校"有条件通过认证"。教育部国际合作与交流司还利用本次会议就《外籍人员子女学校审批和管理办法（征求意见稿）》征求了与会委员的意见。NCCT第四届认证委员会委员包括：曹志祥（主任）、高兰生（副主任）、江彦桥、蔡盛泽、唐盛昌、王桂珍、杨金平、陈伟骏、王燕、孙建荣、周俊业、柯马凯、池铮铮、欧文韬（Tom Ul-met）和莫景祺。NCCT第三届认证咨询委员会委员包括：徐永吉（主任）、张民选（副主任）、方庆朝（副主任）、安延、陶洪建、黄兴胜、邱晓平、杨伟人、梁永洪、张向阳、袁靖宇和刘永波。韩江萍和刘辰宇列席了会议。蔡盛泽、唐盛昌、张民选、杨伟人和张向阳因故未出席会议。

◆ 3 月 12 日，广州南湖国际学校向NCCT提出了认证申请。

◆ 3 月 14 日，莫景祺、高兰生和王燕代表NCCT参加了在香港举行的ACAMIS 会议。CIS、NCCT和WASC（NEASC 未参加）在香港加拿大国际学校对来自国际学校志愿成为四方联合认证考察团成员的 18 位人员进行了培训。王燕建议：（1）利用每年 3 月 ACAMIS 会议，在四方培训中加入NCCT要培训的内容；培训对象主要为国际学校中的中国人，甚至可扩展到中国民办学校的人员，NCCT可对经过培训的人员颁发证书。（2）培训内容四方要进一步整合，将NCCT的培训内容整合进去。

◆ 3 月 14—18 日，NCCT与 WASC 对成都爱思瑟国际学校进行了联合考察团考察。孙建荣（副团长）和董正璟代表NCCT参加了考察。

◆ 3 月 18—19 日，NCCT与 WASC 对上海长宁国际学校进行了中期考察。苏杭代表NCCT参加了考察。

◆ 4 月 20 日，王燕和韩江萍代表NCCT对广州美国人国际学校进行了资格考察。

◆ 4 月 22 日，NCCT根据资格考察小组的考察报告，正式受理广州美国人国际学校的认证申请。

◆ 4 月 18—22 日，NCCT与 WASC 对天津 MTI 国际学校进行了联合考察团考察。柯马凯（副团长）和苏杭代表NCCT参加了考察。

◆ 5 月 7 日，高兰生和莫景祺代表NCCT对青岛 MTI 国际学校进行了资格考察。

◆ 5 月 22—28 日，NCCT、CIS 和 WASC 对太湖国际学校进行了联合考察团考察。王桂珍（副团长）和杨金平代表NCCT参加了考察。

◆ 5 月 24—25 日，NCCT与 CIS 对上海新加坡国际学校进行联合再次考察。苏杭代表NCCT参加了考察。

◆ 5 月 24—25 日，受江苏省教育厅的委托，NCCT派高兰生、池铮铮和韩江萍对南京英国国际学校进行了办学资质考察，考察之后向江苏省教育厅转送了《南京英国国际学校办学资质考察报告》。这是NCCT第一次接受教育行政主管部门委托对国际学校的办学资质进行考察。

◆ 5 月 26 日下午，莫景祺应邀到北京京西学校参加国际合作与交流司召开的《外籍人员子女学校审批和管理办法（征求意见稿）》征求意见会。参加会议的还有：孙霄兵、徐永吉、黄兴胜、安延、任军、周俊业、柯马凯、王燕、池铮铮和李兰婷。

◆ 6 月 4 日，王桂珍和韩江萍代表NCCT对广州南湖国际学校进行了资格考察。

◆ 6 月 4 日，王燕和姜瑜代表NCCT对广州美国人国际学校进行了初步考察。初步考察结束后，王燕和姜瑜向NCCT提出以下建议：（1）同意该校以简捷途径进入自评，自评时间为 2010 年 6—12 月。（2）该校在自评结束后向NCCT提交一份进展报告。进展报告的内容要在该校连续三年给 WASC 的进展报告的基础上，主要针对"中国背景标准"。（3）NCCT考察团可在 2010 年 12 月 5—9 日对该校进行考察，5 日为到达日，6—8 日为工作日。考察团可由 4—5 人组成，其中 1 人为团长。（4）考察结束后，考察团须在 WASC 2009 年考察团报告的基础上，针对"中国背景标准"完成一份考察报告。（5）此次NCCT以简捷认证结束后，与 WASC 同步进入 2012 年NCCT/WASC 联合认证程序。（6）以上建议需以书面形式通知学校。

◆ 7 月 2 日，NCCT认证委员会 2010 年度第二次会议在北京展览馆宾馆举行。会议审议了考察团对成都爱思瑟国际学校、天津 MTI 国际学校和太湖国际学校的考察报告和对上海新加坡国际学校的特殊考察报告，以及考察团对上述学校认证结果的建议报告。NCCT认证委员会建议NCCT给予成都爱思瑟国际学校、天津 MTI 国际学校和上海新加坡国际学校"通过认证"；给予太湖国际学校"有条件通过认证"。参加会议的认证委员会委员有：唐盛昌、周俊业、王桂珍、高兰生、柯马凯、孙建荣、杨金平、王燕、池铮铮、欧文韬和莫景祺。苏杭作为考察团副团长参加了会议。韩江萍、刘辰宇和徐涛列席了会议。

◆ 9 月 9 日，太湖国际学校校长西蒙·桑德斯（Simon Saunders）致信韩江萍，对 NCCT 给予其"有条件通过认证"表示不理解。西蒙·桑德斯认为：CIS 和 WASC 给予了无条件认证，而 NCCT 的条件比较苛刻；考察报告 B2：1—7 的评定是"M"（达到标准），为什么还不能通过（实际上对 NCCT 的信函有些误解）。NCCT 认证办公室起草了给该校长的回信，并征求了赴该校的 NCCT 考察人员王桂珍和杨金平的意见，请王燕翻译后于 9 月 13 日发出，信中表达了 NCCT 给予其"有条件通过认证"的含义和原因，澄清了彼此的误会。当日，西蒙·桑德斯回信认为他完全理解他们与三方（NCCT、CIS、WASC）之间的沟通不够，他允诺将 5 月发给 CIS 的关于"健康和安全"的改进文件发给 NCCT，并希望 NCCT 能够在 2010 年尽早对其进行特殊考察。NCCT 认证办公室回信建议在 2010 年 11 月的第三周派考察人员对该校进行特殊考察。

◆ 9 月 13—14 日，NCCT 与 CIS、WASC 对广州裕达隆国际学校进行了再次考察。高兰生代表 NCCT 对该校进行了考察。

◆ 9 月 20 日，NCCT 在 NCCT 会议室举办在京认证候选考察人员研讨会。研讨内容包括：（1）在华外籍人员子女学校的内部管理；（2）在华外籍人员子女学校的课程设置；（3）考察过程中经常遇到的法律、法规和政策问题；（4）在华外籍人员子女学校的财务管理；（5）在联合认证中，中方人员与外方人员的合作问题。参加本次会议的人员有：王燕、周俊业、杨金平、阎凤桥、池铮铮、王文静、徐涛、夏锦春、费聪、郑昀、李兰婷、范红、莫景祺、韩江萍和詹姆斯·克里甘（James J. Kerrigan）。应 NCCT 的邀请，王燕就在华外籍人员子女学校的内部管理问题，周俊业就考察过程中经常遇到的法律、法规和政策问题，王文静就在华外籍人员子女学校的课程设置问题，詹姆斯·克里甘就在华外籍人员子女学校的财务管理问题，杨金平就在联合认证中中方人员与外方人员的合作问题分别作了讲解。在讲解过程中和与会者进行了研讨。

◆ 10 月 14—15 日，王燕代表 NCCT 对青岛 MTI 国际学校进行了初步考察。

◆ 11 月 1 日，NCCT接到苏州德威英国国际学校的认证申请。

◆ 11 月 5—6 日，2010 年度四方会议在成都举行。本次会议由 CIS 主持。本次会议的主要议题是：（1）讨论了 2009 年四方会议纪要；（2）四方分别通报了过去一年围绕四方合作的工作情况；（3）候选学校和被认证学校现在和即将到来的周期；（4）中国有关法律、法规变化的情况；（5）加强认证过程的讨论；（6）2011 年的 ACAMIS 会议；（7）2011 年四方会议的地点；（8）教育国际化问题。会议确定了以下事项：（1）今后的四方会议一年两次。2011 年 3 月在 ACAMIS 会议期间的四方会议由 NCCT主持；2011 年 11 月 3—6 日在西安召开的四方会议由 WASC 主持；2012 年 3 月在南京 ACAMIS 会议期间的四方会议由 NEASC 主持；2012 年 11 月在南京召开的四方会议由 CIS 主持。（2）从 2011 年 3 月开始，四方在 ACAMIS 会议上发起和赞助对在华外籍人员子女学校负责政府事务人员的培训会。（3）给参加联合认证考察人员的一封信由马格瑞和马丽玲负责起草。（4）2011 年 9 月 16 日，召开教育国际化研讨会暨民办学校评估认证研讨会，CIS、NEASC 和 WASC 的代表以教育国际化项目组顾问身份参加本次会议。参加本次会议的有：莫景祺、高兰生、王燕、马格瑞、潘迈克和马丽玲。

◆ 11 月 17 日，王桂珍和杨金平代表NCCT对太湖国际学校进行再次考察。

◆ 11 月 18 日，NCCT在上海长宁国际学校举办在沪认证候选考察人员研讨会。研讨内容包括：（1）在华外籍人员子女学校的内部管理；（2）在华外籍人员子女学校的课程设置；（3）考察过程中经常遇到的法律、法规和政策问题；（4）在华外籍人员子女学校的财务管理；（5）在联合认证中，中方人员与外方人员的合作问题。参加本次会议的人员有：莫景祺、高兰生、江彦桥、唐盛昌、李西亭、倪敏学、蔡盛泽、欧文韬、塔米·罗达鲍格（Tammy Rodabaugh）和蓝·约翰逊（Lan Johnson）。应NCCT的邀请，欧文韬就在华外籍人员子女学校的内部管理问题，江彦桥就考察过程中经常遇到的法律、法规和政策问题，塔米·罗达鲍格就在华外籍人员子女学校的课程设置问题，蓝·约翰逊就在华外籍人员子女学校的财务管理问题，高兰生就在联合认证中中方人员与外方人员的合作问题分别做了讲解。在讲解过程中，与会者进行了研讨。

◆ 11 月 21—25 日，NCCT 与 CIS、NEASC 对上海耀中国际学校进行了联合考察团考察。高兰生（联合团长）和孙建荣代表 NCCT 参加考察。此次考察是 NCCT 对该校进行的第二轮认证的考察团考察，是 CIS 和 NEASC 的 5 年中期考察。

◆ 11 月 29—30 日，受江苏省教育厅的委托，NCCT 派莫景祺、杨金平和池铮铮对无锡伊顿国际学校进行了办学资质考察，考察之后向江苏省教育厅转送了《无锡伊顿国际学校办学资质考察报告》。这是 NCCT 第二次接受教育行政主管部门委托对在华外籍人员子女学校进行办学资质的考察。

◆ 12 月 1 日，陈伟骏和莫景祺代表 NCCT 对苏州德威英国国际学校进行了资格考察。

◆ 12 月 5—9 日，NCCT 委派王燕（团长）、陈伟骏、阚宜和梁紫斐对广州美国人国际学校进行考察团考察。学校自评采用了简捷途径，考察团考察内容为"中国背景标准"。NCCT 在此次考察后，将与 WASC 同步进入 2012 年 NCCT/WASC 联合认证程序。

◆ 12 月 9 日，高兰生和韩江萍代表 NCCT 对增城裕达隆国际学校进行了资格考察。

◆ 12 月 10 日，NCCT 在广州裕达隆国际学校举办在广州及周边地区认证候选考察人员研讨会。研讨内容包括：（1）在华外籍人员子女学校的内部管理；（2）在华外籍人员子女学校的课程设置；（3）考察过程中经常遇到的法律、法规和政策问题；（4）在华外籍人员子女学校的财务管理；（5）在联合认证中，中方人员与外方人员的合作问题。参加本次会议的人员有：莫景祺、韩江萍、高兰生、冯兴雷、王桂珍、吴琦、禹铭、王燕、伊莲·惠伦（Elaine Whelen）、钱志明、陈思佳、吴敏和梁紫斐。应 NCCT 的邀请，王燕就在华外籍人员子女学校的内部管理问题，冯兴雷就考察过程中经常遇到的法律、法规和政策问题，伊莲·惠伦就在华外籍人员子女学校的课程设置问题，高兰生就在联合认证中中方人员与外方人员的合作问题分别做了讲解。在讲解过程中，与会者进行了研讨。

◆ 12 月 26 日，NCCT认证委员会 2010 年度第三次会议在北京展览馆宾馆举行。会议审议了考察团对广州美国人国际学校与上海耀中国际学校的考察报告和对太湖国际学校的特殊考察报告，以及考察团对上述学校认证结果的建议报告。NCCT认证委员会建议NCCT给予上海耀中国际学校和太湖国际学校"通过认证"；给予广州美国人国际学校"有条件通过认证"。会议还讨论和起草了对北京京西学校、北京顺义国际学校、上海瑞金国际学校、上海美丘第一幼儿园和北京 BISS 国际学校年度进展报告的回复意见。参加会议的认证委员会委员有：高兰生、周俊业、王桂珍、柯马凯、孙建荣、王燕、池铮铮、陈伟骏和莫景祺。未参加会议的委员唐盛昌、江彦桥、蔡盛泽、杨金平和欧文韬提供了书面意见。韩江萍和刘辰宇列席了会议。

论文后记

　　继续进修一直是我的愿望。但是这种愿望却被生活的懵懂淹没了近20年。这时，我已经进入不惑之年。一个偶然的机会，经陈向明老师介绍，我了解到北京大学教育学院的 Ed. D 项目。这个项目又激起了我求学的愿望，尤其能够有机会到北大读博士学位更是令我欣喜和向往。对我来讲，北大的门进得比较曲折，走出来也实属不易。一路走来，许多老师、领导、朋友、同事和家人都给予了我关心、鼓励和支持，这使我永远心存感激。

　　在我考入教育学院之前，导师阎凤桥教授给予了我热情的关心和积极的鼓励，从而增强了我的信心。进入教育学院之后，阎老师在我学习和研究的每个环节都付出了大量心血。在我刚刚确定研究方向以后，阎老师为我列出了相关文献目录，从而使我减少了查找文献的盲目性，节约了许多时间；论文的每一个阶段，阎老师都仔细审阅、批改，并提出意见；综合考试、开题和预答辩结束时，阎老师每每会将其他老师的意见整理好并转给我供我参考；特别是当我在研究过程中遇到困难、陷入困境时，阎老师更是一次次地点拨，使我重树信心，走出困惑。跟随阎老师学习和研究的四年，我深切体会到他的热情、诚恳、谦和、耐心以及他治学的严谨和开放。这将是我永远珍藏的记忆。

　　此外，我的学习和研究也离不开教育学院温馨、和谐友爱的教师团队所给予的关心和指导。陈学飞老师和文东茅老师对我的学习一直非常关心，并多次给予指导；指导组的丁小浩、李文利、岳昌君、陈晓宇、鲍威、郭建如等老师，在综合考试、论文开题、预答辩等环节，对我给予了热情、悉心的指导，他们的点拨使我有醍醐灌顶之感。陈向明老师对我的学习和研究也多次给予热情指导。侯华伟老师和徐未欣老师更是在我进入教育学院学习前后的每个环节，对我给予了热情帮助。

在我撰写论文的过程中，经阎凤桥老师介绍，我有幸参加了艾云组织的讨论会，与艾云、郑文换、戚淑芳、唐国军、屈萧萧、谢广宽、冯猛等学友的讨论使我深受启发。同时，我还有幸向斯坦福大学教授周雪光老师、北京大学社会学系教授刘世定老师请教，他们的点拨，使我受益匪浅。

WASC 的马丽玲博士、NEASC 的侃爱华博士和 CIS 的马格瑞女士为我提供了许多英文资料。马丽玲博士还欣然受聘担任了我的校外导师，并多次给予我指导。

武汉大学教授高兰生、北京京西学校副校长王燕、人民教育出版社总编辑徐岩、NCCT评价处韩江萍作为案例的当事人对我的论文初稿进行了审读，并提出了许多中肯的意见。高兰生老师、王燕老师和中国农业大学的梁丽娟老师多次协助我对外国朋友进行访谈。高兰生老师在我考试和学习期间一直给予我关心与鼓励；梁丽娟老师还帮我查找了相关资料；我的同事韩江萍帮我整理了在华国际学校认证大事记的部分内容。

相关领导、专家、朋友和同事们对我的访谈给予了热情支持。他们是：WASC 的马丽玲；武汉大学教授高兰生；原北京京西学校副校长王燕；NCCT评价处韩江萍；北京耀中国际学校政府事务部主任李岩；江苏省苏州市吴中区教育局副局长陈伟骏；人民教育出版社总编辑徐岩；中国人民大学附属中学国际部主任杨金平；香港理工大学教授孙建荣；北京顺义国际学校政府事务部主任池铮铮；NCCT原办公室主任周长祜；北京乐成国际学校执行董事安蔚；教育部国际合作与交流司副巡视员徐永吉；原北京京西学校校长莫约翰；CIS 认证官员马格瑞；北京市教委国际合作与交流处处长邱晓平；北京大韩学校校长蒂姆·麦克唐纳；上海市教委副主任张民选；NEASC 学校/学院关系办公室主任侃爱华；上海市教委国际合作与交流处调研员蔡盛泽；上海市教科院党委书记江彦桥；上海耀中国际学校中国区学监欧文韬。

在我学习期间，我的妻子赵永红承担了更多的家务。我在教育学院的学习阶段正是儿子莫宜格的小学阶段。我的学习使我减少了与孩子在一起的时间，对此，我一直深感内疚。不过，孩子的懂事和各方面良好的发展使我倍感欣慰。

我们每个走进去的人，都想走出来。而当我走出来的时候，我却感到最重要的不是走出来，而是为了走出来所经历的过程。这个过程，使我对研究有了深切的体验；使我重温了久违的学院文化氛围；使我少了一些浮躁，多了一些淡定；少了一些官气，多了一些儒雅；少了一些感性，多了一些理性……我将以此为新起点，努力做一位终身学习的践行者。

谨以此献给在我学习期间给予我指导、支持和帮助的所有老师、领导、朋友、同事和家人们！

莫景祺
2011 年 4 月

出版后记

　　我从事在华国际学校认证工作前后共 13 年时间（2000 年 8 月—2013 年 5 月）。随着时间的推移，我越来越认识到在华国际学校认证工作的意义之大。具体体现在以下三个方面：一是在华国际学校认证在实践中形成的理念和方法，在我国基础教育进入内涵发展的关键时期，对于建立中小学教育质量保障机制，开展中小学教育质量综合评价具有重要的借鉴意义。二是它是我们观察国际基础教育发展趋势的一个重要窗口。在华国际学校是为外籍人员子女提供教育服务的，其国际性使这类学校对国际基础教育的最新研究成果和最好教育实践具有天然的敏感性。从这个意义上讲，国际学校是国际基础教育发展趋势的风向标。因此，我们通过在华国际学校认证，能够"以小见大"，了解、学习和借鉴国际基础教育的办学经验及其课程、教材、教学和评价改革的经验。三是教育部基础教育课程教材发展中心（以下简称"课程教材中心"）在在华国际学校认证方面与国际上三个权威的学校认证机构建立的长期合作关系，成为课程教材中心对外教育交流的一个重要机制。总之，在华国际学校认证是课程教材中心保持国际视野的一个重要机制，对于课程教材中心的发展具有战略意义。

　　我的博士论文是以 2000 年 8 月—2010 年 12 月国际学校认证制度在中国建立和发展的过程作为案例开展研究的。我的研究发现是：国际学校认证制度向中国移植不是源自利益相关主体的理性设计，而是源自不同领域相对独立的各个利益相关主体所背负的制度逻辑的相互作用。其中在某一时点，国际学校认证制度移植的状态，不是由单一制度逻辑决定的，而是由政府部门的制度逻辑、事业单位的制度逻辑、国际学校认证机构的制度逻辑和国际学校的制度逻辑相互作用的状况决定的。但是在每一个时点，每种制度逻辑所发挥的作用是不一样的，因而上述四种制度逻辑相互作用的结构是要发生变化的。也就是说，随着时间的推移，在华国际学校认证制度的发展状态也会不断地发生变化。用这一发现简要回顾在华国际学校认证工作的发展过程，会发现一些有趣的现象。例如，国际学校认证工作当初落户在以中小学课程和教材为主业的课程教材中心，而当这项工作落户后它又始终面临着相对于课程教材中心核心职能的边缘化问题。尽管如此，国际学校认证制度在 10 年的发展历程中，竟摇摇晃晃地建立起来了。这是为什么呢？当初，国际学校认证工作落户课程教材中心是由上述四种制度逻辑相互作用的状况决定的，特别是课程教材中心当时的发展状况起到了关键作用，而国际学校认证工作虽然在课程教材中心比较边缘化又能发展起来，其主要原因是：国际学校认证工作的实施主体——课程教材中心想做这件事情，同时，这项工作又得到教育部教育行政主管部门的大力支持、国外学校认证机构的专业支持和一些在华国际学校的积极响应。

　　但是从 2011 年下半年以来，随着课程教材中心领导班子的健全，服务于课程和教材建设主业力度的进一步明确和增强，以及经费的暂时充裕，在华国际学校认证工作在课程教材中心潜在的"不正当性"危机在客观上进一步凸显，国际学校认证工作进一步边缘化。特别是随着 2013 年上半年各个部门负责人的轮岗，熟悉国际学校认证工作的人员均离开了此项工作所在的部门。从事业发展的角度，我开始为这项工作的稳定性和连续性担忧。特别是课程教材中心与国际上三个权威的学校认证机构就在华国际学校认证曾签署过合作协议，如果这项工作出现不稳定和断层，会不会造成一定的国际影响？同时，会不会影响中国政府部门在在华国际学校中的权威性呢？毕竟课程教材中心是教育部的事业单位，其开展在华国际学校认证工作是教育部赋予的一项职能。虽然我的研究已经发现在在华国际学校认证工作发展的后五年，具体实施主体───课程教材中心的一些变化给在华国际学校认证工作的发展带来了一些"危机"，但我对具体实施主体对在华国际学校认证制度发展的关键作用认识不足。

今后，国际学校认证工作的发展前景我不能预测。但是，无论出现哪一种情况，我用我已有的研究发现都是可以对其进行解释的。

最后，我要特别感谢教育科学出版社的领导和编辑们。李东总编辑对本书的出版给予了持续关心和大力支持；李芳同志对本书的出版给予了热情帮助；孙袁华、张璞同志作为责任编辑对本书的出版付出了辛勤劳动和大量心血。

莫景祺
2013 年 8 月

出版人　所广一
策划编辑　李　东
责任编辑　孙袁华　张　璞
版式设计　孙欢欢
责任校对　贾静芳
责任印制　曲凤玲

图书在版编目（CIP）数据

移植与创新：国际学校认证制度在中国的建立过程／
莫景祺著. —北京：教育科学出版社，2013. 11
　（教育博士文库）
　ISBN 978 - 7 - 5041 - 8047 - 6

　Ⅰ. ①移… Ⅱ. ①莫… Ⅲ. ①国际教育—学校—认证—
教育制度—研究—中国　Ⅳ. ①G522

中国版本图书馆 CIP 数据核字（2013）第 252956 号

教育博士文库
移植与创新——国际学校认证制度在中国的建立过程
YIZHI YU CHUANGXIN——GUOJI XUEXIAO RENZHENG ZHIDU ZAI ZHONGGUO DE JIANLI GUOCHENG

出版发行	**教育科学出版社**				
社　址	北京·朝阳区安慧北里安园甲 9 号		市场部电话	010 - 64989009	
邮　编	100101		编辑部电话	010 - 64981232	
传　真	010 - 64891796		网　址	http://www.esph.com.cn	
经　销	各地新华书店				
制　作	北京金奥都图文制作中心				
印　刷	保定市中画美凯印刷有限公司				
开　本	169 毫米×239 毫米　16 开		版　次	2013 年 11 月第 1 版	
印　张	18.75		印　次	2013 年 11 月第 1 次印刷	
字　数	244 千		定　价	41.00 元	

如有印装质量问题，请到所购图书销售部门联系调换。